핵심 육임정석

기초육임의 완전정복

이필문 지음

공감북스

육임정석 출간에 붙여

예로부터 지리막여기문(地理莫如奇門), 천문막여태을(天文莫如太乙), 인사막여육임(人事莫如六壬) 삼식을 점학의 최고로 뽑았으며 특히 육임학은 인간의 백사(百事)를 관장하여 신의 영역에 해당하는 육임신과(六壬神課)라고도 부른다. 모든 점술은 얼마만큼 정확히 맞추느냐가 관건 인 것 같다. 그러나 육임을 공부하려는 초학자들은 기존의 방대한 분량의 내용과 어려운 한자에 많이 좌절하고 공부하기를 포기하는 경향이 있다. 본서 육임정석 에서는 그 일부를 해결하고자 어려운 한자를 풀어 사용하고 불필요한 부분은 줄여 핵심적인 내용만을 간소화하여 다음과 같이 서술하였다.

1. 육임 초학자를 위해 쉽게 풀어 기초부분을 상세히 설명하였다.
2. 현재 대만, 홍콩 에서 쓰이는 육임서를 중심으로 편집 되었다.
3. 불필요한 신살을 배제 9개의 길신과 8개의 흉신을 중심으로 국내 최초로 필법부를 적용시켜서 이해를 도왔으며 쉽게 접근하기 힘든 필법이론을 겸해서 공부 할 수 있도록 적용하였다.

본 육임정석은 필자가 강의 하고 있는 동방문화대학원 평생교육원과 원광디지털대학 평생교육원에서 교재로도 활용하고 있으므로 실전에 접근하기 쉽게 편성한 것이 특징이다. 많은 부분이 부족한 것이 많겠지만 육임학을 공부하고 사랑하는 학우제현들 에게 도움이 되었으면 하는 간절한 마음으로 출판하게 되었음을 요약해본다.

2017년 입추일, 홍천 도솔사에서　이필문

차례

1장

육임학(六壬學)의 원리(原理)와 특징(特徵)

1) 육임학의 원리(六壬學의 原理)

육임학의 원리는 수(數)를 가지고 길흉화복(吉凶禍福)을 정단하는 술수학으로 역(易)과 그 이치가 같으며, 역은 음양소장(陰陽消長)으로 진퇴존망(進退存亡)의 도(道)를 알 수 있는 학문이다. 육임학의 특징은 그 날의 일진(日辰)을 가지고 생극(生剋)을 단서로 동정(動靜)을 살펴, 길흉(吉凶)을 판단하는 학문이다.

따라서, 우리가 사용하는 年.月.日.時는 모두 하늘에서 나온 것으로 년(年)은 목성의 12년 운행주기를 정하고, 월(月)은 태음의 운행주기, 일.시(日.時)는 태양의 운행에서 비롯된다.

천(天)은 위에 있어 지(地)를 덮고, 하늘의 기(天氣)는 길.흉이 있고, 하늘의 길흉(吉凶)이 땅에 화복(禍福)으로 나타나게 되는 것이다. 즉, 천기(天氣)와 지기(地氣)가 서로 만나 만물이 생성되며, 변화하는 상(象)을 살피는 데서 육임(六壬)의 시작이 이루어 진다.

하늘의 움직임은 바로 태양의 움직임을 뜻하고, 태양은 황도12궁(皇道十二宮)을 운행하여, 1궁마다 30°씩 회전하여 매월마다 황도의 궁에 의한 월장(月將)이 탄생하고, 이 월장은 정단일(正斷日)이 속한 주기 동안 영향력을 행사, 즉, 그 월(月)의 장(將)이 되는 것이다.

정단일(正斷日)이 되면, 특정시각, 즉, 지반(地盤)에 월장(月將)을 가(加)하여, 천기(天氣)와 지기(地氣)의 상호관계를 이루어, 육임(六壬)의 과식(課式)이 이루어 지는 것이다.

이렇게 만들어진 천지반(天地盤)에 인간사(人間事) 모든 사건을 대표하는 12천장(十二天將)과 숨어있는 하늘의 기운을 읽는 둔간(遁干), 12운성(十二運星) 등의 기타 신살(神殺)을 포국 적용하여 그 뜻의 자의(字意)에 따른, 길흉화복(吉凶禍福) 등을 예추(豫推) 응용하는 학문이 바로 육임인 것이다.

예로부터 천문막여태을(天文莫如太乙), 지리막여기문(地理莫如奇門), 인사막여육임(人事莫如六壬)이라 했다. 이를 기을임삼식(奇乙壬三式)이라 했는데, 상통천문(上通天文)에는 태을신수 만한 것이 없고, 하달지리(下達地理)에서는 기문둔갑 만한 것이 없으며, 중찰인사(中察人事)에 관한 학문으로는 육임신과(六壬神課) 만한 것이 없다고 하였다. 이렇듯, 세상을 살아감에 만사백사(萬事百事) 모두 육임이 월등한 것이다.

2) 육임(六壬)의 자의(字意)

도가(道家)의 학설에 따른 삼생만물(三生萬物)에 의한 임(壬)은 양수(陽水)로 삼아 생(生)을 주관한다고 하였다. 수(水)는 오행(五行)의 시작이고, 건곤팔괘(乾坤八卦)의 시작이므로 역(易)으로는 건(乾)이 으뜸이고, 식(式)으로는 임(壬)이 그 으뜸이다.

육임(六壬)은 북방의 수(水)로써, 하도낙서(河圖洛書)중 그 시작을 찾을 수 있는데, 천일생수(天一生水) 지육성지(地六成之)라는 법리(法理)에서 수(水)는 만물(萬物)의 혈맥(血脈)이자 근원(根源)으로, 그것은 생수(生數) 1이며 土는 5인데, 만물의 근기로써 생육의 근원이 되므로, 1에 5를 더하여 6이 되어야 성수로써 완성됨을 뜻하기 때문이다.

또한, 임(壬)은 양수의 극처(極處)라는 의미로, 주역(周易)에서의 음양(陰

陽)의 대표부호로 9와 6으로 표시했다면, 육임(六壬) 역시도, 9와 6, 즉, 극처의 뜻으로 육임(六壬)이라 칭하게 된 것이다.

3) 다른 해석의 자의(字意)

동지(冬至)는 임(壬)에서 비롯되어 양(陽)에 태동(胎動)하는 시작을 의미하는 것으로, 천일(天一)은 수(水)를 생(生)하고, 천오(天五)는 토(土)를 생(生)하기에, 수(水)는 만물의 형성을 위한 조건이 되며, 토(土)는 만물의 근원으로 수(水)와 토(土), 일(一)과 오(五)가 합하여 육(六)이 되었고, 그리하여, 천지인(天地人)을 하나로 꿰뚫었다는 왕학(王學)의 의미도 임(壬)이라는 글자를 사용하여 육임(六壬)이라는 명칭이 생긴 것이다.

4) 육임(六壬)은 어떠한 학문인가?

동양의 술수류(術數類)를 크게 천문서류(天文書類)와 지리서류(地理書類)로 나누고, 명과서류(命科書類)를 다시 세분하면, 명학서류(命學書類)와 점학서류(占學書類)로 차별하거나, 혹은, 명학서류와 택일서류. 정서류로 나누기도 한다.

명과서류에는 자평학(子平學). 자미두수(紫微斗數). 기문둔갑(奇門遁甲) 등의 명학(命學)과 거북점. 시초점(蓍草占). 주역점(周易占). 기을임삼식(奇乙壬三式) 등의 점학(占學)으로 분류된다. 인생을 전체적으로 예측하는 장점이 있는 명학(命學)과 더불어, 한가지 사안을 자세히 예측하는데 유리한 점학(占學)은 상호보완적인 관계에 있다고 볼 수 있다. 따라서, 육임학의 특징은 어떠한 일의 결과에 따른 한가지 사안에 대해서 비교적 자세히 알 수 있다. 이와 같은 이유는 육임의 이론이 자세하게 체계가 잡혀있기 때문인데, 이는 수백, 혹은, 수천 년에 걸쳐 진행되었다.

춘추전국시대의 『금궤옥형경』에서 사안별(事案別) 이론이 정리되었으며, 당나라 때의 대표저서인 서도부의 대육임심경(大六壬心經)에서도 사안별 이론이 정리되어 있는데, 이러한 특징은 청나라 때에 저술된 여러 고전으로 이어져 내려 오고 있다.

육임에는 개인의 인생 전체의 명운(命運)을 보는 추명학(推命學)과 한 가지 사안에 대한 답을 내는 점학(占學)으로 나눌 수 있다.

활용(活用)측면의 육임(六壬)[1]

(1) 모든 일상사(전쟁. 국운. 주식투자. 매매 등)의 길흉 외에도 인간의 모든 사안을 예측하고 답을 낼 수 있다.

(2) 예언서(豫言書)로써의 가치를 지니고 있다.
마치 수도자나, 뛰어난 법력(法力)을 지닌 불승(佛僧)처럼 일반인이 수학을 마치면 신비한 예언력(豫言力)을 지니는 것과 같으며, 철학자와 같은 지혜를 지니게 된다.

(3) 객관적(客觀的)인 성격이 강하다.
육임 공부를 하면 in put = out put 의 공식이 성립된다. 이는 같은 사안에 대해 풀이를 하면 누구나 거의 똑 같은 예측 결과가 나타난다.

(4) 출생 년.월.일.시를 알지 못해도 다른 답이 나오지 않는다.
이는 명학(命學)처럼 태어난 년.월.일.시의 사주팔자(四柱八字)로 정단하기 보다는, 방문객이 찾아 온 시간(점시)에 우주의 운행법칙을, 즉, 월장(태양)을 파악하여 길흉화복(吉凶禍福)을 예측하여 정단하기 때문에 출생시의 불분명에 대한 우(憂)를 범하지 않는다.

(5) 술수로써의 국가의 일(國事)을 활용할 수 있다. 즉, 국가지도자의 당.낙이라든지, 한해 나라의 환란(患亂)이나, 정권의 치세(治世)운이나, 전쟁에서의 진퇴 여부와 존망(存亡)을 알 수 있다.

(6) 막연한 일에 대한 구체적 정단이 가능하다.
이는 한 가지 사안에 대해 정단할 수 있는 범위가 현미경과 같이 꿰뚫어 볼 수 있어 구체적이고 정확하게 표현할 수 있다.

---

1) 이우산 『육임입문』 1 '활용 측면의 육임'. 2008. 대유학당

(7) 지리에도 능통할 수 있다.

옛말에 앉아 백리를 보고 서서 천리를 본다는 이야기가 있다. 육임학습을 통하여 가옥의 유.불리(有不利). 산소의 자리. 사업지. 사업장의 성쇠(盛衰) 등을 나반없이 볼 수 있는 능력을 기를 수 있다.

(8) 육임은 장구한 세월의 맥을 이어왔다.

타 학문에 비해 역사와 더불어 많은 전문서적이 저술되고 전해지고 있으며 오랜 세월 이론적으로 근거를 둔 탁월한 학문인 것이다.

2장

육임학(六壬學)의 기초요소와 그 작용

(개요) 육임학(六壬學)을 학습하기 위해서는 자평명리원리(子平命理原理)적인 기초 지식과 간지(干支)적 생극제화(生剋制化)와 형.충.합.회(刑.冲.合.會)적 기본 요소를 이해하고 학습해 나가면서 육임학 적인 것을 학습해 나가야 한다.

1) 간지(干支)와 음양(陰陽)

☞ 10천간(十天干) - 甲. 乙. 丙. 丁. 戊. 己. 庚. 辛. 壬. 癸

여기서의 10干은 매일의 천간이다. 다시 말해서 일간(日干)인 것이다.

☞ 12지지(十二地支) - 子. 丑. 寅. 卯. 辰. 巳. 午. 未. 申. 酉. 戌. 亥

모두 12支로 매일의 지지(地支)인 것이다. 이는 곧 일지(日支)인 것이다.

양간(陽干) - 甲. 丙. 戊. 庚. 壬

음간(陰干) - 乙. 丁. 己. 辛. 癸

양지(陽支) - 子. 寅. 辰. 午. 申. 戌

음지(陰支) - 丑. 卯. 巳. 未. 酉. 亥

2) 간지(干支)의 왕쇠(旺衰)

甲乙.寅卯　　는 봄(春)　　木 이 旺 이 되고

丙丁.巳午　　는 여름(夏)　火 가 旺 이 되고

庚辛.申酉　　는 가을(秋)　金 이 旺 이 되고

壬癸.亥子　　는 겨울(冬)　水 가 旺 이 되고

戊己.辰戌丑未 는　　　　　土 가 旺 이 된다.

이는 지지(地支) 장간(臧干)의 시령의 구별에 의한 기준으로 사용되고 있다. 따라서 다음과 같이 지장간의 표를 보고 참고하기 바란다.

12	11	10	9	8	7	6	5	4	3	2	1	월
丑	子	亥	戌	酉	申	未	午	巳	辰	卯	寅	령
소한	대설	입동	한로	백로	입추	소서	망종	입하	청명	경칩	입춘	계절
癸水	壬水	戊土	辛金	庚金	戊土	丁火	丙火	戊土	乙木	甲木	戊土	사령적용기간
9일	10일	7일	9일	10일	10일	9일	10일	5일	9일	10일	7일	
辛金	癸水	甲木	丁火	辛金	壬水	乙木	己土	庚金	癸水	乙木	丙火	
3일	20일	5일	3일	20일	3일	3일	9일	9일	3일	20일	7일	
己土		壬水	戊土		庚金	己土	丁火	丙火	戊土		甲木	
18일		18일	18일		17일	18일	11일	16일	18일		16일	
대한	동지	소설	상강	추분	처서	대서	하지	소만	곡우	춘분	우수	중기

3) 간지(干支)의 작용

☞ 육임학에서 간지(干支)를 말할 때는 일진(日辰)이라고 한다.

여기에서의 일진이란, 일간(日干)과 지진(支辰)을 나타내는 것이다.

따라서, 육임의 과식(課式) 판단 중, 일간이 주체가 되고, 일지(지진)는 객체(客體)가 된다. 일간은 사람, 즉, 자신이 되고, 일지는 집(宅)이 되어 타(他)의 일이 된다. 이로써, 각 신장(神將)과 결합하여 주.객(主.客)체의 길흉을 판단한다.

4) 태세(太歲)의 작용

☞ 태세는 정단(正斷)하는 시간의 년지(年支)이며, 그 시간을 주관한다. 따라서, 그 해의 입춘(立春)부터 다음해의 입춘 전까지의 기간에 해당된다.

태세는 육임학에서는 지존(至尊)의 신(神)이다. 따라서, 그 해의 모든 것을 주관한다. 그러므로 일간상신 혹은 『년명상신』이 태세에 임하고, 길장(吉將)이 승(乘)하여, 일간을 생(生)하면 반드시 대길(大吉)하다. 이는 흉을 만나도 두렵지 않다. 그러나, 태세에 흉장이 타고, 일간을 극(剋)하는데, 이를 구제(救制)할 수 없다면 큰 흉을 면할 수 없다.

또한, 태세에 귀인(貴人)이 승하고, 일간을 생하고, 과전에 입전(入傳)하면 또한 길하다. 그러므로 태세는 육임 해단에 있어 중요한 위치이기에 절대 소홀해서는 안될 것이다.

5) 월건(月建)의 작용

☞ 정단하는 시간의 월령(月令)이다.

이는 정단하는 시간의 일(日)부터 시작되어 당월(當月)을 끝까지 주관하는 신(神)이다. 월건의 작용은 각 오행의 『왕.상.휴.수.사(旺.相.休.囚.死)』를 따져 각 오행의 기(氣)의 세기를 나타낸다.

6) 월장(月將)의 작용

☞ 월의 중기(中氣)에서 중기(中氣)에 이르는 30° 를 말한다. 따라서, 태양(太陽)이라 한다.

월장은 중기를 기준점으로 하여 다음 월장으로 넘어간다. 춘분과 추분은 주.야 균등의 시점이고, 절후의 분기점으로 태양전도의 분기점이 된다.

월장이 입전(入傳)되면, 천하지 않고, 복스러우며, 길신(吉神)을 더욱 길하게 한다. 따라서, 흉신이 되더라도 흉을 덜 수 있다. 그러므로, 공망(空亡)을 논하지 않는다. 만약 간지나 연명상신에 임하여 일간(日干)을 생(生)하면, 이는 광명지상(光明之象)이다.

★ 월장표

월장	적용기간	월 장 명
亥	우수 ~ 춘분	등명(登明)
戌	춘분 ~ 곡우	하괴(河魁)
酉	곡우 ~ 소만	종괴(從魁)
申	소만 ~ 하지	전송(傳送)
未	하지 ~ 대서	소길(小吉)
午	대서 ~ 처서	승광(勝光)
巳	처서 ~ 추분	태을(太乙)
辰	추분 ~ 상강	천강(天罡)
卯	상강 ~ 소설	태충(太衝)
寅	소설 ~ 동지	공조(功曹)
丑	동지 ~ 대한	대길(大吉)
子	대한 ~ 우수	신후(神后)

7) 점시(占時)의 작용

☞ 점을 보는 시간(정단 시간). 즉, 정단하는 시간을 점시 라고 한다.

① 사건발생 당시의 시간이나 구점(求占) 당시의 시간.

② 12지의 산대(대나무 가지)를 산통에 넣고, 그 하나를 뽑았을 때도

점시 라고 하고, 또는, 활시(活時). 정시(正時) 라고도 한다. 여기에서 활시란 다른 말로 차객(借客) 이라고 한다.

☞ 차객의 설정은 다음과 같다.

(같은 시간에 또 다른 내방객이 있을 시) 여러 명을 구점할 때 사용한다.

- 차객법(借客法) -

♣ 양지(陽支)인 辰시에 여러 명을 구점할 때

① 첫 번째 방문객은 辰시를 쓴다.
② 두 번째 방문객은 辰시에서 4시즌 지난 辰 → 巳 → 午 → 未
따라서, 未시를 차용(借用)하여 활시(活時)를 만들고,
③ 세 번째 방문객은 未시에서 6시즌 전위(前位)
未 → 午 → 巳 → 辰 → 卯 → 寅. 寅시를 차용한다.

♣ 음지(陰支)인 巳시에 여러 명을 구점할 때

① 첫 번째 방문객은 巳시를 쓴다.
② 두 번째 방문객은 巳시의 6시즌 전위(前位)
巳 → 辰 → 卯 → 寅 → 丑 → 子. 子시를 차용한다.
③ 세 번째 방문객은 子시의 4시즌 후위(後位)
子 → 丑 → 寅 → 卯. 卯시를 차용한다.
따라서, 여러 명을 동일 시간대에 구점할 때는 위와 같은 방법으로 돌려서 사용할 수 있다.

여기에서 생각해 볼 문제는 사찰 등 많은 사람이 동시간대에 몰려들 때는 각기 구성원의 위치나 다른 사물, 예를 들어 방석 1로도 차객활용이 가능하다)

8) 공망(空亡)의 작용

☞ 일(日) 간지(干支) 중, 육갑(六甲) 순(旬) 중에서의 공망을 말한다.

예를 들어, 甲.子순(旬)에는 戌.亥가 공망이 되고, 甲.戌순(旬)에는 申.酉가 공망이 되고, 甲.辰순(旬)에는 •••••• 등, 이는 사주 추명학의 공망과 같다.

☞ 육임의 과전도(課傳圖) 작성시, 천지반(天地盤)을 보고, 천반공망(天盤空亡)을 다른 말로 여행(旅行)공망이 되고, 지반공망(地盤空亡)을 다른 말로 낙저공망(洛氐空亡), 또는, 낙공(洛空)이라고 한다.

☞ 길신(吉神)은 공망을 꺼리고, 흉신(凶神)은 공망 됨을 기뻐한다.

☞ 태세. 월건. 월장은 공망을 논하지 않는다. 따라서, 점시나 차객시(활시) 일 때, 공망이 되면 백사(百事)가 어려워지나 꼭 그렇지는 않다. 따라서 과전의 세밀 정단을 통하여 판단하는 것이 원칙이다.

★ 60갑자 공망표

순	六十甲子										공망
甲子	甲子	乙丑	丙寅	丁卯	戊辰	己巳	庚午	辛未	壬申	癸酉	戌亥
甲戌	甲戌	乙亥	丙子	丁丑	戊寅	己卯	庚辰	辛巳	壬午	癸未	申酉
甲申	甲申	乙酉	丙戌	丁亥	戊子	己丑	庚寅	辛卯	壬辰	癸巳	午未
甲午	甲午	乙未	丙申	丁酉	戊戌	己亥	庚子	辛丑	壬寅	癸卯	辰巳
甲辰	甲辰	乙巳	丙午	丁未	戊申	己酉	庚戌	辛亥	壬子	癸丑	寅卯
甲寅	甲寅	乙卯	丙辰	丁巳	戊午	己未	庚申	辛酉	壬戌	癸亥	子丑

9) 12천장(十二天將)의 작용

☞ 천지반(天地盤) 중, 천반상(天盤上) 12지소에 승(乘)한 장(將)을 말한다.

※ 12천장의 배열은 차후에 12천장 유신에서 다루기로 한다.

일반적으로 오행의 속성으로 보면,
천을귀인(天乙貴人) 己丑(土) . 등사(螣蛇) 丁巳(火). 주작(朱雀) 丙午(火). 육합(六合) 乙卯(木). 구진(句陳) 戊辰(土). 청룡(青龍) 甲寅(木). 천공(天空) 戊戌(土). 백호(白虎 庚申(金). 태상(太常) 己未(土). 현무(玄武) 癸亥(水). 태음(太陰) 辛酉(金). 천후(天后) 壬子(水)로 나타낸다.

☞ 다음은 12천장과 유신을 표로 나타낸 것이다. 잘 숙지하여 암기하기

바란다.

★ 12천장(天將)의 유신표(類神表)

천장	본가	오행	유신
귀인(貴人)	己丑	土	수상 존장. 귀인. 어른. 관리
등사(螣蛇)	丁巳	火	경사(驚事). 괴이사. 화재. 악몽
주작(朱雀)	丙午	火	문서. 통신. 구설. 유언비어. 소송
육합(六合)	乙卯	木	계약. 화합사. 중매인. 혼인. 매매
구진(句陳)	戊辰	土	부동산. 쟁투. 소송. 관사. 군.경
청룡(青龍)	甲寅	木	재물. 금전. 문관. 신랑. 희경사
천공(天空)	戊戌	土	종업원. 부실. 사기. 소인배
백호(白虎)	庚申	金	질병. 사고. 도로. 상복
태상(太常)	己未	土	음식. 식품. 의류. 연회. 무관
현무(玄武)	癸亥	水	도난. 분실. 허모사. 실탈사
태음(太陰)	辛酉	金	천녀. 창녀. 음사. 모략
천후(天后)	壬子	水	처. 신부. 여자용품

☞ 12천장의 배열중 천을귀인(天乙貴人)을 최고 우두머리로 본다.

또한, 천을귀인이 『임한지반지』에 따라, 순행과 역행으로 나누어진다.

순행 - 亥. 子. 丑. 寅. 卯. 辰(시계방향)

역행 - 巳. 午. 未. 申. 酉. 戌(시계반대 방향)

★ 천지반도 참조

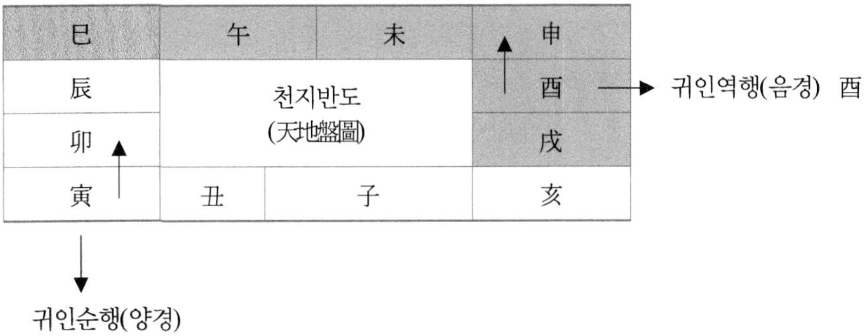

10) 10간기궁(十干奇宮)의 작용

☞ 10간기궁은 4과를 작성할 때 중요시 쓰인다.

양간 ~ 甲 . 丙 . 戊 . 庚 . 壬

음간 ~ 乙 . 丁 . 己 . 辛 . 癸

★ 10간기궁표

일간	甲	乙	丙	丁	戊	己	庚	辛	壬	癸
기궁	寅	辰	巳	未	巳	未	申	戌	亥	丑

☞ 기궁은 육임과전 조식 중, 일간, 즉, 천간의 표시이다.

기타 모든 지지에서도 사용이 된다. 따라서 일간상신은 기궁의 천반이 되는 것이다. 양간은 자평명리학에서 일간의 록(祿)궁에 해당되고, 음간은 일간의 양인(羊刃)에 해당 됨을 알 수 있다.

11) 둔간(遁干)의 작용

☞ 육임과식 중 일간을 제외 하고는 모두 12지를 쓴다. 이에 나타난 것에 대해서는 12지의 생극제화(生剋制化)와 기타, 천장을 통해 알 수 있고, 둔간은 숨겨진 사실에 대하여 알 수 있다.

☞ 둔간을 정하는 법은 정단일의 순을 알아야 한다. 즉, 어느 순에 해당하느냐에 따라, 순중천간과 지지를 배열하여, 순공이 끝난 다음에 첫 칸은 甲이 되고, 둘째는 乙순으로 공망전 癸까지 사용한다.

☞ 둔간은 길흉화복(吉凶禍福)이 숨겨져 있기 때문에, 잘 파악하여야 한다. 따라서 일간과의 관계에서 재(財), 관(官), 폐구(閉口) 관계를 잘 살펴야 한다.

12) 음신(陰神)의 작용

☞ 육임4과(四課) 중 양신(陽神)을 제외한 제2과, 제4과를 음신이라 칭한다.

☞ 육임과전(課傳)은 매 신(神)마다 양신(陽神)이 있고 음신(陰神)이 있다. (양신은 나타나고, 음신은 숨어 있다) 또한, 12천장 중 천을귀인을 제외한 주.야(晝.夜)에서 서로 음.양신(神)이 있다. 즉, 낮 정단에서는 밤 귀인이 음신이고, 밤 정단에서는 낮 귀인이 음신이다. 따라서 주야, 정단이 바뀌는 것을 음신으로 취한다.

13) 년.명(年.命)의 작용

☞ 육임 판단 방법 중 반드시 개인의 년(年).명(命)을 참조해야 한다.

그렇지 않으면, 오단(誤斷)이 될 수 있다. 따라서, 본명(本命)은 태어난 해의 지(支)가 되고, 행년(行年)은 남자의 경우, 丙寅이 1세로 순행하는 것과 여자의 경우, 壬申이 1세로 역행을 하여 세어나가 본인이 해당되는 지(支)가 바로 행년(行年)인 것이다.

※ 예) 남 10세인 경우 → 寅. 卯. 辰 ········ 亥가 행년인 것이다.

나이	1세	2세	3세	4세	5세	6세	7세	8세	9세	10세
남자	丙寅	丁卯	戊辰	己巳	庚午	辛未	壬申	癸酉	甲戌	乙亥
여자	壬申	辛未	庚午	己巳	戊辰	丁卯	丙寅	乙丑	甲子	癸亥

또한, 여 10세인 경우 → 申. 未. 午 ········ 亥가 행년인 것이다.

따라서, 년명의 길흉에 따라 작용할 수 있다.

이것을 이름하여 변화문이라고 한다.

★ 행년표

나이	11세	12세	13세	14세	15세	16세	17세	18세	19세	20세
남자	丙子	丁丑	戊寅	己卯	庚辰	辛巳	壬午	癸未	甲申	乙酉
여자	壬戌	辛酉	庚申	己未	戊午	丁巳	丙辰	乙卯	甲寅	癸丑

나이	21세	22세	23세	24세	25세	26세	27세	28세	29세	30세
남자	丙戌	丁亥	戊子	己丑	庚寅	辛卯	壬辰	癸巳	甲午	乙未
여자	壬子	辛亥	庚戌	己酉	戊申	丁未	丙午	乙巳	甲辰	癸卯

나이	31세	32세	33세	34세	35세	36세	37세	38세	39세	40세
남자	丙申	丁酉	戊戌	乙亥	庚子	辛丑	壬寅	癸卯	甲辰	乙巳
여자	壬寅	辛丑	庚子	乙亥	戊戌	丁酉	丙申	乙未	甲午	癸巳

나이	41세	42세	3세	44세	45세	46세	47세	48세	49세	50세
남자	丙午	丁未	戊申	己酉	庚戌	辛亥	壬子	癸丑	甲寅	乙卯
여자	壬辰	辛卯	庚寅	己丑	戊子	丁亥	丙戌	乙酉	甲申	癸未

나이	51세	52세	53세	54세	55세	56세	57세	58세	59세	60세
남자	丙辰	丁巳	戊午	己未	庚申	辛酉	壬戌	癸亥	甲子	乙丑
여자	壬午	己巳	庚辰	己卯	戊寅	丁丑	丙子	乙亥	甲戌	癸酉

※ 빠른 행년을 구하는 법

예) 남자 50세의 행년 구하는 법

- 나이에서 12로 나누어 준다. (50 / 12 … 2)
- 이 때 나머지가 2이다.
- 이 2를 寅에 대입하여 2위 순행하면 卯가 50세 남자의 행년이 된다.

예) 여자 50세의 행년 구하는 법

여자나이 / 12. 이 때 나머지는 2가 된다.
따라서, 여자 1세 申에서 2위 역행하면 未가 된다.

즉, 현재기준에서의 남.녀 50세의 행년은 卯와 未가 된다.
일일이 행년표를 보고 세지 않아도 알 수 있다.

3장

음양(陰陽)과 오행(五行)

1) 음양이란 하나 속에 들어있는 둘이다.

- 음양이란 언제나 함께 붙어 다니는 뗄 수 없는 짝이다.
- 음양이란 혼자서 존재할 수 없고 짝이 있어야 한다.
- 음양이란 한 뿌리이면서도 영원히 하나가 될 수 없다.
- 음양이란 대립하면서도 화해하고, 융화하면서도 대립한다.
- 음양이란 고정되어있지 않고 끊임없이 변화한다.
- 음양이란 대자연 속에 흐르는 한 줄기의 기운이다.
- 음양이란 우주의 삼라만상에 모두 존재한다.
- 음양이란 보이는 곳이나, 보이지 않는 곳 모두 존재한다.
- 음양이란 생명의 근원이요, 천지의 길(道)이다.

★ 음양의 상대적 배치도

음(陰)	양(陽)	음(陰)	양(陽)
곡선(曲)	직선(直)	땅(地)	하늘(天)
들숨(吸)	날숨(呼)	달(月)	태양(日)
나쁨(凶)	좋음(吉)	여자(女)	남자(男)
악행(惡)	선행(善)	아래(下)	위(上)

밤(夜)	낮(晝)	짝(二)	홀(一)
아내(婦)	남편(夫)	뒤(後)	앞(前)
작다(小)	크다(大)	어둡다(暗)	밝다(明)
적다(少)	많다(多)	탁하다(濁)	맑다(淸)
채우다(實)	비우다(虛)	춥다(寒)	따뜻하다(暖)
가난(貧)	부자(富)	습하다(濕)	건조(燥)
천함(賤)	귀함(貴)	약하다(弱)	강하다(强)
죽음(死)	살다(生)	물(水)	불(火)
끝(終)	시작(始)	겨울(冬)	여름(夏)
칼(武)	필(文)	몸(身)	마음(心)
벌(罰)	칭찬(賞)	얇다(薄)	두껍다(厚)
받다(受)	주다(與)	무겁다(重)	가볍다(輕)
화(禍)	복(福)	물러나다(退)	나아가다(進)

2) 오행(五行)이란?

☞ 태극(太極)에서 음(陰)과 양(陽)의 두 기운으로 나뉘어져 정신(精神)과 물질(物質)로써 존재하는 만물은 끊임없이 발전하고 변화하면서 다섯 가지의 정기(精氣)로 형상을 갖추어 모습을 드러내어 우주의 질서가 생기는데, 이것이 곧, 오행(五行)인 목.화.토.금.수(木.火.土.金.水)인 것이다.

오행은 글자 그대로 다섯 오(五)에 갈 행(行)으로, 오(五)자는, 우주의 만물은 다섯 가지의 법칙과 질서 속에 있다는 것을 의미하는 것이고, 행(行)자는, 우주의 기운이 모였다가 흩어지면서, 순환하는 것을 상징하는 것이다.

즉, 우주의 질서와 인생의 걸음걸이를 다섯 가지 모습으로 나타낸 것으로서, 무형(無形)과 유형(有形)의 양면성을 띠고 있어, 우주의 운동과 자연의 변화에 비추어 볼 수 있는 것이다.

☞ 한편으로, 오행은 생장화수장(生長化收藏)이다. 우주는 다섯 가지의 걸음걸이를 통해 끊임없이 변화하고 있는데, 생장화수장은 시간의 다섯 걸음이고, 목화토금수는 공간의 다섯 걸음이다. 보통 시공(時空)으로 나누어 설명하지 않고 혼용하여 쓰는 바, 생장화수장하는 자연의 발자취를 살펴 보면, 땅으로 싹을 틔워 자라고(生), 무성해 지며(長), 씨나 열매를 맺어(收), 다시 땅에 떨어져 숨는(藏) 네 가지의 규칙은 우주가 걷고 있는 걸음걸이의 기본으로, 무생물에서부터 식물, 동물, 인간 할 것 없이 모든 존재가 따라가고 있으며, 정처 없이 떠가는 구름도 생겨서(生), 하늘을 덮고(長), 비가 되어(收), 땅 속으로 사라지는(藏) 과정을 반복하고 있다. 식물도 봄이 오면 앙상한 가지 끝에 꽃망울이 맺히고, 싹이 터서 잎이 무성해 지고, 아름다운 꽃에서 열매가 여물면 찬바람이 낙엽을 지게 하고, 열매도 땅에 떨어지며 다시 앙상한 모습이 되는 동안, 일 년이란 시간 속에서 자기의 모습을 끊임없이 생장수장하면서 바꾸는 것이다.

☞ 우주의 다섯 걸음을 공간적으로 살펴 보면, 우주는 음과 양이 맞물려 있는 거대한 태극체(太極體)로써 양의 과정에서는 팽창을 하며 물질과 에너지를 발산하고, 음의 과정에서는 물질과 에너지를 모으고 있는데, 이러한 운동 과정은 둥근 원의 순환형태로 이루어 지므로, 끝없이 팽창하여 폭발하여 버리거나, 한 없이 수축하여 없어져 버리지 않는다.

☞ 팽창의 1단계는 처음의 한 방향으로 뚫고 나오는 힘을 말하며, 그 힘의 과정을 木이라 하고, 팽창의 2단계는 화(火)를 지칭하는 것으로, 木을 통해 한 방향으로 뚫고 나온 힘이 사방팔방으로 무질서하게 흩어지는 과정이며, 또한, 수축의 1단계는 金으로서 金은 한없이 흩어져 더 이상 흩어질 수 없는 상태까지 분열된 火를 거두어 수렴시키는 과정이고, 수축의 2단계인 水에서는 金을 통해 수렴되면서 외부만 굳어진 것을, 그 속까지 단단하게 응고시켜 한 점으로 통일시키는 과정인

것이다.

☞ 여기에다 木.火.金.水를 달래주며 중재하는 土가 있는데, 土는 각 변화 과정의 마디에 존재하면서 자기의 주장은 전혀 내세우지 않고, 수축과 팽창의 원운동이 순조롭게 일어날 수 있도록 도와주고 있다. 그러기에, 우주가 직선운동을 하지 않고 원운동이 가능한 것은 전적으로 土의 도움이라고 할 수 있다. 따라서, 土는 木.火.金.水가 사는 땅이며, 토양으로 단계를 이루는 과정이기에 흙은 나무와 불과 쇠와 물을 품으면서 변화를 일으키는 특징이라 하겠다.

3) 오행의 간지음양배당

☞ 10천간과 음양오행

하늘을 상징하는 10천간은 음양오행을 다음과 같이 나눌 수 있다.

木		火		土		金		水	
甲	乙	丙	丁	戊	己	庚	辛	壬	癸
+	-	+	-	+	-	+	-	+	-

☞ 12지지의 음양오행

땅을 상징하는 12지의 음양오행은 다음과 같이 나눌 수 있다.

木		火		土		金		水	
寅	卯	巳	午	辰	未	戌	丑	申	酉
+	-	-	+	+	-	+	-	+	-

4) 오행의 작용

☞ 만물을 구성하는 기본원소인 오행은 상생(相生)과 상극(相剋)작용이 있다.

육임에서의 오행은 생극제화(生剋制化) 작용으로 볼 수 있고, 오행의 자의(字意)로도 볼 수 있다. 따라서, 일간(日干)은 "나"이고 주체(主體)이다. 또한, 일지(日支)는 "타(他)"이고 객체(客體)가 된다. 그러므로 오행의 생극(生剋)관계로서 인간사의 길.흉(吉.凶)을 판단할 수 있다. 이것은 육임해단의 가장 기본이 되는 것이다.

☞ 오행의 상생(相生)

木生火, 火生土, 土生金, 金生水, 水生木

☞ 오행의 상극(相剋)

木剋土, 火剋金, 土剋水, 金剋木, 水剋火

★ 오행의 상생상극 도표

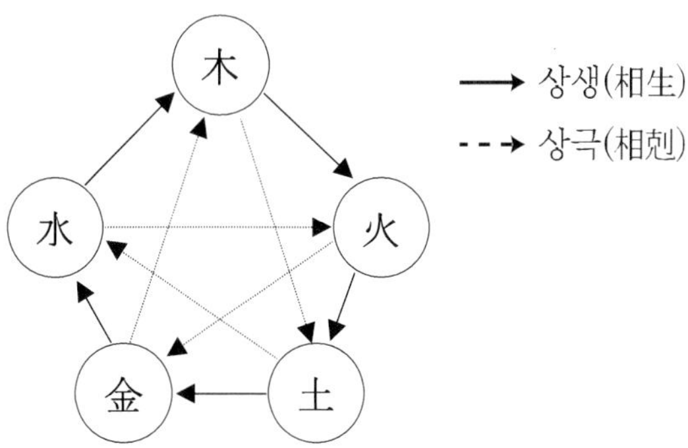

☞ 오효(五爻)와의 관계

오행 형태	木	火	土	金	水	의 의	오효(五爻)
생아(生我)	水	木	火	土	金	보호.도장.문서	부모효
아생(我生)	火	土	金	水	木	탈(脫).설(泄)	자손효
아극(我剋)	土	金	水	木	火	재(財).재물	처재효
극아(剋我)	金	水	木	火	土	압력.관귀(官鬼)	관귀효
자아(自我)	木	火	土	金	水	자아.분탈(奮脫)	형제효

☞ 간지의 생극 배속표

형태 / 나	오행	생아(生我)	아생(我生)	아극(我剋)	극아(剋我)	자아(自我)
甲乙 寅卯	木	壬癸 亥子	丙丁 巳午	戊己 辰戌丑未	庚辛 申酉	甲乙 寅卯
丙丁 己午	火	甲乙 寅卯	戊己 辰戌丑未	庚辛 申酉	壬癸 亥子	丙丁 巳午
戊己 辰戌丑未	土	丙丁 巳午	庚辛 申酉	壬癸 亥子	甲乙 寅卯	戊己 辰戌丑未
庚辛 申酉	金	戊己 辰戌丑未	壬癸 亥子	甲乙 寅卯	丙丁 巳午	庚辛 申酉
壬癸 亥子	水	庚辛 申酉	甲乙 寅卯	丙丁 巳午	戊己 辰戌丑未	壬癸 亥子
오효		부모	자손	처재	관귀	형제

5) 오행의 왕쇠(旺衰)

☞ 육임 정단에서 오행의 왕쇠는 대단히 중요하다. 특히, 길흉의 왕쇠가 되기 때문에, 기운을 득(得)하는 경우(왕상)와 득하지 못하는(휴.수)경우가 있다. 이는 많은 육임가들이 가장 간과하여 오류를 범하는 경우가 많다. 해단시 반드시 참고 적용해야만이 바른 해단이 된다.

★ 오행의 『왕상휴수사(旺相休囚死)』 도표

왕쇠 / 계절	왕(旺)	상(相)	사(死)	수(囚)	휴(休)
봄(春)	木	火	土	金	水
여름(夏)	火	土	金	水	木
가을(秋)	金	水	木	火	土
겨울(冬)	水	木	火	土	金
사계(四季)	土	金	水	木	火
길흉(吉凶)	대길	길	대흉	흉	보통

따라서

♣ 맹춘(孟春)은 寅 . 중춘(仲春)은 卯 → 寅卯는 木 ⇒ 木旺
♣ 맹하(孟夏)는 巳 . 중하(仲夏)는 午 → 巳午는 火 ⇒ 火旺
♣ 맹추(孟秋)는 申 . 중추(仲秋)는 酉 → 申酉는 金 ⇒ 金旺
♣ 맹동(孟冬)은 亥 . 중동(仲冬)은 子 → 亥子는 水 ⇒ 水旺
♣ 계춘(季春)은 辰 . 계하(季夏):未 . 계추(季秋):戌 . 계동(季冬):丑

으로 『辰戌丑未』는 土 ⇒ 土旺이 된다.

여기에서 생각해 볼 것이 토왕(土旺)절이 생성되는 것을 알 수 있다. 이 역시 해단시 적용하지 않아 오류를 범하는 하나의 예이다. 쉽게 말하면 절기의 환절기가 되는 달은 잘 생각해 보아야 한다.

따라서, 지구는 태양으로 부터의 영향을 받고, 태양의 일주는 365+1/4 인 것이다. 그러므로, 오행의 분포는 다음과 같이 절기에 따른 토왕(土旺)절이 형성 된다.

절 기	토 왕 절
입춘 후부터 73일은 목왕(木旺)	후 18일 1/4은 토왕(土旺)
입하 후부터 73일은 화왕(火旺)	후 18일 1/4은 토왕(土旺)
입추 후부터 73일은 금왕(金旺)	후 18일 1/4은 토왕(土旺)
입동 후부터 73일은 수왕(水旺)	후 18일 1/4은 토왕(土旺)

☞ 시왕(時旺) : 천시(天時)에 왕(旺)한 때, 천시를 득(得)한다 한다.

☞ 지왕(地旺) : 왕지(旺地)에 좌(坐)함을 지왕(地旺)이라 한다.
지리(地利)를 득(得)한다고 한다.

☞ 비왕(比旺) : 오행이 비화(比和)하면 비왕(比旺)이라 하고, 모여서 강력해 진다.

☞ 합왕(合旺) : 오행이 삼합(三合)하여 왕(旺)함을 합왕(合旺)이라 하고 단결.협력하여 왕(旺)한 세력을 나타낸다.

6) 10간의 12운성(十二運星)

☞ 12운성의 의의

12운성이란 일명 포태법(胞胎法), 또는, 장생법(長生法)이라고 하는데, 천간의 기(氣)가 땅에 미치는 순환의 원리이며, 변화의 법칙을 뜻하는 것으로서 한서온냉(寒暑溫冷)의 기(氣)가 사시(四時)중에 두루 유행하거나 그 차이가 있는 것을 『생.왕.절.묘(生.旺.絕.墓)』로 구분한 것이다. 그 차례는 마치 출생과 생노병사(生老病死)와 영고성쇠(榮枯盛衰)의 인생항로를 그려놓은 것과 같다.

따라서, 육임에서의 12운성은 주로 10간의 강약상황을 판단할 때 주로 사용한다. 10간의 12운성은 다음 두 가지 설이 있다.

① 명리에서 적용하는 법으로 양간 순행. 음간 역행한다는 이론.

② 음.양간의 구분 없이 모두 순행한다는 설이다.

☞ 육임에서의 12운성은 고서를 포함해서 공통적으로 10간 12운성이 각오행을 동시 순행하며 배열하는 것으로 정한다. 이는 고서에 간혹 양간·음간으로 표기되어 있는 경우도 있지만 본서에서는 각오행을 동시순행으로 정한다.

★ 오행의 12운성표

운성 / 10간	장생 長生	목욕 沐浴	관대 冠帶	록 祿	제왕 帝旺	쇠 衰	병 病	사 死	묘 墓	절 絶	태 胎	양 養
甲乙	亥	子	丑	寅	卯	辰	巳	午	未	申	酉	戌
丙丁 戊己	寅	卯	辰	巳	午	未	申	酉	戌	亥	子	丑
庚辛	巳	午	未	申	酉	戌	亥	子	丑	寅	卯	辰
壬癸	申	酉	戌	亥	子	丑	寅	卯	辰	巳	午	未

※ 본 서에서는 『화토동궁(火土同宮)』으로 게제하였다.

7) 합(合)

☞ 합이란 음양과 오행의 속성이 서로 다른 두 종류의 간지(干支)가 서로 어우러져, 정을 통하고 결합하여 또 다른 물질을 생산하는 것이 합의 목적이다. 따라서, 육임에서의 합은, 평화(平和). 은애(恩愛). 단결(團結). 융합(融合)의 뜻으로 보고, 크게 간합(干合)과 지합(支合)이 있다.

① 간합(干合)

간합의 근원은 하도(河圖)에 기초를 두고 있다. 생수인 1.2.3.4.5와 성수인 6.7.8.9.10으로, 간합의 안배의 순서는 다섯을 띄어서 상합을 한다.

생수	1(甲)	2(乙)	3(丙)	4(丁)	5(戊)
성수	6(己)	7(庚)	8(辛)	9(壬)	10(癸)

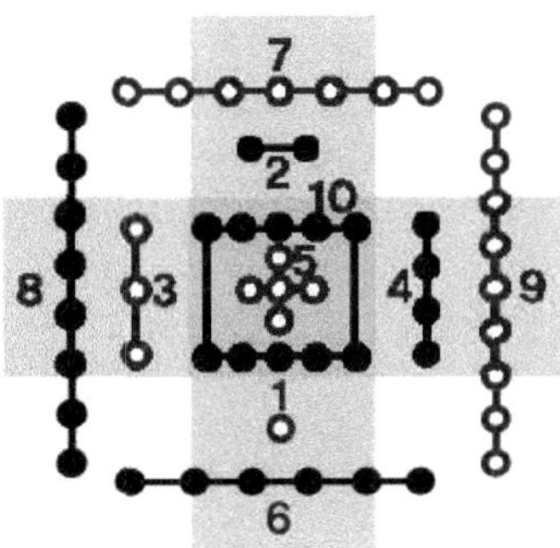

하 도

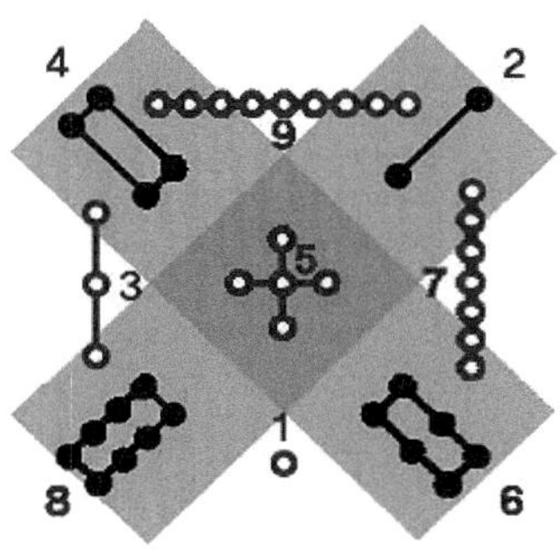

낙 서

☞ 10간의 배합은 하도(河圖)에 의한 것이다.

천일생수(天一生水)	지육성지(地六成之)	甲己 合
지이생화(地二生火)	천칠성지(天七成之)	乙庚 合
천삼생목(天三生木)	지팔성지(地八成之)	丙辛 合
지사생금(地四生金)	천구성지(天九成之	丁壬 合
천오생토(天五生土)	지십성지(地十成之)	戊癸 合

② 지합(支合)

천간(天干)합과 마찬가지로 음과 양이 만나 합을 이루고, 지지합에는 6합(六合). 3합(三合), 방합(方合)이 있다.

12지의 육합은 목성의 운행에 근원을 둔다.

태 세	목 성	육 합
子	丑	子丑
丑	子	
寅	亥	寅亥
卯	戌	
辰	酉	辰酉
巳	申	
午	未	午未
未	午	
申	巳	申巳
酉	辰	
戌	卯	卯戌
亥	寅	

③ 육합의 평형관계

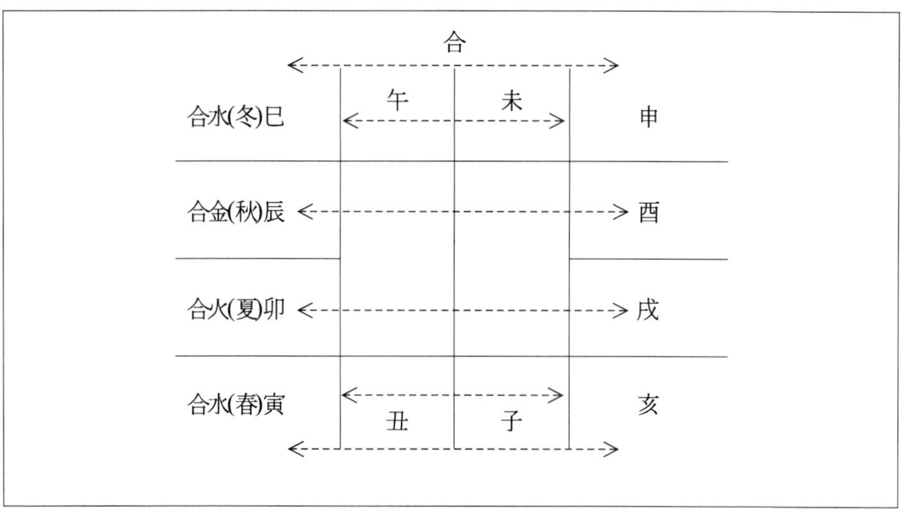

④ 방합(方合), 삼회합(三會合)

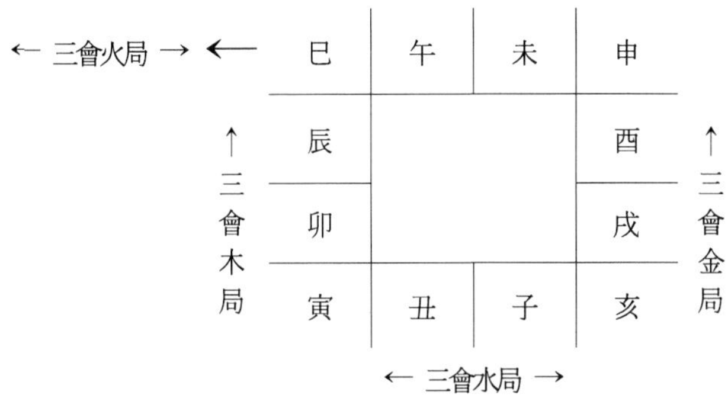

♣ 寅.卯.辰 – 동방인 卯가 중심이 되어 木 국(局)

♣ 巳.午.未 – 남방인 午가 중심이 되어 火 국(局)

♣ 申.酉.戌 – 서방인 酉가 중심이 되어 金 국(局)

♣ 亥.子.丑 – 북방인 子가 중심이 되어 水 국(局)

⑤ 삼합(三合)

삼합은 12지중에 특정한 12지 회합하면 하나의 국(局)을 형성한다.

이에 근거는 12운성의 법칙에 따라 각 오행의 장생(長生). 제왕(帝旺). 묘(墓)의 삼자(三字)가 연결하여 국(局)을 이루는데, 국(局)이 형성되면 커다란 힘이 발휘된다.

巳	午	未	申
辰			酉
卯			戌
寅	丑	子	亥

水局 – 장생(申). 제왕(子). 묘(辰)
木局 – 장생(亥). 제왕(卯). 묘(未)
火局 – 장생(寅). 제왕(午). 묘(戌)
金局 – 장생(巳). 제왕(酉). 묘(丑)

로 형성되어 있다

따라서 水局 申.子.辰을 윤하(潤下). 木局 亥.卯.未를 곡직(曲直)
火局 寅.午.戌을 염상(炎上). 金局 巳.酉.丑을 종혁(從革)
이라 한다.

8) 형(刑)

☞ 육임에서의 형(刑)은 상(傷)하고 흉(凶)이 남는 것을 말한다.

☞ 형(刑)에는 세가지로 분류할 수 있다.

① 일자형(一字刑) – 자형(自刑)으로 午午. 亥亥. 酉酉. 辰辰

② 이자형(二字刑) – 子卯형으로 子卯

③ 삼자형(三字刑) – 丑戌未. 寅巳申 으로 분류한다.

따라서, 일자(一字)인 辰.午.酉.亥는 각자가 스스로 형을 하여 순탄하지 못하다. 이자(二字)인 子卯형은 가정이 음란하고, 죽거나 패망하여 존비가 화목하지 못하고, 삼자(三字)형인 丑戌未는 무례지형(無禮之刑)으로 모든 정단에서 세력에 의지하여 약자를 업신여김이 많고, 寅巳申(無恩之刑)은 정단에서 은혜를 배반하고 원수가 되는 상이다.

상극순서 → 水 → 火 → 金 → 木

삼 합	申 子 辰	寅 午 戌	巳 酉 丑	亥 卯 未
방 합	寅 卯 辰	巳 午 未	申 酉 戌	亥 子 丑

계절상생 → 木 → 火 → 金 → 水

- 申刑寅 寅刑巳 巳刑申 ------ 시세지형(恃勢之刑)
- 戌刑未 未刑丑 丑刑戌 ------ 무은지형(無恩之刑)
- 子刑卯 卯刑子 ------ 무례지형(無禮之刑)
- 辰刑辰 午刑午 酉刑酉 亥刑亥 ------ 자형(自刑)

9) 충(冲)

☞ 12지에서 7위를 사이에 두고 서로 상반되는 지역(180°)의 대립되는 지점이다. 충의 속성은 극단적이고 상반되는 현상으로 서로 다투는 형상이다.

子冲午 . 丑冲未 . 寅冲申 . 卯冲酉 . 辰冲戌 . 巳冲亥

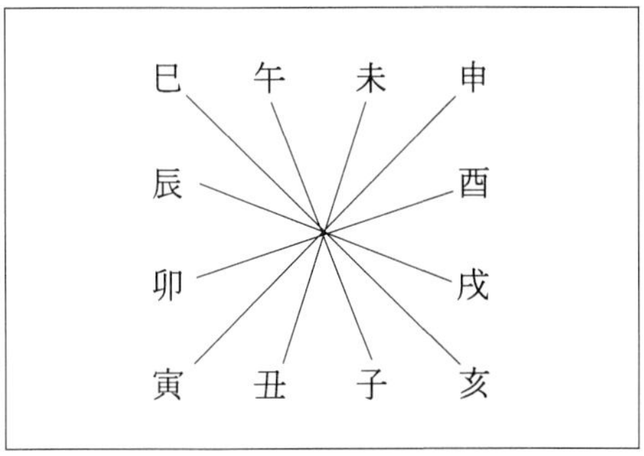

10) 파(破)

☞ 핍박의 상으로 서로 흩어지고 이동하는 상이다.

☞ 양지 - 후(後) 4위(位)　 음지 - 전(前) 4위(位)로 나가면 파(破)이다.

卯午 . 辰丑 . 酉子 . 戌未 . 亥寅 . 申巳

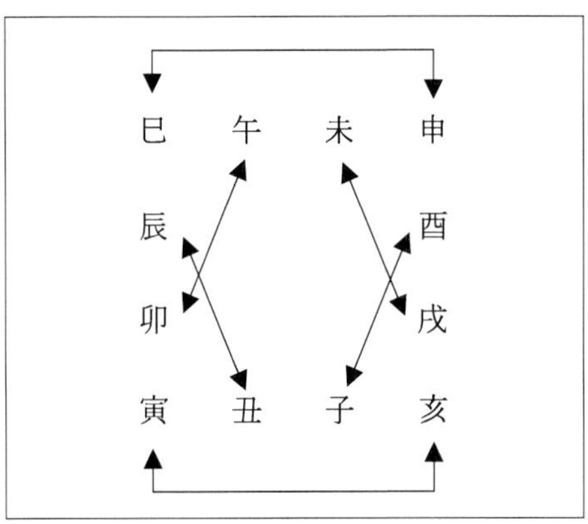

11) 해(害)

☞ 육임에서의 해는 험하고 투쟁이 있다. 피차 서로 해하는 것을 말한다.

子未 . 丑午 . 寅巳 . 卯辰 . 申亥 . 酉戌

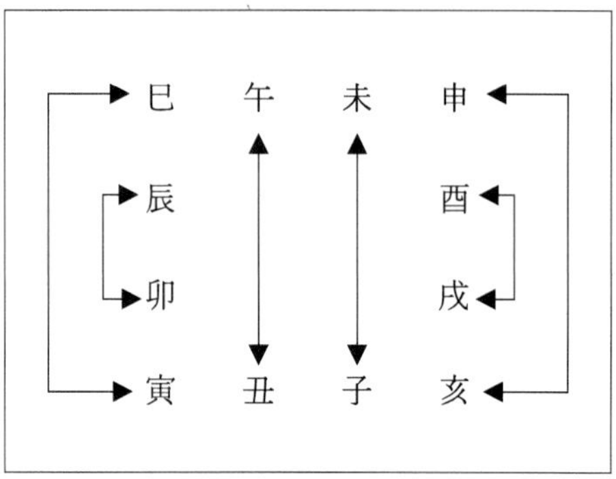

★ 충.합.해.파(冲.合.害.破) 조견표

	午	未	申	酉	戌	亥	子	丑	寅	卯	辰	巳	冲
合	子	丑	寅	卯	辰	巳	午	未	申	酉	戌	亥	
	丑	子	亥	戌	酉	申	未	午	巳	辰	卯	寅	害
破	午	未	申	酉	戌	亥	子	丑	寅	卯	辰	巳	
	卯	戌	巳	子	未	寅	酉	辰	亥	午	丑	申	

12) 중요신살(重要神殺)

① 덕(德)

복(福)을 주는 신살(神殺)로 일덕(日德). 월덕(月德). 천덕(天德)이 있다.

일간 / 일덕	甲	乙	丙	丁	戊	己	庚	辛	壬	癸
덕	寅	申	巳	亥	巳	寅	申	巳	亥	巳

월 / 덕	寅	卯	辰	巳	午	未	申	酉	戌	亥	子	丑
월덕	巳	寅	亥	申	巳	寅	亥	申	巳	寅	亥	申 申
천덕	未	申	亥	戌	亥	寅	丑	寅	巳	辰	巳	

② 묘(墓) (日干의 墓神)

혼미정체(昏迷停滯)의 신이다.

일간	甲	乙	丙	丁	戊	己	庚	辛	壬	癸
묘신	未	未	戌	戌	戌	戌	丑	丑	辰	辰

③ 록(祿) 일록(日祿)

관록(官祿)과 식록(食祿)에 이익이 된다. (자평학의 건록과 같다)

일간	甲	乙	丙	丁	戊	己	庚	辛	壬	癸
록	寅	卯	巳	午	巳	午	申	酉	亥	子

④ 역마(驛馬)

발동(發動)과 이동(移動)의 신이다. 주로, 여행. 이사. 진급을 주관한다.

亥卯未 - 巳	寅午戌 - 申	巳酉丑 - 亥	申子辰 - 寅

三合의 첫자와의 冲이 역마이다. (일지를 기준으로)

⑤ 도화(桃花)

풍류(風流). 주색(酒色). 탐닉(耽溺) 등을 뜻하고, 일지 기준으로 취용

亥卯未 - 子	寅午戌 - 卯	巳酉丑 - 午	申子辰 - 酉

三合의 두 번째 지(支)나 첫 번째 지(支)와 음양이 다른 지(支)

⑥ 정마(丁馬)

순정(旬丁) 이라고도 부른다. 주로, 발동(發動)을 뜻하며, 역마와 유사하나 또 다른 뜻이 있다. 대체적으로 흉신(凶神)에 속한다.

甲子旬 - 丁卯	甲戌旬 - 丁丑	甲申旬 - 丁亥
甲午旬 - 丁酉	甲辰旬 - 丁未	甲寅旬 - 丁巳

4장

육임식반(六壬式盤)과 삼전조식법(三傳造式法)

(개요) 육임정단학에서 우선되어야 하는 것은 『천지반도(天地盤圖)』를 구하고, 그와 동시에 『4과3전(四課三傳)』을 조식(造式)하는 방법을 알아야 한다. 이는 육임정단의 필수요소이다. 따라서 많은 수련과 학습을 통해야 만이 접근이 용이할 것이다.

(필자가 경험한 바에 의하면, 모 학습학원 등에서는 천지반도와 과전도를 모르고도 정해진 프로그램이나 시중의 720과서의 해석집으로도 해석이 가능하다 하여 육임식반이나 삼전조식법에 대하여 학습과정이 없거나 그냥 지나치는 경우가 있는바, 이것은 어불성설(語不成說)이다. 이는 마치 숲만 보고 나무를 보지 못하거나 맹인이 코끼리 만지는 격이다. 육임의 정단은 그리 호락호락하게 대충할 수 있는 학문이 아니다. 반드시 바르게 삼전조식법을 익혀서 그 외적인 부분과 세밀 정단하여야 만이 바른 정단이 되고, 그 만큼 사안의 정확도도 높아지는 것이므로 반드시 잘 학습하여 완성된 학문을 추구하기 바란다.)

1) 월장(月將)구하기

☞ 4과를 구하기 위해서는 먼저 천지반(天地盤)의 구성을 알아야 한다.

천지반도(天地盤圖)는 월장과 점시에 의하여 결정된다. 따라서 월장과 점시는 2대 요소중의 하나이다. 그러므로 월장은 그 해 당월의 모든 일을 관장하며, 이를 다른 말로 태양이라 명한다.

월장은 중기를 기준으로 하여 다음 월로 넘어간다. 따라서 절기에 의한 월장이 형성된다. 다른 이론에서는 월장을 구함에 있어 그 월의 월건의 합이 되는 것(예 : 寅月 → 亥가 월장)이라 한 것도 있으나, 이는 엄연히 월건으로만 산출되는 법이기에 분명하고 정확하지 못하다.

따라서 월장을 구하는 데는 반드시 그 해당월의 절기를 확인해야 만이 정확한 월장을 구할 수 있다.

★ 월장표(월장 적용기간)

월장	적 용 기 간	월 장 명
亥	우수 - 추분	등명(登明)
戌	춘분 - 곡우	하괴(河魁)
酉	곡우 - 소만	종괴(從魁)
申	소만 - 하지	전송(傳送)
未	하지 - 대서	소길(小吉)
午	대서 - 처서	승광(勝光)
巳	처서 - 추분	태을(太乙)
辰	추분 - 상강	천강(天罡)
卯	상강 - 소설	태충(太衝)
寅	소설 - 동지	공조(功曹)
丑	동지 - 대한	대길(大吉)
子	대한 - 우수	신후(神后)

※ 태양(太陽)은 황도를 따라 운행하는데 월건(지구)은 우측으로 선회하고, 월장(태양)은 좌측으로 운전하므로 서로 육합관계가 되는 지지를 월장

으로 취용(取用)한다. 황도를 12단계로 나누면 30°가 된다. (단, 월장은 월건의 중기 이후에 절기를 반드시 확인 후 취용해야 한다.)

2) 천지반도(天地盤圖)의 배열법

☞ 지반은 하도낙서의 원칙에 따라 방위가 정해진다. 즉, 후천팔괘에 의해 배열된다. 따라서 지반은 변동이 없다.

巳	午	未	申
辰	지반(地盤)		酉
卯			戌
寅	丑	子	亥

따라서 북방은 亥子丑, 동방은 寅卯辰, 서방은 申酉戌, 남방은 巳午未로 형성되어 천지반도에서의 지반은 변동이 없다.

그러므로 천반이 주로 움직이며, 천반(天盤)은 주로 월장에 의해 결정된다. 지반은 움직이지 않으므로, 12시진(時辰)의 점시(占時)가 된다.

그러므로 점시에 월장을 가(加)하여 천지반도(天地盤圖)를 완성한다. 이를 월장가시(月將加時)라 한다.

즉, 월장을 가임한 지반이 점시(占時)가 되고, 여기서 얻어지는 것을 천반(天盤)이라 한다.

예를 들어, 亥월장에 申시점에서는, 즉, 亥加申이 되고, 천지반 조합이 되어 천지반도(天地盤圖)를 완성한다.

★ 亥將申時의 천지반도

<table>
<tr><td>申
己</td><td>酉
午</td><td>戌
未</td><td>(亥)
申</td></tr>
<tr><td>未
辰</td><td colspan="2" rowspan="2">亥월장 申시
천지반도</td><td>子
酉</td></tr>
<tr><td>午
卯</td><td>丑
戌</td></tr>
<tr><td>巳
寅</td><td>辰
丑</td><td>卯
子</td><td>寅
亥</td></tr>
</table>

→ 점일의 월장(천반)

→ 점일의 점시(지반)

※ 따라서 ○ 부분이 천반이 되고, 천반 내에 지반이 있다.

또, 예를 들면 酉월장 子시점의 천지반도에서 천반을 나타내면 다음과 같은 천반의 표시를 나타낼 수 있다.

<table>
<tr><td>寅</td><td>卯</td><td>辰</td><td>巳</td></tr>
<tr><td>丑</td><td colspan="2" rowspan="2">酉월장 子시
천지반도</td><td>午</td></tr>
<tr><td>子</td><td>未</td></tr>
<tr><td>亥</td><td>戌</td><td>(酉)</td><td>申</td></tr>
</table>

3) 4과(四課)의 조식(造式)

★ 4과의 조식 및 삼전의 명칭

<table>
<tr><td colspan="4">초전둔간</td><td colspan="4">중전둔간</td><td colspan="4">말전둔간</td></tr>
<tr><td colspan="4">초전천반</td><td colspan="4">중전천반</td><td colspan="4">말전천반</td></tr>
<tr><td colspan="4">초전지반</td><td colspan="4">중전지반</td><td colspan="4">말전지반</td></tr>
<tr><td colspan="3">제 1 과 둔간</td><td colspan="3">제 2 과 둔간</td><td colspan="3">제 3 과 둔간</td><td colspan="3">제 4 과 둔간</td></tr>
<tr><td colspan="3">제 1 과 천반</td><td colspan="3">제 2 과 천반</td><td colspan="3">제 3 과 천반</td><td colspan="3">제 4 과 천반</td></tr>
<tr><td colspan="3">일간(기궁)</td><td colspan="3">제 2 과 지반</td><td colspan="3">제 3 과 지반</td><td colspan="3">제 4 과 지반</td></tr>
</table>

천지반도를 배열 후 4과를 조식한다. 4과는 일간을 제외한 7자(字)를 천반과 지반을 표시한다.

이를 표시할 때는 일간의 기궁을 기억하여 표시하여야 한다.

① 제 1 과 취용(取用) – 일간(日干)

천지반이 정해지면 일간 상신을 먼저 쓰고, 이 후 10간 기궁을 표시하고 천반을 정해야 한다. 따라서, 일간과, 기궁과 일간의 상신을 표시하여야 한다. 예를 들어 庚寅일 午시 辰월장 점에서는 점시에 월장을 가하여 천반을 만든다.

<table>
<tr><td>卯
巳</td><td>辰
午</td><td>巳
未</td><td>午
申</td></tr>
<tr><td>寅
辰</td><td colspan="2" rowspan="2">庚寅日 3局</td><td>未
酉</td></tr>
<tr><td>丑
卯</td><td>申戌</td></tr>
<tr><td>子
寅</td><td>亥
丑</td><td>戌
子</td><td>酉
亥</td></tr>
</table>

⇨

<table>
<tr><td>午</td><td></td><td></td><td></td></tr>
<tr><td>庚申</td><td></td><td></td><td></td></tr>
</table>

1과

제 1 과는 일간이다. 일간은 정단자이며 본인이다. 일간의 상신 午는 정단자의 의지처이다. (자세한 설명은 추후 4과에서)

② 제 2 과 취용(取用) – 일간의 음신(日干陰神)

1과 상신 午가 2과의 지반으로 오고, 지반의 상신을 2과의 상신으로 취용한다.

<table>
<tr><td>午</td><td>辰</td><td></td><td></td></tr>
<tr><td>庚</td><td>午</td><td></td><td></td></tr>
</table>

제2과는 일간의 음신으로 일간상신 길흉의 숨은 역할을 하는 곳이다.

③ 제 3 과 취용(取用) - 일지(日支)

午	辰	子	
庚	午	寅	

→ 일지(日支) - 庚寅日

제3과는 정단자의 상대. 목적사. 가택이다. 일지상신은 상대. 목적사. 가택에 임한 천기(天氣)의 작용을 보는 곳이다.

일지의 (支)를 지반으로 하고, 지반의 상신인 子를 3과의 상신으로 취용한다.

④ 제 4 과 취용(取用) - 일지음신(日支陰神)

3과 상신이 4과의 지반으로 오고, 지반의 상신인 戌을 4과 상신으로 취용한다.

午	辰	子	戌
庚	午	寅	子

제4과는 일지의 음신으로 일지상신. 길흉의 숨은 역할을 보는 것이다.

여기에서 제1과 제2과 두개의 과를 양신(陽神)이라 하고, 제3과 제4과 두개의 과를 음신(陰神)이라 한다. 또한, 제1과를 양신의 양, 제2과를 양신의 음, 제3과를 음신의 양, 제4과를 음신의 음 이라 하고, 제2과는 제1과의 음신이 되고, 제4과는 제3과의 음신이 된다.

제1과의 양신	제1과의 음신	제3과의 양신	제3과의 음신
+	-	+	-
양 신		음 신	

따라서, 4과를 작성하면, 제1과는 일(日)이라 하고, 제3과를 진(辰), 즉, 제1과와 제3과를 모아서 일진(日辰)이라 한다. 일진(日辰)은 두 가지의

뜻이 있다. 4과는 사상(四象)에서 연유되고, 4과의 여덟 자는 팔괘(八卦)에서 유래되어 일체 만물의 원리가 4과에서 심오하게 싹트고 있음을 알 수 있다. 따라서, 만물의 길.흉 변화과정이 모두 4과(四課)에 반영되어 있다.

4) 12천장의 배치(十二天將配治)

☞ 12천장은 육임정단을 예측할 때 불가결의 요소이다. 12천장중 천을귀인(天乙貴人)이 주(主)가 되고, 등사(螣蛇). 주작(朱雀). 육합(六合). 구진(勾陳). 청룡(靑龍). 천공(天空). 백호(白虎). 태상(太常). 현무(玄武). 태음(太陰).천후(天后)의 순으로 쓴다.

이것을 간략하게 "貴.匕.朱.合.勾.靑.空.白.常.玄.陰.后"로 쓰기도 한다.

(※앞으로 본서에서는 12천장을 위와 같이 쓰기로 한다.)

귀인이 임한 지반의 "亥.子.丑.寅.卯.辰"을 12천장의 순포(順包)라 하여 양경(陽竟)으로 표시하고 귀인이 순행(順行)을 한다. 또한, 귀인이 임한 지반의 "巳.午.未.申.酉.戌"을 역포(逆包)라 하여 음경(陰竟)으로 표시하고 귀인이 역행(逆行)을 한다. 그리고, 귀인은 주(晝).야(夜) 귀인으로 구별한다.

즉, 양귀인(陽貴人)과 음귀인(陰貴人)으로 구분하는데, 양귀인은 주(낮)귀인이고, 음귀인은 야(밤)귀인이 되는 것이다.

따라서, 밤과 낮의 경계는

낮 - (卯 ~ 酉)시 까지,

밤 - (戌 ~ 寅)시 까지로 정하는데, 이는 절기마다 일출과 일몰이 다르므로, 정확한 밤.낮의 기준은 태양이 뜨는 시점과 지는 시점을 원칙으로 하므로 계절별 변동이 있을 수 있다. 좀 더 정확한 시간을 알기 위해서는 육임책력을 이용한 일람 중, 일출.일몰의 시간을 기준으로 하여야 할 것이다.

예를 들어, 겨울의 酉시와 여름의 酉시가 해 지는 시간이 다르므로 정해진 酉시 이후를 밤귀인으로 보면 계절에 따라 오류가 발생할 수 있다.

★ 귀인의 음경.양경과 순행.역행의 표시

<table>
<tr><td>巳</td><td>午</td><td>未</td><td>申</td><td>음경(귀인이 임한 지반)
巳.午.未.申.酉.戌 귀인역행</td></tr>
<tr><td>辰</td><td colspan="2" rowspan="2">역행
순행</td><td>酉 ▲</td><td></td></tr>
<tr><td>▲ 卯</td><td>戌</td><td></td></tr>
<tr><td>寅</td><td>丑</td><td>子</td><td>亥</td><td>양경(귀인이 임한 지반)
亥.子.丑.寅.卯.辰 귀인순행</td></tr>
</table>

☞ 음경은 巳월은 음이 시작되고 亥월은 양이 시작되며 戌에서 수장이 되기 때문이다.

★ 각 일간(日干)의 귀인 접지도

일 / 귀	甲	乙	丙	丁	戊	己	庚	辛	壬	癸
양	未	申	酉	亥	丑	子	丑	寅	卯	巳
음	丑	子	亥	酉	未	申	未	午	巳	卯

쉽게 정리하면

일 / 귀	甲 戊 庚	乙 己	丙 丁	辛	壬 癸
양	未 丑 丑	申 子	酉 亥	寅	卯 巳
음	丑 未 未	子 申	亥 酉	午	巳 卯

예를 들어 戊寅일 申시 辰월장 이라 하면

<table>
<tr><td>(貴) 丑
巳</td><td>后 寅
午</td><td>陰 卯
未</td><td>玄 (辰)
申</td><td rowspan="3">戊일의 申시는 낮 정단이다. 따라서 귀인은 丑이 된다. 이에 낮 귀인은 좌측에 표기하고, 밤 귀인은 우측에 표기한다(천장 丑은 지반 巳에 加하므로 역행을 한다). 이는 차객에서 오는 구분 때문이다.

4과를 조식하면 다음과 같이 나타난다.</td></tr>
<tr><td>匕 子
辰</td><td colspan="2" rowspan="2"></td><td>常 巳
酉</td></tr>
<tr><td>朱 亥
卯</td><td>白 午
戌</td></tr>
<tr><td>合 戌
寅</td><td>勾 酉
丑</td><td>青 申
子</td><td>空 未
亥</td><td>

貴 丑	勾 酉	合 戌	白 午
戊 (巳)	丑	寅	戌

</td></tr>
</table>

5) 둔간(遁干) 배치법

☞ 12천장을 분포한 다음에 천반의 지지와 상응하는 천간, 즉, 둔간을 12천장 위에 순서대로 분포시킨다. 甲子일은 甲子순에 해당되고, 甲子순의 공망(空亡)은 戌亥에 해당되므로, 공망의 다음 지(支)인 子부터 甲.乙.丙.丁.戊.己.庚.辛.壬.癸의 천간을 순서대로 분포하면 다음과 같다. 천반 戌亥상의 공망은 ○으로 표시하고, ○은 甲子순 공망에 해당하는 표시이다. <甲子일 亥시 酉장>

둔간	○	○	甲	乙	丙	丁	戊	己	庚	辛	壬	癸
천장	玄	陰	后	貴	匕	朱	合	勾	青	空	白	常
천반	戌	亥	子	丑	寅	卯	辰	巳	午	未	申	酉
지반	子	丑	寅	卯	辰	巳	午	未	申	酉	戌	亥

육임 720과 삼전

제1순	제1국	제2국	제3국	제4국	제5국	제6국	제7국	제8국	제9국	10국	11국	12국
갑자	寅巳申	子亥戌	戌申午	午卯子	戌午寅	寅酉辰	寅申寅	子巳戌	辰申子	申亥寅	辰午申	辰巳午
을축	辰丑戌	子亥戌	亥酉未	丑戌未	巳丑酉	卯戌巳	戌辰戌	寅未子	酉丑巳	未戌丑	申戌子	寅卯辰
병인	巳申寅	子亥戌	丑戌酉	亥申巳	戌午寅	子未寅	寅申寅	子巳戌	酉丑巳	申亥寅	辰午申	辰巳午
정묘	卯子午	丑子亥	亥酉未	子酉午	未卯亥	戌巳子	卯酉卯	巳戌卯	亥卯未	酉子卯	酉亥丑	辰巳午
무진	巳申寅	卯寅丑	丑亥酉	寅亥申	子申辰	子未寅	亥巳亥	寅未子	子辰申	亥寅巳	申戌子	寅午午
기사	巳申寅	卯寅丑	丑亥酉	寅亥申	卯亥未	酉辰亥	巳亥巳	巳戌卯	酉丑巳	申亥寅	亥丑卯	申申午
경오	申寅巳	午巳辰	寅子戌	巳寅亥	子申辰	戌巳子	寅申寅	辰酉寅	辰申子	酉子卯	申戌子	戌未酉
신미	未丑戌	巳辰卯	午辰寅	亥未未	卯亥未	酉辰亥	巳丑辰	巳戌卯	亥卯未	亥丑丑	寅辰午	申亥申
임신	亥申寅	戌酉申	午辰寅	巳寅亥	子申辰	午丑申	寅申寅	辰酉寅	未亥卯	巳申亥	子寅辰	丑寅卯
계유	丑戌未	未午巳	未巳卯	午卯子	巳丑酉	亥午丑	卯酉卯	未子巳	酉丑巳	辰未戌	丑卯巳	亥子丑

제2순	제1국	제2국	제3국	제4국	제5국	제6국	제7국	제8국	제9국	10국	11국	12국
갑술	寅巳申	子亥戌	午辰寅	申巳寅	戌午寅	子未寅	寅申寅	子巳戌	寅午戌	申亥寅	辰午申	辰巳午
을해	辰亥巳	戌酉申	酉未巳	丑戌未	未卯亥	午丑申	巳亥巳	寅未子	未亥卯	未戌丑	申戌子	丑寅卯
병자	巳申寅	戌酉申	丑亥酉	午卯子	申辰子	子未寅	午子午	巳戌卯	酉丑巳	申亥寅	辰午申	寅卯辰
정축	丑戌未	子亥戌	亥酉未	子辰戌	巳丑酉	卯戌巳	亥未丑	巳戌卯	酉丑巳	午戌辰	酉亥丑	申酉戌
무인	巳申寅	子亥戌	丑亥酉	寅亥申	戌午寅	子未寅	寅申寅	子巳戌	丑午酉	申亥寅	辰午申	辰巳午
기묘	卯子午	丑子亥	亥酉未	子酉午	未卯亥	戌巳子	卯酉卯	巳戌卯	亥卯未	酉子卯	亥丑卯	辰巳午
경진	申寅巳	卯寅丑	寅子戌	巳寅亥	子申辰	午丑申	寅申寅	寅未子	辰申子	寅巳申	申戌子	午未申
신사	巳申寅	卯寅丑	丑亥酉	寅亥申	午寅戌	未寅酉	巳亥巳	卯申丑	酉丑巳	申亥寅	寅辰午	午未申
임오	亥午子	戌酉申	寅子戌	巳寅亥	戌午寅	午丑申	午子午	辰酉寅	未亥卯	酉子卯	申戌子	丑寅卯
계미	丑戌未	巳辰卯	巳卯丑	戌未辰	卯亥未	卯戌巳	未丑未	巳戌卯	酉丑巳	辰未戌	巳未酉	申寅申

제3순	제1국	제2국	제3국	제4국	제5국	제6국	제7국	제8국	제9국	10국	11국	12국
갑신	寅巳申	子亥戌	午辰寅	巳寅亥	子申辰	戌巳子	寅申寅	子巳戌	辰申子	申亥寅	辰午申	辰巳午
을유	辰酉卯	申未午	未巳卯	丑戌未	巳丑酉	亥午丑	卯酉卯	未子巳	申子辰	未戌丑	申戌子	亥子丑
병술	巳申寅	卯寅丑	丑亥酉	亥申巳	酉巳丑	子未寅	巳亥巳	申丑午	酉丑巳	申亥寅	子寅辰	亥子丑
정해	亥未丑	戌酉申	酉未巳	巳寅亥	未卯亥	午丑申	巳亥巳	巳戌卯	未亥卯	午戌寅	酉亥丑	申酉戌
무자	巳申寅	戌酉申	丑亥酉	寅亥申	巳申丑	子未寅	午子午	巳戌卯	辰申子	卯午酉	辰午申	寅卯辰
기축	丑戌未	子亥戌	亥酉未	子辰戌	卯亥未	卯戌巳	亥未丑	巳戌卯	酉丑巳	午戌辰	卯巳未	寅卯辰
경인	申寅巳	子亥戌	午辰寅	巳寅亥	子申辰	戌巳子	寅申寅	子巳戌	辰申子	申亥寅	辰午申	辰巳午
신묘	卯子午	丑子亥	亥酉未	子未子	未卯亥	戌巳子	卯酉卯	卯申丑	亥卯未	酉子卯	巳未酉	辰巳午
임진	亥辰戌	戌酉申	寅子戌	巳寅亥	子申辰	午丑申	巳亥巳	寅未子	未亥卯	戌丑辰	申戌子	丑寅卯
계사	丑戌未	卯寅丑	丑亥酉	戌未辰	巳丑酉	卯戌巳	巳亥巳	午亥辰	酉丑巳	申亥寅	未酉亥	未申酉

제4순	제1국	제2국	제3국	제4국	제5국	제6국	제7국	제8국	제9국	10국	11국	12국
갑오	寅巳申	子亥戌	寅子戌	申巳寅	戌午寅	酉辰亥	寅申寅	子巳戌	寅午戌	申亥寅	辰午申	辰巳午
을미	辰未丑	戌卯午	亥寅巳	丑戌未	卯亥未	午丑申	戌辰戌	巳戌卯	亥卯未	未戌丑	申戌子	酉戌亥
병신	巳申寅	卯寅丑	丑亥酉	巳寅亥	子申辰	戌巳子	寅申寅	卯申丑	酉丑巳	申亥寅	子寅辰	酉戌亥
정유	酉未丑	申未午	丑巳巳	午卯子	巳丑酉	亥午丑	卯酉卯	未子巳	亥卯未	子卯午	酉亥丑	亥子丑
무술	巳申寅	卯寅丑	丑亥酉	寅亥申	寅戌午	子未寅	亥巳亥	申丑午	寅午戌	亥寅巳	子寅辰	亥子丑
기해	亥未丑	戌酉申	卯丑亥	巳寅亥	未卯亥	午丑申	巳亥巳	巳戌卯	亥卯未	寅巳申	丑卯巳	丑寅卯
경자	申寅巳	戌酉申	午辰寅	午卯子	子申辰	戌巳子	寅申寅	巳戌卯	辰申子	午酉子	辰午申	寅卯辰
신축	丑戌未	子亥戌	亥酉未	巳未未	巳丑酉	卯戌巳	亥未辰	卯申丑	酉丑巳	巳丑丑	卯巳未	寅卯辰
임인	亥寅巳	子亥戌	戌申午	巳寅亥	戌午寅	午丑申	寅申寅	子巳戌	未亥卯	申亥寅	辰午申	辰巳午
계묘	丑戌未	丑子亥	亥酉未	戌未辰	未卯亥	卯戌巳	卯酉卯	午亥辰	酉丑巳	酉子卯	未酉亥	辰巳午

제5순	제1국	제2국	제3국	제4국	제5국	제6국	제7국	제8국	제9국	10국	11국	12국
갑진	寅巳申	子亥戌	寅子戌	申巳寅	子申辰	午丑申	寅申寅	子巳戌	申子辰	申亥寅	辰午申	辰巳午
을사	辰巳申	卯寅丑	丑亥酉	丑戌未	酉巳丑	午丑申	巳亥巳	寅未子	酉丑巳	未戌丑	申戌子	未申酉
병오	巳申寅	卯寅丑	丑亥酉	子酉午	戌午寅	子未寅	午子午	辰酉寅	酉丑巳	申亥寅	申戌子	申酉戌
정미	未丑戌	卯午午	丑巳巳	亥辰辰	卯亥未	酉辰亥	巳丑丑	巳戌卯	亥卯未	亥戌戌	酉亥丑	申酉戌
무신	巳申寅	卯寅丑	丑亥酉	寅亥申	子申辰	子未寅	寅申寅	卯申丑	辰申子	寅巳申	子寅辰	戌酉午
기유	酉未丑	戌午申	卯丑亥	午卯子	卯亥未	亥午丑	卯酉卯	未子巳	亥卯未	卯午酉	丑卯巳	亥子丑
경술	申寅巳	午巳辰	午辰寅	巳寅亥	子申辰	戌巳子	寅申寅	申丑午	辰申子	寅巳申	子寅辰	亥子丑
신해	亥戌未	戌酉申	午辰寅	巳寅亥	未卯亥	午丑申	巳亥巳	卯申丑	未亥卯	巳申亥	丑卯巳	丑寅卯
임자	亥子卯	戌酉申	戌申午	午卯子	未卯亥	午丑申	午子午	巳戌卯	未亥卯	午酉子	辰午申	寅卯辰
계축	丑戌未	子亥戌	亥酉未	戌未辰	巳丑酉	卯戌巳	未丑未	午亥辰	酉丑巳	辰未戌	卯巳未	寅卯辰

제6순	제1국	제2국	제3국	제4국	제5국	제6국	제7국	제8국	제9국	10국	11국	12국
갑인	寅巳申	子亥戌	戌申午	丑亥亥	戌午寅	酉辰亥	寅申寅	子巳戌	申午午	申亥寅	辰午申	辰巳午
을묘	辰卯子	丑子亥	亥酉未	丑戌未	未卯亥	午丑申	卯酉卯	寅未子	亥卯未	酉子卯	申戌子	辰巳午
병진	巳申寅	卯寅丑	丑亥酉	亥申巳	子申辰	午丑申	巳亥巳	寅未子	酉丑巳	申亥寅	申戌子	亥午午
정사	巳申寅	卯寅丑	丑亥酉	亥申巳	亥未卯	酉辰亥	巳亥巳	巳戌卯	酉丑巳	申亥寅	酉亥丑	申酉戌
무오	巳申寅	卯寅丑	丑亥酉	寅亥申	戌午寅	子未寅	午子午	辰酉寅	寅午戌	酉子卯	申戌子	寅午午
기미	未丑戌	卯午午	丑巳巳	亥辰辰	卯亥未	酉辰亥	巳丑丑	巳戌卯	亥卯未	亥戌戌	酉酉酉	未申申
경신	申寅巳	酉未未	午辰寅	巳寅亥	子申辰	戌巳子	寅申寅	卯丑丑	辰申子	丑亥亥	子寅辰	亥酉酉
신유	酉戌未	丑酉酉	午辰寅	午卯子	巳丑酉	亥午丑	卯酉卯	未子巳	寅午戌	卯午酉	丑卯巳	亥子丑
임술	亥戌未	戌酉申	午辰寅	巳寅亥	未卯亥	午丑申	巳亥巳	辰酉寅	未亥卯	辰未戌	子寅辰	亥子丑
계해	丑戌未	戌酉申	未巳卯	巳寅亥	未卯亥	卯戌巳	巳亥巳	午亥辰	酉丑巳	辰未戌	丑卯巳	丑寅卯

5장

삼전(三傳)과 구종십과(九宗十課)

(개요) 삼전(三傳)은 사물의 발전 변화를 3개의 과정으로 나타낸 것이다. 즉, 사물의 시작되는 과정. 중간과정. 최종적 과정을 나타낸 것이다.

삼전을 구하는 것은 구종(九宗)과 같이 한다. 즉, 적극(賊剋). 비용(比用). 섭해(涉害). 요극(遙剋). 묘성(昴星). 별책(別責). 팔전(八專). 복음(伏吟). 반음(返吟) 등, 조금 번거롭고 복잡하나, 이것을 극복하여 조식(造式)을 정확히 할 수 있어야 하고, 조식의 원리(原理)와 과체(課體)를 정확하게 학습하여야 만이 바르게 정단 할 수 있다.

10과식(十課式)	과수(課數)	10과식(十課式)	과수(課數)
원수과(元首課)	119課	묘성과(昴星課)	16課
중심과(重審課)	218課	별책과(別責課)	9課
지일과(知一課)	82課	팔전과(八專課)	16課
섭해과(涉害課)	75課	복음과(伏吟課)	60課
요극과(遙剋課)	65課	반음과(返吟課)	60課
合計		720課	

1) 삼전조식법의 원리(三傳造式法原理)

☞ 육임학의 삼전조식법의 원리는 음.양 오행설의 생.극(生.剋)에 있고, 이 중에 극(剋)을 먼저 취용(取用)한다. 4과(四課) 중 극을 먼저 쓰는 것은 극은 곧, 움직임(動)을 뜻하기 때문이고, 이 극은 만물이 극에 의해

동(動)할 뿐 아니라, 모든 사물의 생멸(生滅)의 발단이 되기 때문이다.

또한, 합(合)은 극 이후에 사용이 되니, 오행의 생극원리에서 생(生)의 개념이 된다. 생은 만물을 살리는 작용이 있기 때문이다. 따라서, 생극의 원리에 의해 정해지는 과체(課體)를 정리해 보기로 한다.

생극(生剋)	과체(課體)
직 접 극	중심과. 원수과. 지일과. 섭해과
간 접 극	요극과. 묘성과(酉살기의 극)
적극 + 형.충	복음과
적극 + 역마	반음과
생 . 합	별책과(천간합. 지지합)
	팔전과(전진법. 후진법)

2) 적극법(賊剋法)

☞ 적극법이란 4과를 취한 중, 한 개의 하적상을 발용으로 한다. 하적상하는 곳이 없으면 상극하 하는 것을 발용으로 한다.

과체로는 중심과와 원수과가 있다. 여기서 하적상 하는 과체를 중심과(重審課)라 하고, 상극하 하는 과체를 원수과(元首課)라 한다.

① 중심과(重審課)

예문) 하지(夏至) 후 未월장 庚辰일 寅시 정단

合 戌 巳	朱 亥 午	匕 子 未	貴 丑 申
勾 酉 辰			后 寅 酉
青 申 卯			陰 卯 戌
空 (未) 寅	白 午 丑	常 巳 子	玄 辰 亥

后 寅	空 未	匕 子
酉	寅	未

貴 丑	白 午	勾 酉	后 寅
庚 申	丑	辰	酉

제1과는 庚加丑 . 제2과 丑加午 . 제3과 酉加辰 . 제4과 寅加酉
(土.金) (土.火) (金.土) (木.金)

여기에서 4과중 하적상 하는 곳은 제4과 寅加酉이다. 따라서, 하적을 하는 제4과의 상신 寅이 초전(初傳)으로 발용이 된다. 그러므로, 중전(中傳)은 양신 寅이 중전의 지반으로 천반 未가 되고, 말전은 중전 천반 인 未의 상신 인 子가 되어 삼전은 寅 - 未 - 子 가 된다.

★ 중심과(重審課)의 조건과 삼전조식

조건	4과 중 하적상 하는 곳이 단 한 곳 뿐이어야 한다. 통곤의체(統坤의體)로 유순이정(柔順利貞)의 상
초전	4과 중 지반에서 천반을 하적(下賊)하는 단 한 개의 과 발용
중전	적극법이 되면 초전의 음신을 중전으로 쓰고, 상신은 천지반도에서 찾아 쓴다.
말전	말전의 지반지는 중전의 지반지를 쓰고 말전의 천반지는 지반의 상신을 천지반도에서 찾아 쓴다.(중전의 음신을 말진으로 쓴다)
12천장 붙이기	12천장은 천지반도에서 천반 12지에 승(乘)한 천장을 그대로 사용한다.
둔간	둔간은 정단일의 순 중에서 3전의 각 천반지와 짝을 이루는 천간을 쓰면 된다.

※ 중심과(重審課)의 해석

취과선종하적호(取課先從下賊呼)

여무하적상극초(如無下賊上剋初)

초전지상명중차(初傳之上名中次)

중가지임시말거(中加之臨是末居)

※ 곤(坤)의 상(象)으로 통곤지체(統坤之體)라 부른다.

- 하(下)에서 상(上)을 범(犯)하여 군(君)에게 배역하나 정단 사건은 두 세 번 상세하게 심사숙고해야 한다.

- 대체로 매사에 역조(逆遭)현상을 겪는다.
- 귀인이 순행(順行)하면 차츰 길(吉)해 지고, 귀인이 역행(逆行)하면 한번 역행을 겪어야 한다.
- 적선적덕(積善積德)하여야 한다.
- 매사에 순응(順應)하여야 한다.
- 소송(訴訟)과 승부(勝負)는 방어자가 유리하다.
- 질병에서는 노인의 질병은 흉하다.
- 태아(胎兒) 정단에서는 여아(女兒)이다.

★ 예제(豫題)

乙卯일 未시 午월장(대서~처서) 낮 정단(공망 : 子丑)

丙 勾 辰 巳	丁 合 巳 午	戊 朱 午 未	己 匕 未 甲
乙 青 卯 辰	乙卯日 2局		庚 貴 申 酉
甲 空 寅 卯			辛 后 酉 戌
○ 白 丑 寅	○ 常 子 丑	癸 玄 亥 子	壬 陰 戌 亥

○	○	癸
白 丑	常 子	玄 亥
寅	丑 ○	子 ○

乙	甲	甲	○
青 卯	空 寅	空 寅	白 丑
乙 辰	卯	卯	寅

★ 해석(解釋)

이 예제는 午월장(대서~처서)사이에 乙卯일 未시에 구점하려는 경우이다. 천지반도를 제작하기 위해 점시 未에 월장 午를 加하여 순행 12지를 배열한다. 乙일의 낮 귀인인 申의 좌측에 귀인을 접지한다.(귀인 접지 시에 낮 귀인은 좌측, 밤 귀인은 우측에 표시한다.)

지반 酉에 임한 申의 귀인은 음경(巳.午.未.申.酉.戌)에 해당되어 역행을 하며, 차례대로 12천장을 배열한다.

중심과의 3전조식은 4개과 중, 단 한 곳만 하적상 하므로 제4과 丑加寅만이 하적상을 하고 있다.

- 초　전 – 4개과 중 하적상 하는 곳이 제4과 丑加寅, 단 한 곳뿐이다.
- 중.말전 – 중전은 초전 丑을 지반으로 하고, 그 상신은 천지반도에서 찾아 기입한다. 따라서, 子加丑으로 子가 중전이 되며, 말전은 중전의 상신인 子를 지반으로 하고, 그 상신을 천지반도에서 찾아 기입한다. 따라서, 亥加子이므로 말전은 亥가 된다.
- 둔　간 – 乙卯일은 甲寅순의 둘째 일이다. 따라서, 子丑이 공망이 되므로 子丑 다음인 寅의 순수(旬首)인 甲을 기입하여, 甲乙丙… 癸亥가 되어 둔간(遁干)을 완성시킨다. 따라서, 甲寅순의 공망인 子丑이 초전.중전이 되어 ○을 표시하고, 말전의 둔간은 순미(旬尾)인 癸가 된다.
- 12천장 – 천지반도의 천장 배분을 보고 그대로 기입한다.

※ 丑加寅은 丑이 寅의 천반으로 올라앉는 것을 의미한다. 따라서, 加하다는 것은 바로 천반이 되는 것이다.

② 원수과(元首課)

예문) 처서(處暑) 후 巳월장　申시 정단

寅 巳	卯 午	辰 未	㊀ 申	巳	寅	亥	
丑 辰			午 酉	申	巳	寅	
子 卯			未 戌	辰	丑	申	巳
亥 寅	戌 丑	酉 子	申 亥	己未	辰	亥	申

제1과 辰加巳 . 제2과 丑加辰 . 제3과 申加亥 . 제4과 巳加申

(土.土) (土.土) (金.水) (火.金)

여기서 4개과 중 상극하(上剋下)하는 것은 제4과 巳加申이다. 따라서, 상극을 하는 제4과의 巳가 초전으로 발용이 된다. 그러므로, 중전은 巳의 천반 인 寅, 말전은 寅의 천반 인 亥가 된다.

★ 원수과(元首課)의 조건과 삼전조식

※ 원수과(元首課)의 해석

사과중여무하적상(四課中如無下賊上)

방재사유무상극하(方再査有無上剋下)

여유일과위상극하(如有一課爲上剋下)

조건	4개과 중 상극하 하는 곳이 단 한 곳 뿐이어야 한다. 통건의체(統乾의體)로 원형이정(元亨利貞)의 상
초전	4개과 중 천반에서 지반을 극하는 단 1개의 과가 발용한다.
중전	적극법이 되면 초전의 음신을 중전으로 쓰고, 상신은 천지반도에서 찾아 쓴다.
말전	말전의 지반지는 중전의 천반지를 쓰고, 말전의 천반지는 지반의 상신을 천지반도에서 찾아 쓴다.
12천장 붙이기	12천장은 천지반도에서 천반 12지에 승(乘)하고 있는 천장을 그대로 사용하면 된다.
둔간	둔간은 정단일의 순중에서 3전의 각 천반지와 짝을 이루는 천간을 쓰면 된다.

- 건(乾)의 상(象)이므로 통건지체(統乾之體)라 부른다.
- 구종근원(九宗近原)으로 천상(天象)을 본받아 순정(順正)이라 하여 반상(反常)될 이유가 없다.
- 원수(元首)는 64과의 으뜸이다.
- 대체로 매사가 순조롭고, 중.상류 계층이나 관.공직자는 형통하다.

- 하급자나 미천자는 오히려 순조롭지 못하다.
- 소송(訴訟). 승부(勝負)는 원고와 공격자가 유리하다.
- 귀인이 순행(順行)하면 일이 순조롭고, 역행(逆行)하면 일이 늦게 이루어 진다
- 출산(出産) 정단은 현자(賢子)를 낳는다.
- 가정은 기쁨이 넘치는 상 이다

★ 예제(豫題)

辛酉일 午시 申월장(소만~하지) (공망 : 子丑)

己 青 未 巳	庚 空 (申) 午	辛 白 酉 未	壬 常 戌 申
戊 勾 午 辰	辛酉日 11局		癸 玄 亥 酉
丁 合 巳 卯			○ 陰 子 戌
丙 朱 辰 寅	乙 匕 卯 丑	甲 貴 寅 子	○ 后 丑 亥

○	乙	丁
后 丑	匕 卯	合 巳
亥	丑 ○	卯

○	甲	癸	○
陰 子	貴 寅	玄 亥	后 丑
辛 戌	子 ○	酉	亥 ↓

★ 해석(解釋)

이 예제는 申월장(소만~하지) 사이에 辛酉일 午시에 구점하려는 경우이다. 천지반을 제작하기 위해 점시 午에 월장 申을 순행하여 12지를 배열한다. 辛일의 낮 귀인은 寅의 좌측에 귀인을 뜻하는 貴를 붙인다.(귀인 접지에서 낮 귀인은 寅의 좌측에, 밤 귀인은 寅의 우측에 표기한다.)

지반 子에 임(臨)한 寅의 귀인은 양경인(亥.子.丑.寅.卯.辰)에 해당되어 순행(順行)을 하며, 차례대로 12천장을 배열한다.

원수과의 3전조식은 4개과 중, 단 한 곳만이 상극하(上剋下) 하므로 제4과의 丑加亥 만이 상극하 하고 있다.

- 초　전 – 4개과 중, 상극하 하는 곳이 제4과 丑加亥 하나이다. 따라서, 단 한 곳의 상극하 하는 丑이 초전이 된다.
- 중.말전 – 중전은 丑을 중전의 지반으로 하고, 그 상신을 천지반도에서 아 기입한다. 따라서, 卯加丑 으로 卯가 되고, 말전은 중전의 상신인 卯를 말전의 지반으로 하고, 그 상신은 천지반도에서 찾아 기입한다. 따라서, 巳加卯 가 되므로 巳가 말전이 된다.
- 둔　간 – 辛酉일은 甲寅순의 여덟 째 날이다. 따라서, 子丑이 공망이다. 순수(旬首)인 甲寅乙卯… 癸酉까지가 되어 둔간을 완성시킨다. 따라서, 甲寅순은 子丑이 공망이 되어 초전 丑은 ○ 이 되고, 중전 卯는 두 번째 乙卯가 되고, 말전 巳는 네 번째인 丁巳가 된다.
- 12천장 – 천지반도의 천장 배분을 보고 옮겨 적는다.

③ 지일과(知一課) / 비용법(比用法)

예문) 하지(夏至) 후 未월장 庚寅일 子시 정단

子 青 巳	丑 空 午	寅 白 未	卯 常 申
亥 勾 辰			辰 玄 酉
戌 合 卯			巳 陰 戌
酉 朱 寅	申 匕 丑	未 貴 子	午 后 亥

戌 合	巳 陰	青
卯	戌	巳

卯 常	戌 合	酉 朱	辰 玄
庚 申	卯	寅	酉

제1과 卯加庚 .　제2과 戌加卯 .　제3과 酉加寅 .　제4과 辰加酉

(木.金)　　(土.木)　　(金.土)　　(土.金)

여기에서 상극하 하는 것은 제3과 酉加寅과 하적상 하는 곳은 제1과 卯加寅과 제2과 戌加卯 모두 3곳이 있다. 따라서, 하적상을 우선으로 취용하므로 제3과는 해당되지 않고, 제1과와 제2과 뿐이다.

지일과의 초전조건의 특징은 상극하 하거나 하적상 하는 곳이 2곳 이상일 때, 하적상을 우선 취용하여, 양일(陽日)일 때는 천반이 양(陽)을, 음일(陰日)일 때 극 하는 천반이 음을 취용하게 된다.

지일과(知一課)의 조건과 삼전조식

조건	4개과 중 상극하 하거나 하적상 하는 곳이 2곳 이상 일 때 ㉠ 항상 그 일진(日辰)과 같은 음양의 지(支)를 초전으로 삼는다. ㉡ 양일(陽日)일 때는 양지(陽支)를 취하고, 음일(陰日)일 때는 음지(陰支)를 취한다. 만약, 위와 같지 않을 때는 섭해과(涉害課)의 별법이 있다. • 지일과는 통비의체(統比의體)이다.
초전	위의 조건에 따라 하적상 하거나 상극하 하는 곳이 2곳 이상일 때 양일인 庚일 이기 때문에 제2과가 함께 하적상 하거나 제2과 戌加卯가 일간과 같은 양(陽)이기에 戌이 발용한다.
중전	적극법이 되면 초전의 음신을 중전으로 쓰고, 말전의 천반지는 지반의 상신을 천지반도에서 찾아서 쓴다.
말전	말전의 지반지는 중전의 천반지를 쓰고, 말전의 천반지는 지반의 상신을 천지반도에서 찾아서 쓴다.
12천장 붙이기	12천장은 천지반도에서 천반에 승(乘)해 있는 천장을 그대로 사용한다.
둔간	정단일의 순중에서 3전에 각 천반지와 짝을 이루는 천간을 쓰면 된다.

※ 지일과(知一課)의 해석

하적삼이사침(下賊三二四侵)

약봉상극역동운(若逢上剋亦動云)

상장천일비용신(常將天日比用神)

양일용양음용음(陽日用陽陰用陰)

약우구비단불비(若又俱備但不備)

입법별유섭해과(立法別有涉害課)

- 모든 일은 동류(同類)에 의해서 일어난다.
- 화(禍)는 밖에서 찾아오며 찾는 사람과 물건은 모두 가까운 곳에 있다.
- 병송(病訟)은 모두 화해하는 것이 마땅하다.
- 지일과는 먼 곳 보다 가까운 쪽을 취한다.
- 은혜 중 해가 있다. 모든 일은 소원한 사람을 버리고, 친한 사람을 취하고, 먼 곳을 버리고, 가까운 곳을 취함이 옳다.

★ 예제(豫題)

己未일 巳시 子월장(대한~우수) (공망 : 子丑)

○ 貴 子 巳	○ 后 丑 午	甲 陰 寅 未	乙 玄 卯 申
癸 匕 亥 辰			丙 常 辰 酉
壬 朱 戌 卯			丁 白 巳 戌
辛 合 酉 寅	庚 勾 申 丑○	己 青 未 子○	戊 空 午 亥

辛	丙	癸
合 酉	常 辰	匕 亥
寅	酉	辰

甲	辛	甲	辛
陰 寅	合 酉	陰 寅	合 酉
己 未	寅	未	寅

★ 해석(解釋)

이 예제는 子월장(대한~우수)사이의 己未일 巳시의 낮 정단이다. 천지반도를 제작하기 위하여 점시 巳에 월장 子를 가시(加時)하고 순행하여 12지를 배열한다. 己未일 낮 정단의 귀인은 子이다. 따라서, 좌측에 貴를 붙여서 역행하여 천장배열을 한다. 음경(巳午未申酉戌) 지일과의 삼전조식은 4개과 중 상극하 하거나 하적상 하는 곳이 2곳 이상으로 제1과 寅加己, 제2과 酉加寅, 3.4과 동일하게 하적상을 하고 있다.

이렇게 4개의 과가 각 2개씩 짝을 지어 적극을 할 경우, 일간을 보아 일간의 음양을 본다. 일간이 음일 이기 때문에 3.4과가 음의 자리 이므로 제4과 酉加寅이 발용되어 酉가 초전이 된다(음의 자리에서 일간과 상비하기 때문).

- 초 전 – 일간 己가 음일 이기 때문에 음중음인 제4과 酉가 발용한다.
- 중.말전 – 중전은 초전 酉를 중전의 지반으로 하고, 그 상신을 찾아 중전으로 한다. 말전은 중전 辰을 지반으로 하고, 그 상신을 찾아 말전으로 한다.
- 둔 간 – 己未일은 甲寅순의 여섯째 날이다. 따라서, 子丑이 공망이 되므로 子丑 다음 지(支)인 寅에 순수(旬首) 甲乙, 乙卯……癸亥로 표시한다.
- 12천장 – 천지반도에서의 천장의 배분도를 보고 기입한다.

④ 섭해과(涉害課)

예문) 하지(夏至) 후 未월장 甲申일 亥시

丑 貴 巳	寅 后 午	卯 陰 未	辰 玄 申
子 匕 辰			巳 常 酉
亥 朱 卯			午 白 戌
戌 合 寅	酉 勾 丑	申 青 子	㊍空 亥

子 匕	申 青	辰 玄
辰	子	申

戌 合	午 白	辰 玄	子 匕
甲 寅	戌	申	辰

제1과 戌加甲 . 제2과 午加戌 . 제3과 辰加申 . 제4과 子加辰
(土.木) (火.土) (土.金) (水.土)

제1과와 제4과 두 개의 과가 하적상을 하고 있다. 서로 적극을 하는 戊과 子 모두 양신이다. 금일 일간 甲과 서로 같은 양신 인 것이다. 서로 같으므로 제1과 戊과 제4과 子의 지반지 본가에서부터 간상에 이르기 까지의 극 을 당하는 수를 계산하여 극 을 많이 당한 지(支)를 초전으로 발용한다. 따라서,

〈제1과 戊加甲〉

천반	㊉戊	戊	戊	戊	戊	戊	戊	戊	戊	未	申	酉
지반	甲	卯	辰	巳	午	未	申	酉	戌	亥	子	丑
기궁	寅		乙	丙戊		己丁	庚		辛	壬		癸

지반에서 하적상 하는 것은 4개이다.

〈제4과 子加辰〉

천반	㊉子	子	子	子	子	子	子	子	子	酉	戌	亥
지반	辰	巳	午	未	申	酉	戌	亥	子	丑	寅	卯
기궁	乙	丙戊		丁己	庚		辛	壬		癸	甲	

지반에서 하적상 하는 것은 5개이다.

극 수가 많은 제4과 子加辰이 초전으로 발용된다. 유신법에 의해 초전은 子, 중전은 申, 말전은 辰이 된다.

★ 섭해과(涉害課)의 조건과 삼전조식

조건	• 4개과 중 두 곳 이상에서 하적상 하거나 상극하 하는 것이다. • 일간과 천반지 음양이 같은 곳이 한 곳이 아니면 섭해과이다. • 섭해과의 유형 ㉠ 양일 천반지 에서 양이 두 곳 이상 일 때 ㉡ 음일 천반지 에서 음이 두 곳 이상 일 때 ㉢ 양일 천반지 에서 음이 두 곳 이상 일 때 ㉣ 음일 천반지 에서 양이 두 곳 이상 일 때
초전	적극이 되는 천반지가 지반의 본가 까지 이르는 동안 극 을 많이 당하는 과를 초전으로 올린다. 만약, 극 을 받는 수가 동일하면 다음 원칙을 따르는데 초전을 취하는 방법에 따라 견기격(見機格).찰미격(察微格).철하격(綴瑕格)으로 나뉜다.

	㉠ 견기격 - 지반의 맹상신(孟上神)을 초전으로 발용한다. ㉡ 찰미격 - 지반에 맹상신이 없으면 중상신(仲上神)을 초전으로 발용한다. ㉢ 철하격 - 견기격.찰미격의 조건에도 없으면, 양일에는 일상신, 음일에는 지상신을 초전으로 발용한다.
중전	중전. 말전과 12천장 붙이기. 둔간을 전장(중심과.원수과.지일과)와 동일하게 적용한다.

※ 섭해과(涉害課)의 해석

이삼혹사상하상적극(二三或四上下相賊剋)

구비혹불비(俱比或不比)

이수극심처위용(以受剋深處爲用)

섭해행래본가지(涉害行來本家止)

노봉다극위용취(路逢多剋爲用取)

맹심중천계당휴(孟深仲淺季當休)

복등유진강일의(復等柔辰剛日宜)

- 간난(艱難). 풍파(風破). 험악(險惡)하다.
- 모망사는 비용이 많이 들고 성립되지 않는다.
- 혼인은 어려움이 많다.
- 질병은 어려움이 많다.
- 행인(行人)은 돌아오지 않는다.
- 극이 많으면 재앙도 크고 해결이 어렵다.
- 상극하 하면 근심이 약해지지만 하적상 하면 근심도 크다.
- 신장이 길하면 우환이 가볍고, 시장이 흉하면 우환도 크다.
- 고진감래(苦盡甘來)의 상이다.

★ 예제(豫題)

乙卯일 戌시 申월장(소만~하지) (공망 : 子丑) 밤 점

<table>
<tr><td>乙
卯 合
巳</td><td>丙
辰 勾
午</td><td>丁
巳 青
未</td><td>戊
午 空
申</td></tr>
<tr><td>甲
寅 朱
辰</td><td colspan="2" rowspan="2">乙卯日
3局</td><td>己
未 白
酉</td></tr>
<tr><td>○
丑 匕
卯</td><td>庚
(申) 常
戌</td></tr>
<tr><td>○
子 貴
寅</td><td>癸
亥 后
丑 ○</td><td>壬
戌 陰
子 ○</td><td>辛
酉 玄
亥</td></tr>
</table>

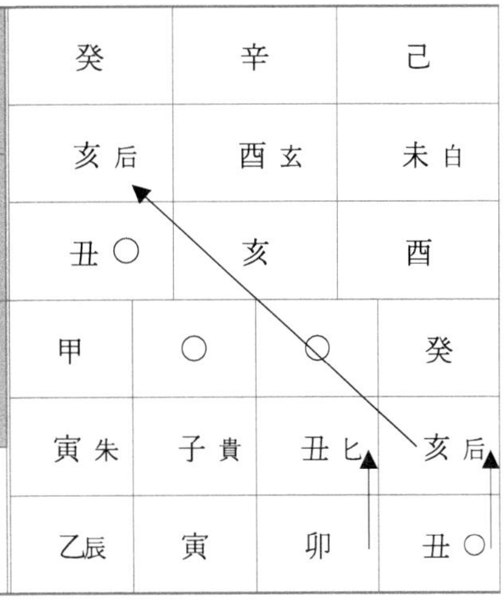

★ 해석(解釋)

이 예제는 申월장(소만~하지) 乙卯일 戌시의 밤 정단이다. 천지반도의 제작과정은 전장 설명으로 생략하기로 한다(전장 적극법 참조).

초전을 올리기 위해서 섭해과의 조견을 보면 상극하 나 하적상 하는 곳이 두 곳 이상이고 일간과 음.양이 같은 곳이 두 곳 이상 일 때, 제3과 丑加卯, 제4과 亥加丑으로 두 개의 적극이 나타난다. 이 중 제3과와 제4과 중 많이 받는 것을 살펴 보면,

〈제3과 丑加卯〉

천반	(丑)	丑	丑	丑	丑	丑	丑	丑	丑	丑	丑	子
지반	卯	辰	巳	午	未	申	酉	戌	亥	子	丑	寅
기궁		乙	丙戊		丁己	庚		辛	壬		癸	

〈제4과 亥加丑〉

천반	(亥)	亥	亥	亥	亥	亥	亥	亥	亥	亥	亥	戌
지반	丑	寅	卯	辰	巳	午	未	申	酉	戌	亥	子
기궁	癸	甲		乙	丙戊		丁己	庚		辛	壬	

따라서, 제4과 인 亥加丑이 제3과 보다 극을 더 많이(6개) 받으므로 초전으로 발용이 된다. 중.말전은 음신법에 의해 중전은 酉, 말전은 未가 된다. 또한, 12천장의 배치는 전장(적극법)과 동일하고, 둔간 또한 마찬가지이다.

㉠ 섭해과 견기격(涉害課見機格)

– 견기격의 해석과 과전조식

- 극 수가 동일할 때 사맹신(四孟神)을 취용.
- 바르게 있는 것이 길하고, 대천(大川)을 건너야 이롭다.
- 맹상신이 초전이 되어 계절의 배태이므로 초기의 일이다.
- 길흉화복(吉凶禍福)이 감추어져 있으니, 잘 살펴야 모망사를 이룰 수 있다.
- 명리는 도달하기 어렵다.
- 의혹(疑惑)이 있는 일은 즉시 고쳐야 한다.
- 신장이 길하면 정단도 길하고, 신장이 흉하면 정단도 흉하다.
- 만약 일진(日辰)에 괴강(魁罡)이 가(加)하면 관사가 발생한다.
- 태산(胎産)은 실체가 없어 미숙아이다.

★ 예제(豫題)

壬戌일 辰시 子월장(대한~우수) (공망 : 子丑) 낮 점

○ 朱 丑 巳	甲 匕 寅 午	乙 貴 卯 未	丙 后 辰 申
○ 合 子 辰	壬戌日 5局		丁 陰 巳 酉
癸 勾 亥 卯			戊 玄 午 戌
壬 青 戌 寅	辛 空 酉 丑 ○	庚 白 申 子 ○	己 常 未 亥

己	乙	癸
常 未	貴 卯	勾 亥
亥	未	卯

己	乙	戊	甲
常 未	貴 卯	玄 午	匕 寅
壬 亥	未	戌	午

★ 해석(解釋)

이 예제는 壬戌일 辰시 子월장의 낮 점이다. 천지반도를 구하여 귀인 접지 및 둔간 배열까지 모두 마치니 과전도 에서 섭해과의 삼전조식은 4개과 중 상극하 하거나 하적상 하는 곳이 두 곳 이상이면 일간과 음양이 상비(相比)하는 것을 초전으로 올리면 된다. 하지만 4과를 보면 일간 양(陽)과 제1과.제2과가 음(陰)으로 상극하 하는 곳이 두 곳이 있다. 따라서, 적극을 보아야 한다.

천반	未	未	未	未	未	未	未	未	未	辰	巳	午
지반	壬	子	丑	寅	卯	辰	巳	午	未	申	酉	戌
기궁	亥		癸	甲		乙	丙戊		丁己	庚		辛

천반	卯	卯	卯	卯	卯	卯	卯	卯	卯	子	丑	寅
지반	未	申	酉	戌	亥	子	丑	寅	卯	辰	巳	午
기궁	丁己	庚		辛	壬		癸	甲		乙	丙戊	

극 수를 따져 보니 제1과 未加壬과 제2과 卯加未의 극 수가 같음을 알 수 있다. 따라서, 극 수가 같을 때는 앞의 섭해과의 견기격에서 설명하듯이 사맹(四孟) 지반지인 未가 초전으로 발용이 된다. 이에 壬戌日辰시 子월장의 초전은 未, 중전은 卯, 말전은 亥가 된다. 또한, 12천장의 배열은 유신 배열법에 의해 작성되고, 둔간 역시 둔간법에 의해 기입하면 된다.

※ 주의할 점 : 일반적으로 몇몇 서적에서는 섭해의 극 수를 따지기도 전에 지반이 사맹(四孟)이 되면 견기격으로, 사중(四仲)이 되면 찰미격으로 초전을 발용하는 경우가 있다. 이것은 극히 잘못된 것으로 섭해과에서의 초전 발용은 반드시 극 수(적극)를 계산하여 분명히 가려서 극수가 같을 때만 견기격과 찰미격으로 취용해야 할 것이다.

시중 과전 720과의 해석서는 상당 부분이 잘못되어있는 것들이 많다. 따라서, 여기에 정정하여 섭해과의 잘못 발용된 과를 기재하니 반드시 숙지하여 섭해과에서의 오류가 없도록 참고하기 바란다.

순(旬)	일.국(日.局)	오(誤)	고침(更)
甲子	丁卯日 9局	未 亥 卯	亥 卯 未
甲子	庚午日 3局	午 辰 寅	寅 子 戌
甲子	庚午日 5局	戌 午 寅	子 申 辰
甲子	癸酉日 6局	卯 戌 巳	亥 午 丑
甲寅	乙卯日 9局	未 亥 卯	亥 卯 未
甲午	甲午日 3局	戌 申 午	寅 子 戌
甲午	己亥日 9局	未 亥 卯	亥 卯 未
甲午	癸卯日 3局	丑 亥 酉	亥 酉 未
甲戌	己卯日 9局	未 亥 卯	亥 卯 未
甲戌	庚辰日 3局	午 辰 寅	寅 子 戌
甲戌	癸未日 5局	巳 丑 酉	卯 亥 未
甲申	甲申日 5局	戌 午 寅	子 申 辰
甲申	己丑日 5局	巳 丑 酉	卯 亥 未
甲申	庚寅日 5局	戌 午 寅	子 申 辰
甲申	辛卯日 9局	未 亥 卯	亥 卯 未
甲辰	甲辰日 3局	戌 申 午	寅 子 戌
甲辰	甲辰日 5局	戌 寅 午	子 申 辰
甲辰	甲辰日 8局	未 子 巳	子 巳 戌
甲辰	己酉日 5局	巳 丑 酉	卯 亥 未

㉡ 섭해과 찰미격(涉害課察微格)

– 찰미격의 해석과 과전조식

- 사중신 취용(四仲神取用)
- 웃음 속에 칼이 있고 물 속에 독이 있으니 인정(人情)이 음험(陰險)하다.
- 매사 망동(妄動)과 돌진(突進)은 이롭지 못하다.

- 인자하지 못하고 덕이 없으니 타인이나 아랫사람에게 이용당하기 쉽다.
- 모든 일에 중용을 지킴이 좋고, 큰 일을 하는 데는 불리하다.
- 일진상(日辰上)에 괴강(辰戌)이 보이면 태산(胎産) 정단에는 불리하다. 난산의 상이다.

★ 예제(豫題)

庚戌일 申시 子월장(대한~우수) (공망 : 寅卯) 낮 정단

<table>
<tr><td>己
勾 酉
巳</td><td>庚
合 戌
午</td><td>辛
朱 亥
未</td><td>壬
匕 (子)
申</td></tr>
<tr><td>戊
青 申
辰</td><td rowspan="2" colspan="2">庚戌日
9局</td><td>癸
貴 丑
酉</td></tr>
<tr><td>丁
空 未
卯 ○</td><td>○
后 寅
戌</td></tr>
<tr><td>丙
白 午
寅 ○</td><td>乙
常 巳
丑</td><td>甲
玄 辰
子</td><td>○
陰 卯
亥</td></tr>
</table>

甲	戊	壬
玄 辰	青 申	匕 子
子	辰	申

壬	甲	○	丙
匕 子	玄 辰	后 寅	白 午
庚	子 ▼	戊 ▼	寅 ○

★ 해석(解釋)

이 예제는 庚戌일 申시 子월장의 낮 점이다. 천지반도를 구하여 귀인 접지 및 둔간 배열까지 모두 마치니 과전도 에서 섭해과의 삼전조식은 4개과 중 상극하 하거나 하적상 하는 곳이 두 곳 이상이면 일진과 음양이 상비하는 것을 초전으로 올리면 된다. 하지만 4과를 보면 일간 양(陽)과 제2과 양(陽). 제3과 양(陽)으로 상극하 하는 곳이 두 곳이므로 적극을 보아야 한다.

천반	(辰)	辰	辰	辰	辰	酉	戌	亥	子	丑	寅	卯
지반	子	丑	寅	卯	辰	巳	午	未	申	酉	戌	亥
기궁		癸	甲		乙	丙戊		丁己	庚		辛	壬

천반	寅	寅	寅	寅	寅	未	申	酉	戌	亥	子	丑
지반	戌	亥	子	丑	寅	卯	辰	巳	午	未	申	酉
기궁	辛	壬		癸	甲		乙	丙戊		丁己	庚	

따라서, 제2과도 극이 2곳, 제3과도 극이 2곳이다. 섭해과 찰미격 법칙(극 수가 같고, 지반에 사맹(四孟)이 없는 경우에 지반 사중신(四仲神)을 취용.발용한다)에 따라 庚戌일 申시 子월장의 초전은 제2과의 辰이 된다. 중.말전은 음신법에 의해 申이 되고 子가 된다. 순행 12천장의 배열은 천장 배열법에 의해 배열하고, 둔간 역시 둔간법에 의해 기입하면 된다.

㉢ 섭해과 철하격(涉害課綴瑕格)

– 철하격의 해석과 삼전조식

- 4개의 과에서 극을 받는 수가 동일하고 모두 맹상신(孟上神)이거나 중상신(仲上神)일 때, 또는 맹.중의 상신이 없을 때, 양일(陽日)은 일상신을 음일(陰日)은 지상신을 초전으로 발용(發用)한다.
- 두 영웅이 교쟁(交爭)하는 상이다.
- 여러 사람에게 이끌려 재난과 소모가 끊이지 않는다.
- 행인(行人)은 소식이 없고 태잉(胎孕)은 기한을 넘는다.
- 모든 정단은 어려우나 덕을 베풀면 길하다.
- 소인을 내치는 상이다.

★ 예제(豫題)

戊辰일 辰시 亥월장(우수~춘분) (공망 : 戊亥) 낮 점

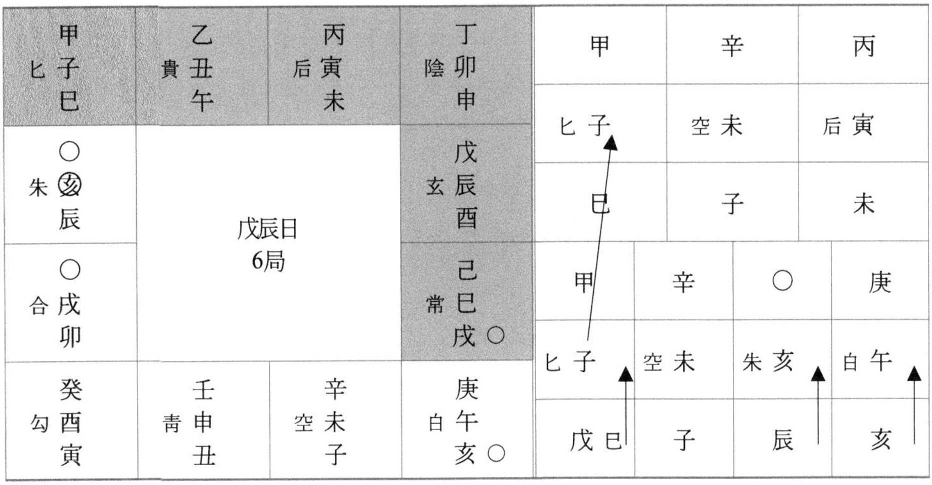

★ 해석(解釋)

이 예제는 戊辰일 辰시 亥월장의 낮 점이다. 천지반도를 구하여 귀인 접지 및 둔간 배열까지 모두 마치니 초전을 구하려면 섭해과 원리에 따라 상극하 하거나 하적상 하는 곳이 2곳 이상일 때 서로 극을 비교해야 하는데 제1과와 제4과가 서로 하적상을 하고 있다. 여기에서 제3과도 하적상을 하고 있으나 제3과 亥加辰은 양일(陽日)인 戊와 비화(比和)되지 않기 때문에 적극수에 포함되지 못한다. 따라서, 제1과인 子加戊와 제4과인 午加亥의 극 수를 알아보면,

천반	㊀子	子	子	子	子	子	子	子	申	酉	戌	亥
지반	戊	午	未	申	酉	戌	亥	子	丑	寅	卯	辰
기궁	巳		丁己	庚		辛	壬					

천반	㊀午	午	午	午	午	午	午	午	寅	卯	辰	巳
지반	亥	子	丑	寅	卯	辰	巳	午	未	申	酉	戌
기궁	壬		癸	甲		乙	丙戊					

따라서, 제1과와 제4과의 극 수를 알아보니 극 수가 4곳이 모두 같다. 또한, 지반을 보면 모두 4맹(四孟)으로 구성되어 있다. 이는 철하격(綴瑕格)이 된다.

철하격의 초전 발용법은 4개과 중 하적상 하거나 상극하 하는 곳이 2곳 이상이고 그 극 수가 모두 같을 때, 첫 번째로, 견기로 사맹신을 취하고 두 번째 찰미로 사중신을 취하는데, 지반이 모두 사맹이나 사중으로 구성되어 있을 때는, 양일에는 제1과 子加戊를 취용하여 발용한다고 했다. 마땅히 음일 일 때는 제4과 午加亥를 취용 발용해야 한다. 따라서, 戊辰일 辰시 에서의 초전은 子가 되고, 중.말전은 유신법에 의해 기입한다. 나머지 12천장과 둔간은 각자의 구성법에 의해 작성하면 된다.

> ※ 섭해과(涉害課)의 바른 이해(理解)
>
> 현재 시중에 나온 서적 중 섭해과의 견기.찰미.철하격은 극 수를 다루지 않고, 일반적으로 4맹신(四孟神). 4중신(四仲神). 4계신(四季神)으로 나누어 초전발용(初傳發用)하는 것을 많이 볼 수 있다. 이는 섭해의 본질을 잘못 알고 쓴 것이라 생각된다. 현재 대만이나 홍콩 등에서 발간되는 육임서 에도 분명 섭해 에서의 극 수를 나누어 극이 많이 상한 것을 우선으로 하고, 맹(孟)이나 중(仲)은 극 수가 같을 때에 분별할 수 있는 하나의 방식으로서 정확한 극의 수를 계산하여야 바른 정단이 될 수 있다고 생각이 든다. 우보만리(牛步萬里)라, 늦더라도 반드시 극을 따져 과상을 만들어 정단 에서의 우를 범하지 않았으면 하는 것이 되었으면 한다.

⑤ 요극과(遙剋課)

예문) 대서(大暑) 후 午월장 계사(癸巳)일 巳시 낮 점

ヒ ㊉ 巳	朱 未 午	合 申 未	勾 酉 申
貴 巳 辰			青 戌 酉
陰 卯 寅			空 亥 戌
陰 卯 寅	玄 寅 丑	常 丑 子	白 子 亥

朱 未	合 申	勾 酉
午	未	申

玄 寅	陰 卯	ヒ 午	朱 未
癸 丑	寅	巳	午

(화살표: 朱 未 → 癸 丑)

요극과는 직접극(상.하적극)이 없는 경우, 일간과 나머지 3개의 천반을 보아 일간을 먼저 극 하는 것과 일간이 먼저 극 하는 것을 취용하여 초전을 발용시키는 것을 말한다.

※ 요극과(遙剋課)의 해석

사과무극호위요(四課無剋互爲遙)

일여신혜체호초(日與神兮遞互招)

선취요극기일(先取遙剋其日)

여무방취일래요(如無方取日來遙)

혹유일극호양신(或有日剋互兩神)

복유양신래극일(復有兩神來剋日)

택여일간자용(擇與日干者用)

양일용양음용음(陽日用陽陰用陰)

- 요극 에서의 호시(蒿矢) 탄사(彈射) 두 격은 허(虛)하고 부실(不實)하다.
- 허리허명(虛利虛名)이다.
- 요극은 원사(遠事)와 근사(近事)로 나뉜다.
  - 근사 : 제2과가 초전이 되면 일간과 가까이에서 일이 발생하여 흉이 크다.
  - 원사 : 제3과나 제4과가 초전이 되면 일간과 멀리서 일이 발생하여 흉이 약하다.
- 요극과 에서 금.토살(金.土殺)이 있으면 흉이 커서 상하게 된다. 금.토살이란 호시격에 金이 보이면 걷 쑥대가 아닌 화살촉이요, 탄사에서의 土가 보이면 빈총이 아니라 탄환이 있으므로 해가 크다.
- 요극과에서 3전에서 하나라도 공망이 보이면 모든 일이 불성한다.

• 다툼과 반목이 크므로 언행이나 행동을 조심하여야 한다.

㉠ 요극과 호시격(遙剋課蒿矢格)

– 요극과 호시격의 해석과 삼전조식

• 호시(蒿矢)는 쑥부쟁이로 만든 화살의 살대이다. 따라서, 길.흉사 모두 어렵다.(실현 불가하다)

• 한 개의 과가 아닌 2개의 과에서 극이 있으면 두 가지 일이 합쳐 하나가 된다.

• 선흉후미(先凶後微) 처음엔 흉한듯하나 후에는 누그러든 기세가 된다.

• 신장(神將)이 흉하고 일진상(日辰上)이 휴수(休囚)하면 음모(陰謀)가 있고 탈손(脫損)을 초래한다.

• 정(靜)하면 유리하고, 동(動)하면 불리하다.

• 작은 일은 이로우나 큰 일은 불리하다.

• 문서 등의 정단은 실재(實在)하지 않는다.

• 교역에서의 일이 성사 되도 이익은 박하다.

조 건	4과 중 직접극(상.하적극)이 없을 경우, 일간과 나머지 3개과의 상신과 비교하여 일간을 극 하는 단, 한 곳이라도 있을 때, 일간을 제외한 제2과. 제3과. 제4과 와 사선으로 요극 한 상신을 초전으로 취용한다.
중.말전	적극법에 의한 음신법에 중.말전을 작성하고, 12천장과 둔간 역시 12천장 배열법과 둔간의 배열법에 의해 작성한다.

★ 예제(豫題)

庚辰일 戌시 亥월장(우수~춘분) (공망 : 申酉) 밤 정단

壬 午 匕 巳	癸 未 貴 午	○ 申 后 未	○ 酉 陰 申 ○
辛 巳 朱 辰	庚辰日 11局		甲 戌 玄 酉 ○
庚 辰 合 卯			乙 ㊁ 常 戌
己 卯 勾 寅	戊 寅 青 丑	丁 丑 空 子	丙 子 白 亥

壬	癸	○
午 匕	未 貴	申 后
巳	午	未

○	甲	辛	壬
酉 陰	戌 玄	巳 朱	午 匕
庚 申	酉 ○	辰	巳

★ 해석(解釋)

이 예제는 庚辰일 戌시 亥월장의 밤 정단이다. 천지반도를 구하여 귀인 접지 및 둔간 배열까지 모두 마치니 4개과의 적극을 살펴야 한다. 4개과 모두 직접극(상.하적극)이 없으므로 요극을 취한다. 제3과 巳加辰이 일간을 극 하고, 제4과 午加巳가 일간을 극 하고 있다. 양일인 庚일에는 양(陽)을 취하여 제4과 午가 초전으로 발용이 된다. 즉, 일간을 제외한 3개과 에서 일간을 사선으로 극 하는 것을 요극과의 호시격 이라 한다. 따라서, 초전은 午, 중전은 음신법에 의해 未가 되고, 말전은 申이 된다(여기서 주의할 점은 중.말전의 음신법은 직접극이나 간접극일 때만 적용됨에 주의하여야 한다).

㉡ 요극과 탄사격(遙剋課彈射格)

예문) 곡우(穀雨) 후 酉월장 癸未일 亥시 정단

卯 貴 巳	辰 后 午	巳 陰 未	午 玄 申
寅 匕 辰			未 常 酉
丑 朱 卯			申 白 戌
子 合 寅	亥 勾 丑	戌 青 子	㊃ 空 亥

巳 陰	卯 貴	丑 朱
未	巳	卯

亥 勾	酉 空	巳 陰	卯 貴
癸 丑	亥	未	巳

요극과의 탄사격은 직접극(상.하적극)이 없는 경우, 일간과 나머지 3개과의 천반을 보아 일간에서 천반을 극 하는 곳을 취용하여 초전을 올린다. 위의 예 인 癸未日 3局의 정단에서 일간 癸가 제3과 상신 인 巳를 극 하여 巳가 초전이 되었다. 이를 탄사격 이라 한다.

– 요극과 탄사격(彈射格)의 조건과 삼전조식

조 건	4개과 중 직접극(상.하적극)이 없을 경우, 일간과 나머지 3개과의 상신과 비교하여 일간이 천반을 극 하는 곳이 있을 때, 극 하는 곳이 2곳 이상이면 일간의 음양을 따져 비화(比和)되는 것을 취용한다.
초 전	일간을 제외한 제2과.제3과.제4과를 사선으로 요극하여 일간이 천반을 극 하는 곳이 초전으로 발용이 된다.
중.말전	중.말전은 음신법에 의하여 중전.말전이 형성된다. 또한 12천장과 둔간은 천장 배치법과 둔간 배치법에 의하여 작성한다.

– 요극과 탄사격(彈射格)의 해석

- 길.흉사의 실현이 어렵다.
- 용병(用兵)은 객(客)에 이롭고, 일은 후에 기약함이 마땅하다.
- 방문객은 만날 수 없고, 행인(行人)은 돌아오지 않는다.
- 공망이 발용되면 모든 것이 허실(虛實)이다.
- 먼저 움직임이 이롭고, 정(靜)하면 불리하다.
- 계획사와 모망사는 상대에게 유리하고, 나에게 불리하다.

★ 예제(豫題)

丙子일 未시 卯월장(상강~소설) (공망 : 申酉) 낮 정단

丁 勾 丑 巳	戊 青 寅 午	己 空 卯 未	庚 白 辰 申 ○
丙 合 子 辰	丙子日 5局		辛 常 巳 酉 ○
乙 朱 亥 卯			壬 玄 午 戌
甲 匕 戌 寅	○ 青 酉 丑	○ 后 申 子	癸 陰 未 亥

○	庚	丙
后 申	白 辰	合 子
子	申 ○	辰

丁	○	○	庚
勾 丑	貴 酉	后 申	白 辰
丙 巳	丑	子	申 ○

★ 해석(解釋)

이 예제는 丙子일 未시 卯월장의 낮 정단이다. 천지반도를 작성하기 위하여 점시 未에 월장 卯를 가시(加時)하여 천지반도를 배열한다. 정단 시간이 未시 이므로 낮 정단이다. 따라서, 丙일의 귀인은 酉가 된다. 酉에 귀인을 접지하고 순행(亥.子.丑.寅.卯.辰)하여 천지반도를 작성한다. 작성 후 초전을 구하려면 요극법의 원리에 따라 4개과 중 직접극(상.하적극)이 없고, 사선(요극)으로 일간이 극 하는 천반지(일간은 제외)는 제2과의 酉加丑과 제3과의 申加子이다. 일간이 丙일인 양(陽)일이기에 천반 또한 양을 취하여 제3과의 申이 초전으로 발용이 된다. 따라서, 중전은 음신법에 의하여 辰이 되고, 말전 또한 음신법에 의한 子가 된다. 또한, 12천장과 둔간은 천장 배열법과 둔간법에 의하여 작성한다.

⑥ 묘성과(昴星課)

예문) 춘분(春分) 후 戌월장 戊申일 酉시

午 匕 巳	未 貴 午	申 后 未	酉 陰 申
巳 朱 辰			㉮戌 玄 酉
辰 合 卯			亥 常 戌
卯 勾 寅	寅 青 丑	丑 空 子	子 白 亥

戌 玄	酉 陰	午 匕
午 匕	未 貴	酉 陰

戊 巳	午	申	酉
癸 丑	亥	未	巳

제1과 午加戊. 제2과 未加午. 제3과 酉加申. 제4과 戌加酉 가 된다.

묘성과의 조건은 4개의 과가 직접극(상.하적극)이나 간접극(요극)이 없어야 한다. 따라서, 양일(陽日)의 초전은 천지반도에서 酉를 찾아 상신(上神)을 초전으로 하고, 음일(陰日)은 酉의 하신(下神)을 초전으로 한다.

※ 묘성과(昴星課)의 해석

무요무극앙성궁(無遙無剋昂星窮)

양앙음부유위중(陽仰陰俯酉位中)

강일선진이후일(剛日先辰而後日)

유일선일이후진(柔日先日而後辰)

- 묘성과는 호랑이와 뱀이 다투는 형국으로 대체로 놀라고 두려운 일이 발생한다.
- 子.午.卯.酉일 정단에 묘성과가 나오면 반드시 재화가 발생한다.
- 묘성 이란 28숙(宿) 중 酉에 해당하며 酉는 서방(西方) 으로 태양이 지는 곳이다. 酉는 백호로 형살(刑殺)의 신 이므로 묘성 이라 한다.

- 모든 것이 침체되기 쉽고, 시끄러운 일이 생긴다.
- 재해는 밖에서 생기므로 집안에 가만히 있으면 걱정이 없다.
- 삼전에 사기(死氣). 등사(螣蛇). 백호(白虎) 등이 승하면, 대흉(大凶)으로, 병자는 사망하고 관재(官災)는 입옥(入獄)이 된다.
- 이과는 호시(虎視)와 동사엄목(冬蛇掩目)의 두 과로 되어 있다.

– 묘성과 호시격(昴星課虎視格)의 조건과 삼전조식

조 건	4개의 과 중 직접극(상.하적극).간접극(요극)이 없어야 한다. 4개의 과가 완전해야 한다. 이는 다시 말해서 4개 과의 지(支)가 모두 달라야 한다.
초 전	양일(陽日)에는 천지반도에서 酉를 찾아 酉의 상신을 초전으로 한다.
중 전	양일(陽日)에는 제3과 상신이 중전이 되고, 제1과 상신이 말전이 된다.

– 묘성과 호시격(昴星課虎視格)의 해석

- 양(陽)이 강하고 기운이 떠 있는 상태이니 위를 우러러 봐야 한다.
- 子.午.卯.酉일(四仲) 정단에 본과가 나오면 반드시 재화가 발생한다. 이를 묘성호시(昴星虎視)라 한다.
- 놀라움과 공포가 있다.
- 출행.여행 등 움직이면 반드시 발이 묶인다(심하면 사상사가 발생한다).
- 정(靜)하면 길(吉)하고, 동(動)하면 흉(凶)하다.

★ 예제(豫題)

戊寅일 申시 子월장(대한~우수) (공망 : 申酉) 낮 정단

○ 勾 酉 巳	甲 合 戌 午	乙 朱 亥 未	丙 匕 ⊕ 申 ○
○ 青 申 辰	戊寅日 9局		丁 貴 丑 酉 ○
癸 空 未 卯			戊 后 寅 戌
壬 白 午 寅	辛 常 巳 丑	庚 玄 辰 子	己 陰 卯 亥

丁	壬	○
貴 丑	白 午	勾 酉
酉	寅	巳

○	丁	壬	甲
勾 酉	貴 丑	白 午	合 戌
戊 巳	酉 ○	寅	午

★ 해석(解釋)

이 예제는 子월장(대한~우수)사이의 戊寅일 申시 낮 정단이다. 천지반도를 작성하기 위하여 전시 申에 월장 子를 가시(加時)하여 작성한다. 정단 시간이 申시 이므로 낮 점이 되고, 戊일의 낮 귀인은 丑이 된다. 따라서, 丑에 귀인을 붙여 역행(巳.午.未.申.酉.戌)하여 귀인 접지를 한다. 4개의 과에서 초전을 구하려면 4개과 모두 극이 없다.(무적극.무요극) 이는 묘성과(昴星課)에 해당된다. 양일(陽日)의 묘성과는 초전을 酉의 상신으로 천지반도에서 종괴(從魁) 酉를 찾아 상신을 발용한다. 또한, 중전은 제3과의 상신을, 말전은 제1과의 상신을 올려 삼전을 작성하여 묘성과의 호시격 과전도를 완성한다.

– 묘성과 동사엄목격(昴星課冬蛇掩目格)의 조건과 삼전조식

조 건	4개과에 직접극(상.하적극).간접극(요극)이 없어야 한다. 4개과가 완전해야 한다.(4개과의 支가 모두 달라야 한다.)
초 전	음일(陰日)에는 천지반도에서 酉를 찾아 酉의 하신(下神)을 초전으로 발용한다.
중.말전	음일(陰日)에는 제1과의 상신(上神)을 중전으로 하고, 제3과의 상신을 말전으로 한다.

– 묘성과 동사엄목격(昴星課冬蛇掩目格)의 해석

- 음(陰)의 기운이 안으로 수렴하여 가라 앉는 격이다.
- 모든 일은 어두우니 은둔함이 좋다.
- 동사엄목(冬蛇掩目)은 겨울 뱀이 땅 속에서 눈을 감고 있는 상태이다.
- 진퇴양난(進退兩難)이다.
- 모든 재앙은 안에서 발생한다.
- 모망사는 이루기 어렵다.
- 행인(行人)은 발이 묶여 지체한다.

★ 예제(豫題)

丁丑일 亥시 寅월장(소설~동지) (공망 : 申酉) 밤 정단

○ 申 匕 巳	○ 酉 貴 午	甲 戌 后 未	乙 亥 陰 申 ○
癸 未 朱 辰			丙 子 玄 酉 ○
壬 午 合 卯			丁 丑 常 戌
辛 巳 勾 寅	庚 辰 青 丑	己 卯 空 子	戊 寅 白 亥

壬	甲	庚
午 合	戌 后	辰 青
卯	未	丑

甲	丁	庚	癸
戌 后	丑 常	辰 青	未 朱
丁 未	戌	丑	辰

★ 해석(解釋)

이 예제는 丁丑일 寅월장 亥시의 밤 정단이다. 천지반도를 작성하기 위하여 점시 亥에 월장 寅을 가시(加時)하여 작성한다. 정단 시간이 亥시 이므로 밤 점이 되고 丁일의 밤 귀인은 酉이다. 따라서, 酉에 귀인을 붙여 역행(巳.午.未.申.酉.戌)하여 귀인 접지를 한다. 4개의 과에서 초전을 구하려면 4개의 과 모두 극이 없어야 한다.(무적극.무요극) 이는 묘성과(昴星課)에 해당이 된다.

음일(陰日)의 묘성과는 초전을 酉의 하신(下神)인 午를 초전으로 하고, 중전은 일간 상신(上神)인 戌이 되고, 말전은 제3과의 상신인 辰이 된다. 이에 따라 묘성과의 동사엄목격(음일)의 과전도를 완성한다.

⑦ 별책과(別責課)

예문) 우수(雨水) 후 亥월장 戊辰일 戊시

午 匕 巳	未 貴 午	申 后 未	酉 陰 申
巳 朱 辰			戌 玄 酉
辰 合 卯			㉧ 常 戌
卯 勾 寅	寅 青 丑	丑 空 了	子 白 亥

寅 青	午 匕	午 匕
丑	巳	巳

午 匕	未 貴	巳 朱	午 匕
戊 巳	午	辰	巳

4개의 과가 모두 무적극이고, 또한 요극도 없다. 현재 과전도 상 제1과와 제4과 두 개의 과가 같다. 현재 3개의 과로만 구성되어 있다. 이를 별책과(別責課)라 한다.

※ 별책과(別責課)의 해석

사과불전삼과비(四課不全三課備)

무요무극별책례(無遙無剋別責例)

강일간합상두신(剛日干合上頭神)

유일지전삼합취(柔日支前三合取)

- 별책과는 대체로 무슨 일이든 불완전하고 부족하며, 바르지 못한 형상이다. 특히 남에게 의존하거나 타인에 의해 연루되어 있다.
- 남.녀 관계의 경우, 1남 2녀 또는 2남 1녀의 삼각 관계가 많다.
- 가정 정단은 가정의 기강이 문란하니 정도를 행하여야 한다.

• 별책과는 4과가 구비되지 못하고 불비(不備)가 되어 3개의 과 밖에 되지 못하며, 4개의 과 중 상.하극이 없고 요극도 없을 때에 별책과가 된다. 또한 양일(陽日)과 음일(陰日)에 따른 차이가 있으므로 이를 구분하여 학습하여야 한다.

★ 별책과(別責課)의 조건과 삼전조식

조 건	4개과 중 직접극(상.하적극) 또는 간접극(요극)이 없어야 한다. 또한 4과 중 2개과가 같아야 한다.(불비격 형성)
초 전	• 양일(陽日) - 일간 합(合)의 기궁 상신이 발용된다. 예) 戊일 - 戊일의 合은 癸이다. 또한 癸의 기궁은 丑이 된다. 따라서,丑의 상신인 寅이(예문참조) 초전으로 발용이 된다. • 음일(陰日) - 일지삼합(三合) 支의 다음 자를 초전 발용한다. 즉 지전삼합(支前三合)을 초전 으로 하는 것이다. 예) 丁酉일 - 지진(支辰) 酉의 삼합은 巳酉丑이 된다. 따라서 지진 酉의 삼합 다음 支는 丑이 된다. 이는 丑이 초전으로 된다.(지전삼합지)
중.말전	중전과 말전은 무조건 제1과 상신을 올린다.

※ 불비(不備)란 무엇인가?

불비란 무음(無淫)이라고도 한다. 별책과에서와 같이 4개의 과 중 중복되는 과가 하나 있는 경우를 말한다. 일양이음(一陽二陰).이양일음(二陽一陰)의 상으로 음양의 균형이 깨어져서 한 쪽은 넘치고, 한 쪽은 부족한 것을 말한다. 따라서, 양(陽)에 속하는 제1과나 제2과에서 하나가 불비(不備)가 되면 바깥의 일이 갖추어 지지 않고, 음(陰)에 속하는 제3과나 제4과에서 하나가 불비(不備)가 된다면 안의 일이 갖추어 지지 않는 것이다.

그러므로, 불비(不備)는 오로지 제1과와 제4과 혹은 제2과와 제3과에서만 중복된 형태로 나타난다.

과 / 일간	제1과.제4과 중복	제2과.제3과 중복
양일(陽日)	이양일음(二陽一陰)	이음일양(二陰一陽)
음일(陰日)	이음일양(二陰一陽)	이양일음(二陽一陰)

★ 간합기궁과 별책과(지진)의 삼합 지전(三合支前)표

정단일	간합	기궁	정단일	간합	기궁	지진	삼합	支前	지진	삼합	支前
甲	己	寅	己	甲	未	寅	寅午戌	午	申	申子辰	子
乙	庚	辰	庚	乙	申	卯	亥卯未	未	酉	巳酉丑	丑
丙	辛	巳	辛	丙	戌	辰	申子辰	申	戌	寅午戌	寅
丁	壬	未	壬	丁	亥	巳	巳酉丑	酉	亥	亥卯未	卯
戊	癸	巳	癸	戊	丑	午	寅午戌	戌	子	申子辰	辰
						未	亥卯未	亥	丑	巳酉丑	巳

★ 예제(豫題)

(별책과 陽日) 戊午일 戊시 亥월장(우수~춘분) (공망 : 子丑)

戊 午 匕 巳	己 未 貴 午	庚 申 后 未	辛 酉 陰 申
丁 巳 朱 辰	戊午日 12局		壬 戌 玄 酉
丙 辰 合 卯			癸 亥 常 戌
乙 卯 勾 寅	甲 寅 青 丑 ○	○ 丑 空 子 ○	○ 子 白 亥

甲	戊	戊
寅 青	午 匕	午 匕
丑	巳	巳

戊	己	己	庚
午 匕	未 貴	未 貴	申 后
戊 巳	午	午	未

★ 해석(解釋)

이 예제는 戊午일 戊시 亥월장의 밤 정단이다. 따라서, 戊일의 밤 정단의 귀인은 未이다. 천반 未에 귀인을 접지하고 역행(巳.午.未.申.酉.戌)하여 천지반도를 작성한다. 4개과 모두 직접극(상.하적극).간접극(요극)이 없고, 제2과와 제3과가 같은 未加午로 이음일양(二陰一陽)의 불비(不備)로 형성되어 3개의 과만 존재한다. 따라서, 별책과가 된다. 초전을 구하는 식은 양일간(陽日

干)인 戊의 간합을 보아 간합되는 癸의 기궁을 살펴보면 丑이 기궁이 된다. 그러므로, 초전 발용이 되려면 기궁 丑의 상신인 寅이 초전이 된다. 또한 양일.음일 막론하고 별책과의 중.말전은 제1과 상신인 午가 된다. 따라서, 寅午午의 3전인 별책과의 3전이 형성된다.

> **(Tip) 살펴보아야 할 별책 정단**
>
> 癸卯일 11局 정단에서 4개의 과는 다음과 같이 형성되는데,
>
> | 卯 | 巳 | 巳 | 未 |
> |---|---|---|---|
> | 癸 | 卯 | 卯 | 巳 |
>
> 본과는 4개과 중 무극이고 2과와 3과가 중복이 되어 있다. 언뜻 보면 별책과로 보이지만 일간 癸와 제2과.제3과 상신이 巳와 요극을 하는 요극과의 탄사격이 된다. 따라서, 요극과의 탄사격 형식으로 삼전을 구성하면 된다. 육임 에서의 모든 정단은 세밀히 따져보고 관찰 해야만이 좋은 풀이가 가능하다.

★ 예제(豫題)

(별책과 陰日) 丁酉일 辰시 寅월장(소설~동지) (공망 : 辰巳)

癸 勾 卯 巳 ○	○ 青 辰 午	○ 空 巳 未	甲 白 午 申
壬 合 寅 辰 ○	丁酉日 3局		乙 常 未 酉
辛 朱 丑 卯			丙 玄 申 戌
庚 匕 子 寅	己 貴 亥 丑	戊 后 戌 子	丁 陰 酉 亥

辛	○	○
朱 丑	空 巳	空 巳
卯	未	未

○	癸	乙	○
空 巳	勾 卯	常 未	空 巳
丁 未	巳 ○	酉	未

★ 해석(解釋)

이 예제는 丁巳일 辰시 寅월장 낮 정단이다. 따라서, 丁일의 낮 정단 귀인

(貴人)은 亥가 된다. 천반 亥에 귀인을 접지하고 순행(亥.子.丑.寅.卯.辰)하여 천지반도를 작성한다. 4개의 과 모두 직접극(상.하적극).간접극(요극)이 없고, 제1과와 제4과가 같은 巳加未로 이음일양(二陰一陽)의 불비(不備)로 형성되어 3개의 과만 존재한다. 따라서, 음일(陰日)의 별책과가 된다. 초전을 구하는 식은 음일(陰日)간 일 경우는 일지(지진)의 삼합으로 삼합지전(三合支前)으로 구하여 초전에 발용하면 된다. 따라서, 지진 酉의 삼합은 巳酉丑이 되고, 지전(支前)은 酉의 다음 지(支)인 丑이 된다. 그러므로, 초전은 丑이 되고, 별책과의 중.말전은 모두 제1과 상신인 巳가 되므로, 삼전이 丑巳巳인 별책과의 과전도가 완성되는 것이다.

⑧ 팔전과(八專課)

예문) 소만(小滿) 후 申월장 己未일 酉시

辰 勾 巳	巳 合 午	午 朱 未	未 匕 申
卯 青 辰			(申) 貴 酉
寅 空 卯			酉 后 戌
丑 白 寅	子 常 丑	亥 玄 子	戌 陰 亥

卯 青	午 朱	午 朱
辰	未	未

午 朱	巳 合	午 朱	巳 合
己 未	午	未	午

4개의 과 중 간지가 같은 곳이 2곳, 즉 2개의 과 밖에 없는 경우이다. 또한 직접극(상.하적극)이 없어야 한다. 단, 요극은 취하지 않는 경우 팔전과(八專課)라 한다.

※ 팔전과(八專課)의 해석

양과무극호팔전(兩課無剋號八專)

양일일양순행삼(陽日日陽順行三)

음일진음역삼위(陰日辰陰逆三位)

중말총일상면(中末總日上眠)

⊙ 팔전(八專)은 4개과의 여덟 자가 하나이므로 모든 일이 하나이다.

⊙ 4개과에서 일간과 일지의 신(神)이 같으므로 음.양이 분별되지 않는다.

- 4개과에서 八자가 하나이므로 매사 부족함이 많다.
- 두 사람이 힘을 합쳐서 일을 도모해도 협력이 안되고 비용만 손실한다.
- 양일(陽日)에는 존장(尊長)을 비유(卑幼)가 속이고, 음일(陰日)에는 부부가 서로 배신하여 정도를 행하여야 한다.
- 결혼 정단에서 남.녀의 정이 멀어지니 분리의 상이다.

★ 팔전과(八專課)의 조건과 삼전조식

조 건	4개의 과 중 2개가 같다. 즉 제1과와 제3과가 제2과와 제4과가 동일한 것이 두 개 존재하는 것이다. 4개과에서 직접극(상.하적극)이 없어야 하며, 요극은 취용하지 않는다. 만약 4개의 과에 적극이 있으면 적극법을 취한다. 단 요극은 취하지 않는다.
초 전	• 양일(陽日)에는 일상신(日上神)의 세번 째 지(支)가 초전이 된다. 예를 들어 양일 날의 일상신이 丑이라면 丑의 세 번째 지(支)인 卯가 초전이 되는 것이다. • 음일(陰日)에는 제4과 상신의 세 번째 전지(前支)가 초전이 된다. 예를 들어 음일의 제4과 상신이 酉라면 酉의 세 번째 전지(前支)인 未가 초전이 되는 것이다.
중.말전	중.말전은 음.양일에 관계없이 모두 제1과 상신을 쓴다. 이는 중.말전이 모두 초전의 음신(陰神)이 된다. 따라서, 일의 진행에서의 정황을 나타낸다. 그러므로, 일간의 주체자인 일간상신을 보고 파악할 수 있다.

– 팔전과 유박불수격(八專課帷薄不修格)

- 팔전과에서 천후(天后).육합(六合).태음(太陰)이 보이면 이러한 격이다.

- 가정에 추행이 일어나 방비가 없다.
- 물불을 가리지 않고 음사(陰事)를 벌이는 상이다.
- 도화천장인 천후(壬子).육합(乙卯).태음(辛酉)이 승하면 더욱 그렇다.

– 팔전과 독족격(八專課獨足格)

- 삼전이 모두 제1과 상신과 같은 지(支)이다. 수레바퀴가 1개 밖에 없는 것으로 비유하여, 길은 먼데 발은 하나 밖에 없는 상으로 다급하다.
- 중전과 말전이 모두 공망이면, 이 또한 독족격으로 본다.
- 모든 일에 힘이 많이 들고, 비용은 과다 지출한다.
- 모든 일이 뜻대로 되지 않는다.

★ 예제 1(豫題 1)

庚申일 戌시 丑월장(동지~대한) (공망 : 子丑) 낮 정단

<table>
<tr><td>庚
申 匕
巳</td><td>辛
酉 朱
午</td><td>壬
戌 合
未</td><td>癸
亥 勾
申</td></tr>
<tr><td>己
未 貴
辰</td><td colspan="2" rowspan="2">庚申日
10局</td><td>○
子 青
酉</td></tr>
<tr><td>戊
午 后
卯</td><td>○
丑 空
戌</td></tr>
<tr><td>丁
巳 陰
寅</td><td>丙
辰 玄
丑 ○</td><td>乙
卯 常
子 ○</td><td>甲
寅 白
亥</td></tr>
</table>

○	癸	癸
丑 空	亥 勾	亥 勾
戌	申	申

癸	甲	癸	甲
亥 勾	寅 白	亥 勾	寅 白
庚 申	亥	申	亥

★ 해석(解釋)

이 예제는 庚申일 戌시 丑월장의 저녁 정단이다. 천지반도를 작성하기 위하여 점시 戌에 월장 丑을 가시(加時)하여 천지반도를 작성한다. 정단 시간

이 戌시 이므로 밤 시간의 정단이다. 따라서, 庚일 밤 정단의 귀인은 未가 된다. 未에 귀인을 접지하고 순행(亥.子.丑.寅.卯.辰)하여 귀인 배분을 한다.

먼저 4개과에서 초전을 구하려면 4개과 모두 직접극(상.하적극).간접극(요극)이 없다. 또한 제1과와 제3과 그리고 제2과와 제4과가 같은 2개의 과로만 존재한다. 이는 팔전과의 양일(陽日) 정단이 된다.

팔전과의 양일(陽日) 정단에서 초전을 구하는 방법은 일간상신 亥의 3위지(位支)인 丑이 초전이 되고, 중.말전은 제1과 상신인 亥를 올리면 된다.

★ 예제 2(豫題 2) (팔전과 유박불수격)

己未일 酉시 子월장(대한~우수)

庚 申 貴 巳	辛 酉 后 午	壬 戌 陰 未	癸 亥 玄 申
己 未 匕 辰	己未日 10局		○ ㉾ 常 酉
戊 午 朱 卯			○ 丑 白 戌
丁 巳 合 寅	丙 辰 勾 丑 ○	乙 卯 青 子 ○	甲 寅 空 亥

癸	壬	壬
亥 玄	戌 陰	戌 陰
申	未	未

壬	○	壬	○
戌 陰	丑 白	戌 陰	丑 白
己 未	戌	未	戌

★ 해석(解釋)

이 예제는 己未일 酉시 子월장 저녁 정단이다. 천지반도를 작성하기 위하여 점시 酉에 월장 子를 가시(加時)하여 천지반도를 작성한다. 정단 시간이 酉시 이므로 子월의 밤 시간이 된다. 따라서, 己일의 밤 귀인은 申이 된다. 천반 申에 귀인을 접지하고 역행(巳.午.未.申.酉.戌)하여 12천장을 배분한다. 4개과 모두 직접극(상.하적극) 또는 간접극(요극)이 없다. 또한 제1과와 제3과 그리고 제2과와 제4과의 2개과 밖에 존재하지 않으므로 팔전과 음일(陰日)

의 정단이다.

팔전과 음일(陰日) 정단에서의 초전은 제4과 丑의 전(前) 3위지(位支)인 亥가 된다. 따라서, 중전은 제1과 상신인 戌이 되고, 말전도 제1과 상신인 戌이 된다. 이로서 己未日 10局의 3전은 亥.戌.戌이 된다

★ 예제 3(豫題 3) (팔전과 독족격)

己未일 辰시 午월장(대서~처서)

己 青 未 巳	庚 勾 申 午	辛 合 酉 未	壬 朱 戌 申
戊 空 午 辰	己未日 11局		癸 匕 亥 酉
丁 白 巳 卯			○ 貴 子 戌
丙 常 辰 寅	乙 玄 卯 丑 ○	甲 陰 寅 子 ○	○ 后 丑 亥

辛	辛	辛
合 酉	合 酉	合 酉
未	未	未

辛	癸	辛	癸
合 酉	匕 亥	合 酉	匕 亥
己未	酉	未	酉

★ 해석(解釋)

이 예제는 己未일 辰시 午월장의 낮 정단이다. 천지반도를 작성하기 위해 점시 辰에 월장 午를 가시(加時)하여 천지반도를 작성한다. 정단 시간이 辰시 이므로 낮 시간이 된다. 따라서, 己일의 낮 귀인은 子가 된다. 천반 子에 귀인을 접지하고 역행(巳.午.未.申.酉.戌)하여 12천장을 배분한다. 4개과 모두 직접극(상.하적극).간접극(요극)이 없다. 또한 제1과와 제3과 그리고 제2과와 제4과가 같은 2개의 과로 팔전과를 이루고 있다. 음일(陰日) 팔전과의 초전은 제4과 亥의 전(前) 3위지(位支)인 酉가 되고, 중.말전은 모두 제1과 상신인 酉가 된다. 따라서, 삼전은 모두 酉로 구성된 팔전과의 독족격을 형성하고 있다. 독족(獨足)이란 중.말전이 공망이 되거나, 단 한 개의 자로 3전을 구성하는 것을 말한다.

(Tip) 살펴보아야 할 별책 정단

己未일 11局 정단에서 4개의 과가 다음과 같이 형성되는데,

酉	亥	酉	亥
己	酉	未	酉

일간 己와 제2과 상신 亥와 제4과 상신 亥가 요극 관계가 형성된다. 그러나, 앞의 팔전과의 조건에서 설명하듯이 요극이 되더라도 요극을 취하지 않는 것을 원칙으로 하기에, 별책과 와는 다른 형태를 취하고 있는 것이다. 따라서, 팔전과 에서 요극이 형성되더라도 팔전조식법에 의해 일간의 양일(陽日).음일(陰日)을 구분하여 3전을 발용하면 된다. 정단 전에 과체의 특징을 충분히 학습하여 바른 정단이 되길 바란다.

⑨ 복음과(伏吟課)

예문) 대서(大暑) 후 子월장 癸丑일 子시

巳 朱 巳	午 合 午	未 勾 未	申 青 申
辰 匕 辰			酉 空 酉
卯 貴 卯			戌 白 戌
寅 后 寅	丑 陰 丑	子 玄 子	亥 常 亥

丑 陰	戌 白	未 勾
丑	戌	未

丑 陰	丑 陰	丑 陰	丑 陰
癸 丑	丑	丑	丑

제1과 丑加癸가 직접극으로 상극하 하고 있다. 따라서, 적극법으로 초전을 丑으로 올리고, 중.말전은 초전의 삼형살로 중전은 戌, 말전은 未, 복음과의 삼전은 형(刑) 으로 이루어져 있다.

※ 복음과(伏吟課)의 해석

복음유극환위용(伏吟有剋還爲用)

무극강간유취진(無剋剛干柔取進)

이리형지작중말(迤邐刑之作中末)

약야자형위발용(若也自刑爲發用)

차전전도일진병(次傳顚倒日辰倂)

차전갱복자형자(次傳更復自刑者)

충취말전불용형(冲取末傳不用刑)

⊙ 복음과는 4과가 모두 각각의 천반과 지반이 동일한 지(支)여야만 한다.

⊙ 천지반도의 12천신(天神)이 천반과 지반이 각각 동일한 지(支)이다.

- 옛 것을 지키면서 새로운 것을 기다리는 상이다. 수구대신(守舊待新)
- 모망사(謀望事)에서는 형(刑)을 쓰므로 형상(刑傷)을 당할 우려가 있다.
- 정중동(靜中動)의 상이다.
- 일간상신이 왕상(旺相)하고, 초전이 길(吉)하면 동(動)하는 것이 좋다.
- 시험은 유리하고, 명리(名利)는 영화를 구할 수 없다.
- 병점(病占). 쟁송점(爭訟占)은 불리하다. 병점은 풍토병이다.
- 봄과 겨울점은 재난이 약하나, 여름과 가을점은 재난이 심하다.
- 도적과 실물은 가까이 있다.

★ 복음과(伏吟課)의 조건과 삼전조식

조 건	• 4개의 과가 각각의 천반(天盤)과 지반(支盤)이 동일지(同一支)이어야 한다. • 천지반도의 12천신(十二天神)이, 천반과 지반이 각각 동일지(同一支)이어야 한다. • 복음과의 삼전은 寅巳申. 丑戌未. 子卯의 삼형을 주로 쓴다. 삼형이 안되면 충신(冲神)을 쓴다.

초 전	제1과에 적극이 있을 경우에는 적극을 사용하여 초전을 발용한다. 적극이 없을 때는 양일과 음일로 나누어 사용한다. • 양일(陽日) : 제1과 상신(일간상신)이 초전이 된다. 이를 자임격(自任格)이라 한다. • 음일(陰日) : 제3과 상신(일지상신)이 초전이 된다. 이를 자신격(自信格)이라 한다.
중 전	• 자형(自刑) (辰.午.酉.亥)이 초전이 아닌 경우에는 초전의 삼형을 중전으로 쓰고, 이는 초전의 다음 지(支)를 쓴다. 예) 초전이 丑이면 중전은 戌이 된다. 또한 초전이 申이면 중전은 寅이 된다. 삼형의 종류에는 寅巳申. 丑戌未가 있다. • 자형(自刑) (辰.午.酉.亥)이 초전이 아닌 경우 - 제1과 상신(일간상신)이 초전인 경우, 제3과 상신(일지상신)을 중전으로 한다. - 제3과 상신(일지상신)이 초전인 경우, 제1과 상신(일간상신)을 중전으로 한다.
말 전	• 삼형(三刑)이 초.중전일 경우에는 중전의 다음 지(支)를 쓴다. 예를 들어 초전이 寅이고 중전이 巳이면 말전은 申이 된다. 또한 초전이 未가 되고 중전이 丑이 되면 말전은 戌이 된다. • 자형(自刑)이 중전일 경우에는 중전의 충신(冲神)을 말전으로 쓴다. 예를 들어 중전이 辰이면 말전은 戌, 중전이 午이면 말전은 子가 된다. 따라서, 형(刑)을 먼저 쓰고, 충(冲)신을 나중에 쓴다.

– 복음과 자임격(伏吟課自壬格) : 양일(陽日)

- 자신이 강폭하여 그 뜻을 이루어도 허물이 생긴다.
- 도망은 눈앞에 있다.
- 태아는 농아이다.
- 질병은 신음하여 말을 하지 못한다.
- 자신을 감추고, 은인 자중하면 모망사를 이룰 수 있다.
- 초전이 왕상(旺相)하고, 삼전에 정마(丁馬)가 있으면 때를 기다렸다 움직여라.

– 복음과 자신격(伏吟課自信格) : 음일(陰日)

- 자신을 스스로 유약하게 생각하여 움추리는 상이다.

- 은둔. 숨어 지내는 상이다.
- 집안이 편치 않다.
- 여행은 장애가 발생하여 억류된다.
- 삼전이 삼형(三刑)인 경우, 관재수가 많다.
- 신체가 부자유스러운 상이다.

– 복음과 두전격(伏吟課杜傳格)

- 모든 일에 막힘이 많아 어려움이 많다.
- 화합이 되는 것은 떠나려 한다.
- 모든 일이 중도에서 어긋나는 일이 많다.
- 빠르게 개선을 해야 한다.
- 삼전 중에 역마(驛馬)가 보이면 정중동(靜中動)해야 한다.
- 행인(行人)은 먼 곳으로부터 소식이 오거나 귀가한다.

★ 예제 1(豫題 1) (복음과 자임격)

戊辰일 申시 申월장(소만~하지) (공망 : 戌亥)

己 勾 巳 巳	庚 青 午 午	辛 空 未 未	壬 白 申 申
戊 合 辰 辰	戊辰日 1局		癸 常 酉 酉
丁 朱 卯 卯			○ 玄 戌 戌 ○
丙 匕 寅 寅	乙 貴 丑 丑	甲 后 子 子	○ 陰 亥 亥 ○

己	壬	丙
勾 巳	白 申	匕 寅
巳	申	寅

己	己	戊	戊
勾 巳	勾 巳	合 辰	合 辰
戊 巳	巳	辰	辰

★ 해석(解釋)

이 예제는 戊辰일 申시 申월장의 낮 정단이다. 먼저 천지반도 작성을 위해 점시 申에 월장 申을 가시(加時)하여 천지반도를 작성한다. 戊일 의 낮 점 귀인은 丑이다. 따라서, 丑에 귀인을 접지하여 순행(亥.子.丑..寅.卯辰)하는 12천장을 배분한다. 과전도에서 4개의 과가 모두 같은 지(支)와, 천지반도 역시 천반과 지반이 모두 같은 지(支)로 구성되어 있다. 이렇게 4개과의 천지반이 같은 것을 복음과(伏吟課)라 하고, 양일(陽日)에서의 복음과 자임격은 초전이 제1과인 巳가 되고, 중.말전은 삼형(三刑)으로 이루는 다음 지(支) 申.寅이 된다. 따라서, 복음과의 자임격은 양일(陽日)의 삼형(三刑)이 삼전으로 이루어진 것으로 구성이 된다. 복음과의 다른 양일(陽日)도 위와 같다.

★ 예제 2(豫題 2) (복음과 자신격)

己巳일 午시 午월장(대서~처서) (공망 : 戌亥)

己 青 巳 巳	庚 空 午 午	辛 白 未 未	壬 常 申 申
戊 勾 辰 辰	己巳日 1局		癸 玄 酉 酉
丁 合 卯 卯			○ 陰 戌 戌 ○
丙 朱 寅 寅	乙 匕 丑 丑	甲 貴 子 子	○ 后 亥 亥 ○

己	壬	丙
青 巳	常 申	朱 寅
巳	申	寅

辛	辛	己	己
白 未	白 未	青 巳	青 巳
己 未	未	巳	巳

★ 해석(解釋)

이 예제는 己巳일 午시 午월장 낮 정단이다. 천지반도를 작성하기 위해 점시 午에 월장 午를 가시(加時)하여 천지반도를 작성한다. 己일의 낮 점에서의 귀인은 子이다. 따라서, 子에 귀인을 접지하여 순행(亥.子.丑.寅.卯.辰)한다. 己巳日 1局에서의 과전도 에서 직접극(상.하적극) 또는 간접극(요극)이 없다. 또한 4개과 모두 동일지(同一支)로 구성되어 있다. 이는 복음과 임을 알 수 있다. 그리고 음일간(陰日干)은 자신격으로 초전은 제3과 상신을 올려 삼전의 삼형을 구성한다. 따라서, 초전은 제3과 상신인 巳가 되고, 중.말전은 삼형의 다음 지(支)인 申과 寅이 되어, 본 정단은 복음과의 자신격(自信格) 된다.

> **(Tip) 살펴보아야 할 복음과의 정단**
>
> 己未일 11局 정단에서 4개의 과가 다음과 같이 형성되는데,
>
> | 丑 | 丑 | 卯 | 卯 |
> |---|---|---|---|
> | 癸 | 丑 | 卯 | 卯 |
>
> 가령 癸卯일 1局에서 직접극(상극하)인 경우, 초전은 일간상신인 丑을 올리고, 중.말전은 3형(三刑)인 戌.未를 올려주어야 한다. 여기에서 주의해야 할 것은 직접극이 있다 하여 중.말전에 음신취용법을 쓰면 안되고 복음과의 법칙을 따라야 한다.

★ 예제 3(豫題 3) (복음과 두전격)

丁亥일 巳시 巳월장(처서~추분) (공망 : 午未)

癸 空 ㊐ 巳	○ 白 午 午 ○	○ 常 未 未 ○	甲 玄 申 申
壬 青 辰 辰	丁亥日 1局		乙 陰 酉 酉
辛 勾 卯 卯			丙 后 戌 戌
庚 合 寅 寅	己 朱 丑 丑	戊 匕 子 子	丁 貴 亥 亥

丁	○	己
貴 亥	常 未	朱 丑
亥	未 ○	丑

○	○	丁	丁
常 未	常 未	貴 亥	貴 亥
丁 未	未 ○	亥	亥

★ 해석(解釋)

이 예제는 丁亥일 巳시 巳월장의 낮 정단이다. 천지반도를 작성하기 위해

점시 巳에 월장 巳를 가시(加時)하여 천지반도를 작성한다. 丁일의 낮 귀인은 亥가 된다. 따라서, 亥에 귀인을 접지하고 순행(亥.子.丑.寅.卯.辰)하여 12천장을 배열한다.

丁亥일의 과전도 에서는 직접극(상.하적극).간접극(요극)이 없다. 따라서, 제1과 未加丁과 제2과 未加未. 제3과 亥加亥. 제4과 亥加亥가 같은 2개의 과로 구성된 복음과 이다. 복음과의 음일(陰日)일 때, 초전은 제3과 상신이 초전인 亥가 되나, 자형(自刑)으로 되기 때문에 중전은1과 상신인 未를 올리고, 말전은 중전의 충(沖) 지(支)를 올려준다.

그러므로, 초전이 자형으로 구성된 복음과는 두전격이 된다. 따라서 丁亥일의 복음과 두전격의 3전은 亥.未.丑이 된다.

⑩ 반음과(返吟課)

예문) 하지(夏至) 후 未월장 壬辰일 丑시 정단

亥 空 巳	子 白 午	丑 常 未	寅 玄 申	巳 貴	亥 空	巳 貴	
戌 青 辰			卯 陰 酉	亥	巳	亥	
酉 勾 卯			辰 后 戌	巳 貴	亥 空	戌 青	辰 后
申 合 寅	未 朱 丑	午 匕 子	巳 貴 亥	壬 亥	巳	辰	戌

월장과 점시가 충(沖)이 되는 것을 말한다. 천지반도의 12천신과 지반이 모두 충(沖)이 된다. 따라서, 4개과 중 적극(직접극)이 있는 경우 적극을 취하나 간접극(요극)은 취용하지 않는다.

※ 반음과(返吟課)의 해석

반음유극역위용(返吟有剋亦爲用)

무극별유정란명(無剋別有井闌名)

축일용해말용사(丑日用亥末用巳)

진중일말용역심(辰中日末容易尋)

- 심신(心身)이 왕래(往來) 동요(動搖)하고 득실은 미정(未定)이다.
- 반복하여 신음하는 과 이다.
- 심신이 동요하니 온 사람은 가려고 하고, 떠난 자는 돌아오려 한다.
- 모든 일에 어려움이 많고, 타인을 위기(危忌)하고, 이익을 얻어도 결국 자신은 해(害)를 입는다.
- 모든 일은 조용히, 묵묵히 처리해야 한다.

★ 반음과(返吟課)의 조건과 삼전조식

<table>
<tr><td>조 건</td><td>월장과 점시가 충(冲)으로 되어 천지반도의 12신(神)이, 천지반(天地盤)이 모두 충(冲)으로 이루어져 있다.</td></tr>
<tr><td>초 전</td><td>• 무의격(無依格) - 4개과에 적극이 있는 경우, 적극을 초전으로 올린다.
• 무친격(無親格) - 4개과에 적극이 없는 경우, 일지역마(日支驛馬)를 초전으로 올린다.
예를 들어 丁丑일 7局일 경우, 적극이 없는 무친격이다. 따라서, 일지 丑의 역마 未를 초전으로 올린다.
<table>
<tr><td>日支</td><td>寅午戌</td><td>申子辰</td><td>巳酉丑</td><td>亥卯未</td></tr>
<tr><td>驛馬</td><td>申</td><td>寅</td><td>亥</td><td>巳</td></tr>
</table></td></tr>
<tr><td>중. 말전</td><td>• 무의격(적극이 있는 경우) - 적극법에 의한 음신을 쓴다.
• 무친격(적극이 없는 경우) - 중전은 일지상신(제3과 상신)을 쓰고, 말전은 일간상신(제1과 상신)을 쓴다.</td></tr>
<tr><td>12천장
둔간</td><td>기존 천간법과 둔간법에 의해 적용한다.</td></tr>
</table>

– 반음과 무의격(返吟課無依格)

- 12천신(天神)이 쉽게 바뀌어 무의격이다.

- 심신이 동요하고 편안하지 못하다.
- 편안이 번영하던 것은 떠나고, 흩어지며, 출진(出陳)하면 허망함에 놀란다.
- 개변(改變)과 이동(移動)이 많다.

– 반음과 무친격(返吟課無親格)

- 오고 가는 것이 없으며, 실질적이지 않다.
- 행인(行人)은 해(害)가 길을 막고, 도적은 서로 공격한다.
- 주변에서 구하는 일은 얻을 수 있으나, 직접적으로 구하면 얻을 수 없다.
- 마치 우물 난간을 의지하여 우물을 벗어나지 못하니 정란사(井欄射)라 한다.
- 내외(內外)에 괴이(怪異)함이 많고, 상하가 서로 공손하지 못하다.
- 모든 일은 서로 부탁하고 기댈 곳이 없다.
- 정난동이(靜難動利)하다.

★ 예제 1(豫題 1) (반음과 무의격)

壬申일 子시 午월장(대서~처서) (공망 : 戌亥)

<table>
<tr><td>○
亥 勾
巳</td><td>甲
子 合
午</td><td>乙
丑 朱
未</td><td>丙
寅 匕
申</td></tr>
<tr><td>○
戌 靑
辰</td><td colspan="2" rowspan="2">壬申日
7局</td><td>丁
卯 貴
酉</td></tr>
<tr><td>癸
酉 空
卯</td><td>戊
辰 后
戌 ○</td></tr>
<tr><td>壬
申 白
寅</td><td>辛
未 常
丑</td><td>庚
㊉ 玄
子</td><td>己
巳 陰
亥 ○</td></tr>
</table>

丙	壬	丙
寅 匕	申 白	寅 匕
申	寅	申

己	○	丙	壬
巳 陰	亥 勾	寅 匕	申 白
壬 亥	巳	申	寅

★ 해석(解釋)

이 예제는 壬申일 子시 午월장의 밤 정단이다. 천지반도를 작성하기 위하여 점시 子에 월장 午를 가시(加時)하여 壬일의 밤 귀인 卯가 된다. 卯에 귀인을 접지하여 역행(巳.午.未.申.酉.戌)한다. 또한 과전도와 천지반도를 살펴보면 모두 천지반이 충(冲)하는 것을 알 수 있다. 이는 반음과를 나타낸다. 따라서, 반음과 에서 적극이 있어 극을 하면 무의격임을 알 수 있다. 제1과와 제3과가 서로 하적상(下賊上)을 한다. 지일과의 구분법을 적용하여 제3과의 상신인 寅이 초전이 된다. 중.말전은 적극법에 의한 음신으로 申.寅이 된다. 따라서, 반음과의 무의격인 壬申일 7局의 3전은 寅.申.寅이 된다.

★ 예제 2(豫題 2) (반음과 무친격)

丁丑일 申시 寅월장(소설~동지) (공망 : 申酉)

乙 朱 亥 巳	丙 合 子 午	丁 勾 丑 未	戊 青 寅 申 ○
甲 匕 戌 辰	丁丑日 7局		己 空 卯 酉 ○
○ 貴 酉 卯			庚 白 辰 戌
○ 后 申 寅	癸 陰 未 丑	壬 玄 午 子	辛 常 巳 亥

乙	癸	丁
朱 亥	陰 未	勾 丑
巳	丑	未

丁	癸	癸	丁
勾 丑	陰 未	陰 未	勾 丑
丁 未	丑	丑	未

★ 해석(解釋)

이 예제는 丁丑일 申시 寅월장의 낮 정단이다. 천지반도를 작성하기 위해 점시 申에 월장 寅을 가시(加時)하여 丁일의 낮 귀인은 酉이다. 酉에 귀인 접지하여 순행(亥.子.丑.寅.卯.辰)한다. 과전도와 천지반도의 천지반이 모두 충(冲)을 하여 반음과를 나타낸다. 또한 4개의 과 모두 적극이 없음을 알 수 있다. 따라서, 반음과의 무친격임을 알 수 있다. 무친과의 초전은 일지 丑의 역마인 亥가 되고, 중전은 제3과 상신인 未, 말전은 제1과 상신인 丑이 됨을 알 수 있다. 丁丑일 7局 반음과 무친격의 3전은 亥.未.丑이 된다. 여기서 주의할 것은 중전과 말전의 위치이다. 따라서, 반음과 무친격의 중.말전에 대한 확실한 이해가 요구된다.

★ 예제 3(豫題 3) (반음과 복등격伏藤格)

戊戌일 申시 寅월장(소설~동지) (공망 : 辰巳)

己 朱 亥 巳 ○	庚 匕 子 午	辛 貴 丑 未	壬 后 寅 申
戊 合 戌 辰 ○	戊戌日 7局		癸 陰 卯 酉
丁 勾 酉 卯			○ 玄 辰 戌
丙 青 申 寅	乙 空 未 丑	甲 白 午 子	○ 常 巳 亥

己	○	己
朱 亥	常 巳	朱 亥
巳 ○	亥	巳 ○

己	○	○	戊
朱 亥	常 巳	玄 辰	合 戌
戊 巳	亥	戌	辰

★ 해석(解釋)

이 예제는 戊戌일 申시 寅월장 낮 정단이다. 천지반도를 작성하기 위해 점시 申에 월장 寅을 가시(加時)하여 戊일의 낮 귀인은 丑이 된다. 丑에 귀인 접지하고 역행(巳.午.未.申.酉.戌)하여 분포한다. 戊戌일 7局 정단에서 제1과 亥加戌와 제2과 巳加亥가 서로 하적상을 하고 양일(陽日)인 戊일에 제1과.제2과 모두 음(陰)이다. 따라서, 섭해의 원칙에 의해 서로 극 수를 따져본다.

	(亥)	午 未 申 酉 戌	적극 4개
제1과	**戊** 午 **未** 申 酉 **戌** 亥	子 丑 寅 卯 辰	
	巳 **己**		

	巳	子 丑 寅 卯 辰	적극 4개
제2과	亥 子 丑 寅 卯 辰 巳	午 未 申 酉 戌	
	壬 癸		

따라서, 제1과와 제2과의 하적상 하는 극의 수가 모두 4개씩 같다. 반음과 복등격의 삼전조식법은 만약 극 수가 같으면 섭해방식을 취하지 않고, 양일(陽日)에는 제1과 (일간)상신이 발용되어 초전이 된다. 그러므로, 戊일의 초전은 亥가 되고, 중.말전은 적극법에 의한 음신(陰神)을 취용한다.

> (Tip) 반음과 복등격 에서의 주의할 점
>
> 戊戌일 7局에서와 같이 서로 극 하는 곳이 2곳이고, 극 수가 같다면, 섭해과를 적용시켜 사맹(寅.申.巳.亥)의 상신이 초전 발용될 것 같으나, 반음과 복등격(返吟課伏藤格)에서는, 양일(陽日)에는 제1과 상신(일간상신), 음일(陰日)에는 제3과 상신(일지상신)이 발용(發用)하여 초전을 이루고, 중.말전은 적극법에 의한 음신(陰神)을 취한다.

◈ 구종십과체의 원리요약(九宗十課體原理要約)

구종(九宗)	10과(十課)	해석(解釋)
적극법(賊剋法)	중심과(重審課) 원수과(元首課)	유순이정(柔順利貞)의 상(象) 원형이정(元亨利貞)의 상(象)
지일법(知一法)	지일과(知一課)	비화일선(比和一選)의 상(象)
섭해법(涉害法)	섭해과(涉害課) 견기격(見機格) 찰미격(察微格) 철하격(綴瑕格)	고진감래(苦盡甘來)의 상(象)
요극법(遙剋法)	요극과(遙剋課) 호시격(蒿矢格) 탄사격(彈射格)	허리허명(虛利虛名)의 상(象)
묘성법(昴星法)	묘성과(昴星課) 호시격(虎視格) 동사엄목격(冬蛇奄目格)	경공(驚恐)의 상(象)
별책법(別責法)	별책과(別責課)	타인의탁(他人依託)의 상(象)

팔전법(八專法)	팔전과(八專課) 유박불수격(帷薄不修格) 독족격(獨足格)	협동.음일(協同.淫佚)의 상(象)
복음법(伏吟法)	복음과(伏吟課) 자임격(自任格) 자신격(自信格) 두전격(杜傳格)	수구대신(守舊待新)의 상(象)
반음법(返吟法)	반음과(返吟課) 무의격(無依格) 무친격(無親格) 복등격(伏藤格)	동요.의혹(動遙.疑或)의 상(象)

◈ 10과체의 원리요약(十課體의 原理要約)

과 체	조 건	삼 전 조 식 법
중심과	조 건	4개과 중 하적상(지반에서 천반을 극)하는 곳이 1곳 뿐일 때.
	초 전	하적상 하는 곳을 초전으로 발용.
	중.말전	적극법에 의한 음신을 택한다.
원수과	조 건	4개과 중 상극하(천반에서 지반을 극)하는 곳이 1곳 뿐일 때.
	초 전	상극하 하는 곳을 초전으로 발용.
	중.말전	적극법에 의한 음신을 택한다.
지일과	조 건	4개과 중 상극하(천반에서 지반 극), 또는 하적상(지반에서 천반 극)하는 곳이 2곳 이상으로 천반지의 음.양이 섞여있을 때, 일간과 상비(相比)하는 곳이 단 1곳만 있을 때.
	초 전	상비(相比)하는 곳을 초전으로 발용.
	중.말전	적극법에 의한 음신을 택한다.
섭해과	조 건	4개과 중 상극하(천반에서 지반 극), 또는 하적상(지반에서 천반 극)하는 곳이 2곳 이상이며, 천반지 음.양이 섞여있지 않은 것 중 일간과의 상비(相比)가 2곳 이상 일 때.
	초 전	일간 상비하는 과의 극 수를 따져 극을 많이 당한 곳을 초전으로 발용한다. 또한, • 견기격 - 극 수가 같을 때는 지반의 사맹(四孟)을 찾아

		그 상신을 초전으로 발용. • 찰미격 – 극 수가 같을 때 지반의 사맹이 없을 때는 사중(四仲)을 찾아 그 상신을 초전으로 발용. • 철하격 – 극 수가 같을 때 지반의 사맹.사중신이 없을 때, 양일에는 제1과 상신(일간상신), 음일에는 제3과 상신(일지상신)을 초전으로 발용.
	중.말전	적극법에 의한 음신을 택한다.
요극과	조 건	4개과의 천지반 중 직접극(천지반 상.하적극)이 없을 때 일간과의 극에 의한 제2과.제3과.제4과 중 요극(遙剋)이 될 때 • 호시격 – 천반(제2과.제3과.제4과)에서 일간을 요극할 때 • 탄사격 – 일간에서 천반(제2과.제3과.제4과)을 요극할 때
	초 전	호시격과 탄사격이 같이 있을 때는 탄사격을 우선 취용하고, 호시격이 없을 때는 탄사격을 초전 발용한다. 단, 요극에 음.양이 같이 있을 때는, 양일에는 양을, 음일에는 음을 먼저 취용하여 발용한다.
	중.말전	적극법에 의한 음신을 택한다.
묘성과	조 긴	4개과 중 직접극(상.하적극) 또는 간접극(요극)이 없고, 4개과가 모두 완전할 때.
	초 전	• 양일 – 천지반도에서 酉를 찾아 그 상신을 초전으로 발용한다. • 음일 – 천지반도에서 酉를 찾아 그 하신을 초전으로 발용한다.
	중.말전	• 양일 – 제1과 상신(일간상신)을 중전으로 하고, 제3과 상신(일지상신)을 말전으로 취용한다. • 음일 – 제3과 상신(일지상신)을 중전으로 하고, 제1과 상신(일간상신)을 말전으로 취용한다.
별책과	조 건	4개과 중 직접극(상.하적극) 또는 간접극(요극)이 없으며, 4개과 중 2개과가 같아 3개과의 불비를 형성하고 있을 때.
	초 전	• 양일 – 일간합의 기궁 상신이 초전으로 발용한다. • 음일 – 일지(제3과)의 삼합의 지전(支前)을 초전으로 발용한다.
	중.말전	음.양일 구분 없이 모두 제1과 상신을 중.말전으로 취용한다.
팔전과	조 건	4개과 중 직접극(상.하적극) 또는 간접극(요극)이 없으며, 간지가 동일한 2개의 과로 구성.

	초 전	• 양일 - 제1과 상신(일간상신) 전3위지(前三位支)를 초전으로 발용한다. • 음일 - 제4과 상신(일지음신) 후3위지(後三位支)를 초전으로 발용한다.
	중.말전	음.양일 구분 없이 모두 제1과 상신을 중.말전으로 취용한다.
복음과	조 건	4개의 과가 모두 동일한 지(支)와 천지반이 동일할 때.
	초 전	적극(상극하 하거나 하적상)이 있을 때는 적극을 취용 발용하고 요극은 취용하지 않는다. 적극이 없을 때는, • 양일 - 제1과 상신(일간상신)을 초전으로 발용. • 음일 - 제3과 상신(일지상신)을 초전으로 발용.
	중 전	초전이 자형(辰.午.酉.亥)이 아닐 때는, 초전의 삼형(三刑) 다음 지(支)를 중전에 취용한다. 초전이 자형일 때는, 제1과 상신(일간상신)이 초전일 경우 제3과 상신(일지상신)을 중전으로, 제3과 상신(일지상신)이 초전일 경우 제1과 상신(일간상신)을 중전으로 취용한다.
	말 전	삼형(三刑)이 초.중전일 때는 중전의 다음 지(支)를 쓴다. 또한 자형(辰.午.酉.亥)이 중전일 때는 중전의 충신(冲神)을 쓴다.
반음과	조 건	4개의 과가 모두 충(冲)을 하며 천지반이 모두 충(冲)일 때.
	초 전	4개의 과에 직접극(상.하적극)이 있을 때는 적극이 초전이 된다. 그러나 요극(遙剋)은 취하지 않는다. 4개과에 적극이 없을 때는 일지의 역마를 초전으로 발용한다.
	중.말전	직접극(상.하적극)이 있을 때는 적극법의 음신을 취용하여 중.말전을 이루고, 적극이 없을 때는 음.양과 관계없이 중전은 제3과 상신(일지상신)을, 말전은 제1과 상신(일간상신)으로 중.말전을 취용한다.

6장

육임 에서의 육친성질과 작용

> **(개요)** 육임학의 육친(六親)은 육효(六爻)의 육친과 일치한다. 따라서, 육친을 분리해 보면, 관(官). 부(父). 형(兄). 자(子). 재(財)의 종류가 있다.
>
> ※ 육임 육친의 정단은 인사(人事) 정단 에서의 길흉성패(吉凶成敗)를 알아 볼 수 있다. 모든 길흉은 육친의 생극(生剋) 관계에 의거 관점(觀占)할 수 있다.

1) 재론(財論)

☞ 재(財)는 일반적으로 금전(金錢)인 것과 귀한 물품의 가치를 논한다.

壬일 날 정단 중 일간이 財를 극하면 남자의 정단 에서는 금전 또는 처첩을 대표한다. 따라서, 정단 에서의 財는 처첩의 일이며, 財의 유신이 삼전에 들더라도 락공(落空)되거나 협극(夾剋)이 되지 않으면 길(吉)하다.

☞ 부모 점에서 재(財)는 생계사(生繼事)이다. 따라서, 재신(財神)이 상(傷)하면 길(吉)하지 못하다.

모든 재신(財神)은 공망과 휴수함을 두려워 하고 악장(惡將)인 현무(玄

武)가 승(乘)함을 두려워 한다.

천공(天空) 역시 구재(求財)에 있어서는 모두 불리하다. 또한 재(財)에 둔귀(遁鬼)가 임(臨)하거나, 귀향(鬼鄕)이거나, 재생귀(財生鬼)가 되어 일간을 극하는 것 역시 아주 불리해 진다.

재신(財神)이 사(死).절(絕)에 앉거나, 입묘(入墓)가 되거나, 대모(大耗).세파(歲破)가 되거나, 파쇄(破碎)가 되어도 재(財)를 구하는 데 있어 모두 물리하다.

수일(水日)에 재(財)를 봉(逢)하면 재(財)가 동(動)하고, 멀리서 혹은 움직임 속에서 재(財)를 쉽게 구할 수 있다.

☞ 구재점(求財占)에서 재(財)가 왕(旺)하면 아름답지만, 전(傳)에 재(財)가 많다거나, 일간이 쇠약(衰弱)하거나 무기(無氣)하면 반대로 재(財)가 흩어지거나 모아지지 않는다. 반드시 일간이 왕상해야만 재(財)를 득할 수 있다.

이를 보완해 주는 것이 송대 능복지 가 쓴 『필법부(畢法賦)』 제14법 「전재태왕반재휴(傳財太旺反財虧)」 제27법 「전재화귀재휴멱(傳財化鬼財休覓)」에 잘 나타나 있다.

2) 관.귀론(官.鬼論)

☞ 관(官)은 관직자의 구직(求職) 정단 이나 여인의 남편 점을 논한다.

귀(鬼)가 왕(旺)하면 관직 점에서 유리하나 기타 모든 정단 에서 모두 나에게 손해와 해를 끼치고 상하게 한다. 또한 인사(人事)에서 모두 압력적이다. 귀살(鬼殺)이 간상.지상.연명상.3전.둔귀 음신의 귀(鬼) 등 여러 가지로 있을 수 있다.

간상(干上)의 귀(鬼)는 첩신(貼身)의 귀(鬼)로 나를 감싸 안아 화(禍)를 더욱 빠르게 나를 얽어 매는 것이다. 이는 전(傳) 중에 구신(救神)이 있어야 한다. 이로써 흉(凶)을 가지고 길(吉)로 화(禍)할 수 있는 것이다.

또한 간상(干上)에 귀(鬼)가 있고 지상(支上)에 구제신(救制神)인 손효(孫爻)가 있으면 외부에서 비록 화(禍)가 오더라도 집 안에서 그 화(禍)를 막는 사람이 있다. 또한 지상(支上)에 귀(鬼)가 있고 간상(干上) 혹은 연명상(年命上)에 구신(救神)인 손효(孫爻)가 있더라도, 비록 본인이 구신이 있더라도, 스스로 화(禍)를 자초하는 격이 된다.

또한, 초전(初傳)에 귀(鬼)가 있고, 말전(末傳)에 손효(孫爻)가 보이면 처음에는 화(禍)가 생기나, 후에는 해구(解救)하는 신이 있어 흉(凶)을 안고도 길(吉)로 변한다. 말전에 귀(鬼)가 있으면, 연명상신(年命上神)에 반드시 구제신(救制神)인 손효(孫爻)가 있다면 이 역시 길(吉)로 변한다.

☞ 삼전(三傳)이 합(合)을 하여 귀국(鬼局)을 형성하여도 삼전 중 천장(天將)이 일간을 생(生)해 주면, 「천장구신격(天將俱神格)」이라 하여 이 역시도 흉(凶)이 길(吉)로 변한다.

☞ 음신(陰神)이 귀살(鬼殺)이 되어 일간을 극 하면 암중생재(暗中生災)로 재앙이 생길 수 있으나 삼전(三傳) 또는 연명상(年命上)에 구신(救神)인 손효(孫爻)가 있으면 흉(凶)함 속에 길(吉)이 있다.

3) 부모론(父母論)

☞ 부모효(父母爻) 라 함은 나를 생(生)해 주고 길러 주는 신이다. 이 역시 생기(生氣)가 있어야 한다. 정단 에서의 부모효(父母爻)는 존장(尊長) 문서(文書)의 일이다. 부모효의 류신(類神)은 재효가 입전되는 것을 싫어한다. 재효는 부모효를 상(傷)하게 하기 때문이다. 또한 정단 에서 손효는 부모효를 싫어한다. 이는 손효를 상하게 하기 때문이다. 부모효는 생계사(生計事)이다.

부모효가 기뻐하는 것은 왕상하여 입전(入傳)하는 것이다.

“ 휴수하고, 공망이 되고, 파(破)가 되거나 과전에 입전 하지 못함을 좋아하지 않는다."

과전에 비록 무리 귀(鬼)가 형성되더라도 부모효가 기운이 있거나 귀(鬼)를 생(生)하여 관인상생(官印相生)이 된다면 흉(凶)이 와도 길(吉)해진다.

부모효의 양지(陽支)는 아버지(父), 음지(陰支)는 어머니(母)이다.

☞ 부모효가 공망이 되거나, 휴수하거나 극상(剋傷)을 하면, 부모 정단 에서 생계사(生計事)가 불리하다. 또한 부모효가 공함(空陷) 휴수하고, 사신(死神).사기(死氣) 등의 흉살(凶殺)이 가임 되면 부모질병 정단에 대흉(大凶)하다.

4) 형제.동류론(兄弟.同類論)

☞ 나를 일간으로 보고 일간과 같은 오행을 형제라 한다.

형제효는 나를 돕고 쟁집(爭執) 등 인사(人事)의 모든 것을 형제효라 한다.

☞ 구재(求財).처첩(妻妾) 점에서는 일간이 왕상하고 유기(有氣)해야 한다.

☞ 형제효가 입전(入傳)하거나 연명상(年命上)에 있으면 분탈(奮脫) 또는 처가 손상(損傷)된다.

☞ 일간이 쇠약하고 재신이 태왕하면 형제효가 분탈된다.

☞ 간지(干支) 모두 형제효는 구재(求財)에서 어렵다. 또한 쟁탈(爭脫)을 면키 어렵다.

☞ 형제효가 중첩(重疊)하고, 구진(勾陳).현무(玄武).주작(朱雀)이 승(乘)하면 돈으로 인한 쟁투가 있다.

☞ 록신(祿神)을 제외하고는 끝에는 모재(耗財)로 재산을 소모한다.

☞ 형제효가 발용(發用)하면 주(主)는 암중모재(暗中耗財)로 은연중 재물이 탈손되고 모든 일은 동류(同類)에 관련된 일이며, 혹은 처(妻)나 재

산에 피해를 준다.

☞ 말전에 형효가 있으면 끝내 피해를 준다.

☞ 둔간에 형효가 있으면 주(主)는 암중모재(暗中耗財) 혹은 쟁투가 발생한다. 또한 모든 일은 동류(同類)에 의해 일어난다.

☞ 삼전이 형효가 되거나 합(合)을 이뤄 형국(兄局)을 형성하면 처재(妻財)가 필히 상(傷)함을 당한다.

☞ 형제효는 송대 능복지의 『필법부(畢法賦)』 95法에 「육효현괘방기극(六爻現卦防基剋)」으로 형효의 극함(육친의 극)을 조심하여야 한다.

5) 자손탈기론(子孫脫氣論)

☞ 자손효를 내가 생(生)하면 탈기(脫氣)의 신이 된다. 자손효(子孫爻)의 주(主)는 소모(消耗).산실(散失).쇠퇴(衰退)되는 일을 말한다.

☞ 과전에서 귀살을 보았을 때 자손효의 입전(入傳)됨을 기쁘게 본다. 이유는, 자손효는 관귀효의 구제신(救制神)이 되기 때문이다. 따라서, 귀살을 극 하여 일간을 보호한다. 다만, 싫어하는 것은 둔귀(遁鬼)이다. 둔귀는 자손효도 구제하지 못하기 때문이다.

☞ 질병이라든지 일간의 귀(鬼)로 인한 병(病) 등은 자손효의 좋은 의사(양의)가 된다.

☞ 자손효는 탈기(脫氣)의 신으로 보고 구제(救制)의 신으로도 본다.

☞ 삼전이 모두 일간을 탈기하고 간지상신이 재효가 있으면, 이는 취환혼채(取還魂債)격으로 빚을 받는 일에 크게 유리하다. 즉 외지재(外地財)로 밖에서 들어오는 재(財)의 뜻이다.

☞ 4개과 모두 지반에서 천반을 생(生)해 주면, 일명 원소근단(源消根斷)격이다. 이는 논에 난 피(쭉정이)를 뽑아 아스팔트에 말려 죽이는 상으로 재물의 끝없는 손실로 빈궁하기 그지 없다.

☞ 경상(經商)구재 혹은 기업경영의 점에서 자본잠식을 의미하는 것이 원소근단격 이기도 하다.

☞ 질병 정단에서는 평소에 신체보양에 부주의하고 방치했기에 생기는 질환이다.

☞ 관직 점. 승진시험은 기대하기 어렵다.

☞ 관직자는 퇴직할 수 있는 징조이다.

☞ 어렵게 얻고, 쉽게 없애고, 끝내는 얻을 수 없는 상이 된다.

6) 육친의 유신(六親의 類神)

해당爻	유신(類神)
妻財爻	처첩(妻妾). 부녀(父女). 재금(財金). 상인(商人). 부모극신(父母剋神)
官鬼爻	관리(官利). 명예(名譽). 직업(職業). 부(夫). 병재(病災). 적살(敵殺). 형제재화(兄弟災禍)
父母爻	수상(手上). 존장(尊長). 사업(事業). 자손극신(子孫剋神) 자녀재난.경사(子女災難.驚事)
子孫爻	자손(子孫). 박관(剝官). 분실(紛失). 실직(失職). 실재(失財). 소모(消耗)
兄弟爻	형제(兄弟). 골육(骨肉). 붕우(朋友). 파재(破財). 처첩재화(妻妾災禍). 형제탈재(兄弟脫財)

※ 육친(六親)의 통변(通変)유신은 정단사(正斷事)를 구별하여 판단하는데 쓰이며, 이는 정단사의 상황을 나타내는 것을 볼 수가 있다.

7) 점시와 육친의 래정(占時와 六親의 來定)

☞ 점시(占時)가

- 재효(財爻) - 재물(財物)의 일이거나 처첩(妻妾)의 일. 사업사(事業事)
- 관귀효(官鬼爻) - 관직(官職). 질병(疾病). 관송(官訟). 남편의 일

- 부모효(父母爻) - 사업후원사(事業後援事). 존장사(尊長事)
- 자손효(子孫爻) - 자손(子孫)의 일이나, 박관(실직.직업)사
- 형효(兄爻) - 재모사(財耗事). 형제.친구 개입 소모사(消耗事)

7장

구보(九寶)와 팔살(八殺)

(개요) 육임학 정단 시 팔문을 토대로 살피면 정단의 길.흉이 드러나게 되는데, 정단에서 팔문의 길.흉을 변화시키는 요인이 구보(九寶)와 팔살(八殺)이다.

구보(九寶)란 길신(吉神)을 말하고, 팔살(八殺)은 흉신(凶神)을 말하는데, 일간(日干)과 육소(六所)의 관계는 『왕상휴수사(旺相休囚死)』와 『구보팔살(九寶八殺)』에 따라 길.흉(吉.凶)의 변화가 있다. 육임학에는 많은 신살들이 있다. 매번 정단시 신살에 의존을 한다면 정단시 혼란이 있을 수 있고, 간명이 군더더기가 많아지므로 꼭 필요한 신살외에는 본서의 구보팔살에 좀 더 신중을 기한다면 해단시 큰 무리는 없으리라 본다. 가급적 깔끔하게 정단을 해단 하는 것을 원칙으로 본다.

1) 육임학 에서의 구보(九寶)란?

☞ 덕(德). 합(合). 기(奇). 의(儀). 록(祿). 마(馬). 생(生). 왕(旺). 귀(貴) 등 길신(吉神)적 요소로서 육임정단 길.흉에 많은 변화와 영향을 끼치는 중요한 요소이다.

① 덕(德)

덕(德)은 복우지신(福佑之神)이다.

★ 일덕.지덕.월덕.천덕표

일간	甲	乙	丙	丁	戊	己	庚	辛	壬	癸
일덕	寅	申	巳	亥	巳	寅	申	巳	亥	巳

일지	寅	卯	辰	巳	午	未	申	酉	戌	亥	子	丑
지덕	未	申	酉	戌	亥	子	丑	寅	卯	辰	巳	午

월건	寅	卯	辰	巳	午	未	申	酉	戌	亥	子	丑
월덕	巳	寅	亥	申	巳	寅	亥	申	巳	寅	亥	申
천덕	未	申	亥	戌	亥	寅	丑	寅	巳	辰	巳	申

★ 육임에서의 덕(德)의 작용

- 덕(德)은 일덕.지덕.월덕.천덕 의 4종류가 있다. 이 중 일덕(日德)이 가장 중요하다. 또한, 일덕이 삼전(三傳)에 들어 오면 능히 전화위복이 된다. 따라서, 조건은 휴수(休囚)하지 않고, 왕상(旺相)하여야 하며, 공망이 되지 않아야 하고, 내외전(內外戰)이 없어야 한다.
- 덕신(德神)이 귀(鬼)가 되어 발용(發用)이 되어도 귀(鬼)의 작용을 하지 못한다. 덕(德)은 능히 귀살(鬼殺)을 길(吉)로 순화시킨다. 그러나 그 덕(德)이 온전해야 한다.
- 귀살(鬼殺) 겸 덕신(德神)이 하적상(下賊上)당하고, 덕(德)에 귀인(貴人)이 승(乘)하면, 귀인의 생조(生助)를 받아 완전한 길신(吉神)이 된다.
- 덕신(德神)이 일간(日干)에 임하여 귀인을 만나면 밖에서 기쁜 일이 있다. 그러나 병송(病訟) 점에서는 흉(凶)하다.
- 덕신(德神)이 사(死).절(絕).묘(墓)지에 앉으면 흉신(凶神)이 되어 덕(德)의 작용이 70% 감소한다.
- 일덕(日德)이 발용하고 상신과 그 하신이 일간(日干)을 극 하면, 이름하

여 귀덕격(鬼德格)이라 하여 정(正)과 사(邪)가 공존한다.

- 일덕(日德)이 발용하여 일(日)과의 관귀(官鬼)가 되면, 이름하여 덕입천문(德入天門)이라 하고, 이는 관직자는 승천(陞遷)하고, 시험 정단에서는 합격한다.
- 일덕(日德)이 상.하로 협극(夾剋)을 당하면, 이름하여 멸덕격(滅德格)이라 하여 의지를 펼 수 없으며 모든 일은 멀리서 시작된다.
- 일덕(日德)이 초전에 있고 관귀(官鬼)가 되면서 주작(朱雀)이 승(乘)하면, 이름하여 문덕격(文德格)이라 하여 관(官)의 추천을 받아 관직에 입문할 수 있다.

※ 길신(吉神)의 조건은 득령.득지.득도 하고 형극이 없어야 한다.

② 합(合)

화순지신(和順之神)의 화합의 상이다.

화해지의(和諧之意)의 화합 어울림의 상이다

합(合)에는 간합(干合).육합(六合).삼합(三合).방합(方合) 이 있다.

★ 간합.육합.삼합.방합표

간 합	甲-己 . 乙-寅 . 丙-辛 . 丁-壬 . 戊-癸
육 합	子-丑 . 寅-亥 . 卯-戌 . 辰-酉 . 巳-申 . 午-未
삼 합	申子辰 . 寅午戌 . 巳酉丑 . 亥卯未
방 합	寅卯辰 . 巳午未 . 申酉戌 . 亥子丑

★ 육임 에서의 합(合)의 작용

- 삼합과 육합 외 방합 이나 간합은 많이 쓰이지 않는다.
- 삼합이 삼전(三傳)의 입전 중 한 개의 신이 부족한 것을 절요격(折腰格) 또는 허일대용격(虛一待用格)이라 하여 정단의 응기(應期)는 반드시 빠

진 한 자가 들어올 때 일이 성취된다. 또 빠진 한 자가 일진에 있을 때 이름하여 주합격(湊合格)이라 하여 이는 밖으로부터 화합해 들어온다. 이는 승(乘)해 있는 천장에 의해 알 수 있다.

- 일진(日辰) 상.하가 삼합을 하고, 일상신(日上神)이 일간을 극 하고 지상신(支上神)이 일간을 극 하면, 이는 외합중란(外合中難)으로 화합 중에 어려움이 있다. 서로 시기하며 또는 도발하여 화합하지 못한다. 송나라 능복지 의 『필법부(畢法賦)』에서는 이를 합중범살밀중비(合中凡殺密中砒)라 하여 다음과 같이 정리하였다.

「삼전(三傳)에서 삼합(三合)을 이룬 국(局)과 간지상의 어느 한 신(神)이 교차극, 형(刑).충(冲).파(破) 를 하면 은혜가 변하여 원한이 되고, 합(合) 속에 해(害)가 도사리고 있다. 만약 일을 이루고자 할 때는 범살(凡殺)을 충(冲)하여 제거하는 날을 기다려 이루면 된다. 만약 범살이 공망 되거나 또는 행년 이나 본명상에서 극제 하면 또한 쓸 수 있다」 라고 하였다.

- 육합(六合)과 덕(德)이 동시에 삼전(三傳)에 들면 백사(百事) 모두 길(吉)하다. 만약 삼전이 진연주가 되면 나아가는데 유리하고, 퇴연주가 되면 물러섬이 옳다.

※ 진연주 : 삼전이 지(支)의 순서대로 초.중.말전에 이르는 것.
예) 삼전 : 寅 - 卯 - 辰　　巳 - 午 - 未

※ 퇴연주 : 삼전이 지(支)의 순서가 역(逆)으로 초.중.말전에 이르는 것.
예) 삼전 : 辰 - 卯 - 寅　　未 - 午 - 巳

- 寅-亥의 합(合)은 다른 말로 파합(破合)이라 한다. 또한 巳-申의 합은 형합(刑合)이라 하여 모망하는 일 들은 화합하지 못하고 이룰 수 없다. 만약 귀인.청용.일덕.일록 등이 가해져, 순행하여 진행하면 유리하다.

- 육합(六合)이 삼전에 입전하면 모망하는 모든 일은 성사된다. 그러나 질병 점과 관송 점은 불리하다.

- 육합이 공망이나 낙공이 되면, 또는 형(刑).해(害)를 보면, 합중(合中) 화(禍)가 숨겨져 있다. 그러나 덕(德)이 있으면 해소된다.
- 육합이 되어 일간을 극 하거나 등사.주작.백호 등의 흉장(凶將)이 승(乘)하면 화합하는 중에 해(害)가 있다. 타인에게 부탁하는 모망사는 이룰 수 없다.
- 천후나 신후(子)가 합을 하면 결혼이 성사된다.
- 일진(日辰) 상합(相合)하고 일진상신 역시 상합하면, 이름하여 동심격(同心格)이라 하여 일체의 모망사는 서로 합심하여 이루어 진다. 만약 형(刑)이나 해(害)를 본다면, 이는 서로 합심하는 가운데 서로 투기(妬忌).질투한다.
- 일간과 일지상신이 합(合)을 하고 일지가 일간상신과 합을 하면, 즉 교차합(交車合)을 하면 교차격(交車格)이라 하여 교역이나 교환에 이롭다. 그러나 분리(分離)나 해산(解散)에는 불리하다.

★ 다음은 송대 학자인 능복지의 『필법부(畢法賦)』에서 나열합 10종류의 합(合)을 정리해 보기로 한다.

(교차상생. 교차재. 교차탈. 교차해. 교차공. 교차형. 교차극. 교차충. 교차삼교. 삼합교차) 이 부분은 육암정단에서의 해단에 모두 적용되는 중요한 것이 되므로 10종류의 교차관계를 면밀히 관찰하고 학습되어야 한다.

㉠ 교차장생(交車長生)

甲申일 10局		
甲	丁	庚
匕 申 靑	勾 亥 朱	白 寅 后
巳	申	亥

癸	甲	丁	庚
陰 巳 常	匕 申 靑	勾 亥 朱	白 寅 后
甲 寅	巳	申	亥

甲申일 10局에서 간상 巳는 일지 申의 장생(長生)이다. 또한 지상 亥는 일간 甲의 장생이 된다. 이는 서로 교차상합이 되며 교차장생이다. 이는 서로 밑천을 합쳐서 경영하면 유리하다. 장생(長生)은 새로운 사업을 의미하기도 한다.

㉡ 교차합재(交車合財)

<table>
<tr><th colspan="12">辛巳일 3局</th></tr>
<tr><td colspan="4">丁</td><td colspan="4">乙</td><td colspan="4">○</td></tr>
<tr><td colspan="4">后 丑 靑</td><td colspan="4">玄 亥 白</td><td colspan="4">白 酉 玄</td></tr>
<tr><td colspan="4">卯</td><td colspan="4">丑</td><td colspan="4">亥</td></tr>
<tr><td colspan="3">○</td><td colspan="3">甲</td><td colspan="3">己</td><td colspan="3">丁</td></tr>
<tr><td colspan="3">空 申 陰</td><td colspan="3">勾 午 貴</td><td colspan="3">合 卯 匕</td><td colspan="3">后 丑 靑</td></tr>
<tr><td colspan="3">辛 戌</td><td colspan="3">申</td><td colspan="3">巳</td><td colspan="3">卯</td></tr>
</table>

辛巳일 3局에서 간상 申과 일지 巳는 육합이며 간상 申은 일지 巳의 재신(財神)이다. 또한 일지상신 卯와 기궁 戌은 육합이며 지상신 卯는 일간 辛의 재신(財神)이기도 하다. 이는 서로 교차 삼합 하여 교차재신을 가지고 있다. 이는 서로 왕래하여 재물을 취득함이 좋고 재물 교섭에 좋다.

㉢ 교차탈(交車脫)

<table>
<tr><th colspan="12">戊辰일 9局</th></tr>
<tr><td colspan="4">甲</td><td colspan="4">戊</td><td colspan="4">壬</td></tr>
<tr><td colspan="4">匕 子 靑</td><td colspan="4">玄 辰 玄</td><td colspan="4">靑 申 匕</td></tr>
<tr><td colspan="4">甲</td><td colspan="4">子</td><td colspan="4">辰</td></tr>
<tr><td colspan="3">癸</td><td colspan="3">乙</td><td colspan="3">壬</td><td colspan="3">甲</td></tr>
<tr><td colspan="3">勾 酉 朱</td><td colspan="3">貴 丑 空</td><td colspan="3">靑 申 匕</td><td colspan="3">匕 子 靑</td></tr>
<tr><td colspan="3">戊 巳</td><td colspan="3">酉</td><td colspan="3">辰</td><td colspan="3">申</td></tr>
</table>

戊辰일 9局에서 기궁 巳와 일지상신 申과 일지 辰과 일간상신 酉와 교차 육합을 하지만, 일간상신 酉는 일지 辰을 탈기하고, 일지상신 申은 일간 戊를 탈기하여 교차탈이 일어나고 있다. 이는 교차상탈(交車相脫)로 서로 탈모(脫耗)의 뜻을 가지고 있다.

따라서, 서로 교역이나 동업을 하면 피차 서로 본전을 털어 먹는다.

㉣ 교차해(交車害)

<table>
<tr><th colspan="12">乙卯일 1局</th></tr>
<tr><td colspan="4">丙</td><td colspan="4">乙</td><td colspan="4">○</td></tr>
<tr><td colspan="4">勾 辰 勾</td><td colspan="4">青 卯 合</td><td colspan="4">常 子 貴</td></tr>
<tr><td colspan="4">辰</td><td colspan="4">卯</td><td colspan="4">子 ○</td></tr>
<tr><td colspan="3">丙</td><td colspan="3">丙</td><td colspan="3">乙</td><td colspan="3">乙</td></tr>
<tr><td colspan="3">勾 辰 勾</td><td colspan="3">勾 辰 勾</td><td colspan="3">青 卯 合</td><td colspan="3">青 卯 合</td></tr>
<tr><td colspan="3">乙 辰</td><td colspan="3">辰</td><td colspan="3">卯</td><td colspan="3">卯</td></tr>
</table>

乙卯일 1局 복음과의 정단이다.

일간 상신 辰은 일지 卯와 육해를 하고 있고, 기궁 辰과 일지상신 卯도 육해를 하고 있다. 이는 간지와 간지상신이 교차로 육해를 하고 있어 교차해(交車害)라 한다.

이는 서로 교섭하면 피차간 해(害)를 입힌다. 따라서, 고요히 기다리는 것이 길(吉)하다.

㉤ 교차공(交車空)

<table>
<tr><th colspan="12">辛亥일 9局</th></tr>
<tr><td colspan="4">丁</td><td colspan="4">辛</td><td colspan="4">○</td></tr>
<tr><td colspan="4">白 未 匕</td><td colspan="4">合 亥 靑</td><td colspan="4">后 卯 玄</td></tr>
<tr><td colspan="4">卯</td><td colspan="4">未</td><td colspan="4">亥</td></tr>
<tr><td colspan="3">○</td><td colspan="3">丙</td><td colspan="3">○</td><td colspan="3">丁</td></tr>
<tr><td colspan="3">貴 寅 常</td><td colspan="3">常 午 貴</td><td colspan="3">后 卯 玄</td><td colspan="3">白 未 匕</td></tr>
<tr><td colspan="3">辛 戌</td><td colspan="3">寅 ○</td><td colspan="3">亥</td><td colspan="3">卯 ○</td></tr>
</table>

辛亥일 9局의 정단이다.

일간상신 寅은 공망이고, 일지상신 卯 역시도 공망이다. 따라서, 간상과 지상에 교차로 공망이 보인다. 교차공망이 되면 서로 모망하는 일은 화중지병(畵中之餠)이 된다.

따라서, 쌍방이 허이부실지상(虛而不實之象)으로 유종의 미를 거두기 어렵다.

㉥ 교차형(交車刑)

<table>
<tr><th colspan="12">戊寅일 1局</th></tr>
<tr><td colspan="4">辛</td><td colspan="4">○</td><td colspan="4">戊</td></tr>
<tr><td colspan="4">勾 巳 朱</td><td colspan="4">白 申 后</td><td colspan="4">匕 寅 靑</td></tr>
<tr><td colspan="4">巳</td><td colspan="4">申 ○</td><td colspan="4">寅</td></tr>
<tr><td colspan="3">辛</td><td colspan="3">辛</td><td colspan="3">戊</td><td colspan="3">戊</td></tr>
<tr><td colspan="3">勾 巳 朱</td><td colspan="3">勾 巳 朱</td><td colspan="3">匕 寅 靑</td><td colspan="3">匕 寅 靑</td></tr>
<tr><td colspan="3">戊 巳</td><td colspan="3">巳</td><td colspan="3">寅</td><td colspan="3">寅</td></tr>
</table>

戊寅일 1국 복음과 정단이다.

일간기궁 巳와 일지상신 寅과 서로 형(刑)이 된다. 또한 일지 寅과 일간상신

巳가 서로 형(刑)이 된다. 기궁과 지상, 일지와 간상이 교차상형(交車相刑)이 된다.

이는 서로 교섭시 반드시 상(傷)함과 다툼이 있다.

㉦ 교차충(交車冲)

癸未일 1局					
丁		甲		癸	
勾 丑 陰		白 戌 白		陰 未 勾	
丑		戌		未	
丁	丁	癸	癸		
勾 丑 陰	勾 丑 陰	陰 未 勾	陰 未 勾		
癸 丑	丑	未	未		

癸未일 1局의 복음과 정단이다.

일간기궁 丑과 일지상신 未가 서로 상충이 된다. 또한 일지 未와 일간상신 丑이 서로 상충이다. 이는 서로 교차충(交車冲)이 된다. 이는 친함과 가까움을 막론하고 서로 깨지는 상이다.

따라서, 서로 화합될 수 있으나, 종국에는 서로 이별하는 상으로 반복불령(反復不寧)의 상이다.

◎ 교차극(交車剋)

庚戌일 6局					
壬		丁		○	
靑 子 匕		貴 未 空		白 寅 后	
巳		子		未	
○	丁	乙	壬		
常 卯 陰	合 戌 合	陰 巳 常	靑 子 匕		
庚 申	卯 ○	戌	巳		

庚戌일 6局의 정단이다.

일간상신 卯와 일지 戌이 서로 극을 하고 있고, 일지상신 巳와 일간 庚과도 서로 극을 한다. 서로 교차상극(交車相剋)을 하고 있다. 이는 꿀 속에 비소가 숨겨져 있고, 웃음 속에 칼이 있으니 서로 교섭시 반드시 쟁송이 발생한다.

㉧ 교차삼교(交車三交)

<table>
<tr><th colspan="12">丁酉일 4局</th></tr>
<tr><td colspan="4">甲</td><td colspan="4">癸</td><td colspan="4">庚</td></tr>
<tr><td colspan="4">白 午 玄</td><td colspan="4">勾 卯 空</td><td colspan="4">ヒ 子 合</td></tr>
<tr><td colspan="4">酉</td><td colspan="4">午</td><td colspan="4">卯</td></tr>
<tr><td colspan="3">○</td><td colspan="3">辛</td><td colspan="3">甲</td><td colspan="3">癸</td></tr>
<tr><td colspan="3">青 辰 白</td><td colspan="3">勾 丑 朱</td><td colspan="3">白 午 玄</td><td colspan="3">勾 卯 空</td></tr>
<tr><td colspan="3">丁 未</td><td colspan="3">辰 ○</td><td colspan="3">酉</td><td colspan="3">午</td></tr>
</table>

丁酉일 3局 정단이다.

일간상신 辰과 일지 酉가 육합이고, 일간기궁 未와 일지상신 午가 육합으로 교차육합을 하고 있다. 여기에서 교차삼교란 사중(子.午.卯.酉)일 정단하여 사중(四仲)이 일진에 가(加)하고 삼전이 모두 사중이면 삼교격이라 한다. 여기에서 비록 교차육합을 하고 있으나 도화의 뜻을 지닌 패신(敗神)인 午가 육합을 하고 있어 반드시 간음이 일어난다. 또한 두세 개 일로 서로 교섭하는 것이다.

ⓩ 교차삼합(交車三合)

辛未일 5局		
丁	○	辛
合 卯 后	白 亥 合	后 未 白
未	卯	亥 ○

庚	甲	丁	○
貴 午 常	勾 寅 貴	合 卯 后	白 亥 合
辛 戌	午	未	卯

辛未일 5局 정단이다.

간상 午와 일지 未가 상합하고, 기궁 戌과 일지상신 卯가 상합을 한다. 또한 삼전의 卯亥未가 삼합을 하고 있다. 이를 교합격(交合格)이라 한다.

이 격에 해당되면 가정은 인의로 화합하고 의인과도 서로 이름이 있다(단, 合의 이론에서 공망을 싫어한다). 본 예는 중.말전이 공망이 되어 모망사는 이루기 어렵다.

③ **기(奇)**

특수제우(特殊際遇)의 의(意)를 갖는다.

▶ 순기(旬奇)

甲子.甲戌 순 – 丑	甲申.甲午 순 – 亥	甲辰.甲寅 순 – 子

▶ 간기(干奇)

천상삼기(天上三奇) – 乙.丙.丁	지하삼기(地下三奇) – 甲.戊.庚

★ 육임 에서의 기(奇)의 작용

• 기(奇)는 2가지로 논한다. 그 첫 번째는 순기(旬奇)이고, 그 두 번째는 간

기(干奇)로 나눈다.

- 순기(旬奇) 혹은 간기(干奇)가 발용(發用)을 하거나, 삼전에 입전하면 매우 길(吉)하다. 관직자는 크게 유리하고, 선비에게는 좋은 일이 있고, 소모(消耗)나 재액(災厄)은 화(禍)를 피해 갈 수 있다. 또한 혼인은 성립하고, 질병사는 해소되고, 쟁송(爭訟)도 해소된다. 단 공망(空亡)이 되면 그 힘은 반감된다.
- 다음은 송대 학자인 능복지 의 『필법부(畢法賦)』에서 기(奇)의 작용을 설명한 내용이다.

※ 필법 42법 존숭전내우삼기(尊崇傳內遇三奇)

<table>
<tr><th colspan="12">己卯일 2局</th></tr>
<tr><td colspan="4">丁</td><td colspan="4">丙</td><td colspan="4">乙</td></tr>
<tr><td colspan="4">匕 丑 白</td><td colspan="4">貴 子 常</td><td colspan="4">后 亥 玄</td></tr>
<tr><td colspan="4">寅</td><td colspan="4">丑</td><td colspan="4">子</td></tr>
<tr><td colspan="3">壬</td><td colspan="3">辛</td><td colspan="3">戊</td><td colspan="3">丁</td></tr>
<tr><td colspan="3">空 午 朱</td><td colspan="3">青 巳 合</td><td colspan="3">匕 寅 白</td><td colspan="3">匕 丑 白</td></tr>
<tr><td colspan="3">己 未</td><td colspan="3">午</td><td colspan="3">卯</td><td colspan="3">寅</td></tr>
</table>

己卯일 2局 정단의 예제는 간기의 천상삼기(天上三奇) 초전이 丁丑, 중전 丙子, 말전 乙亥이다. 따라서 둔간에 丁.丙.乙이 되어 있다.

『육임대전』 「과경」에서 말하기를 "순삼기나 일삼기가 발용이거나 삼전에 들면 삼기과 이다."

정단하는 일은 <u>백 가지 재앙이 사라지고 흩어져서 매사 길(吉)하고 이롭다</u>.

"삼기에 악장(惡將)이 승(乘)하더라도 흉(凶)은 사라져 길(吉)이 된다." 라고 정의하고 있다. 따라서 육임 에서의 기(奇)는 화(禍)가 소멸되는 신으로 본다.

④ 의(儀)

「의(儀)는 예의지존(禮義之尊)이다.」 다르게 육의(六儀)라 표현한다.

순	甲子	甲戌	甲申	甲午	甲辰	甲寅
의	子	戌	申	午	辰	寅

일지	子	丑	寅	卯	辰	巳	午	未	申	酉	戌	亥
지의	午	巳	辰	卯	寅	丑	子	未	申	酉	戌	亥

★ 육임 에서의 의(儀)의 작용

- 의(儀)는 육의(六儀)와 지의(支儀)를 말한다. 그 중 육의(六儀)를 중요시 여긴다.
- 육의(六儀)는 매 甲일의 순수지(旬首支)를 말하고, 순수가 발용하면 육의(六儀)라 한다.
- 의(儀)는 모든 재화(災禍)를 해소하고, 복(福)을 가중시키는 길신(吉神)이다.
- 순수(旬首)에 귀인이 승(乘)하면 부귀육의(富貴六儀)로서 길(吉)함이 가중되고, 관직자는 승천하고, 시험은 합격한다.
- 의(儀)는 지의(支儀)가 없더라도 육의과(六儀課)가 되지만, 순의(旬儀)는 없고 지의(支儀)만 있으면 육의과가 되지 못한다.
- 만약 괴강(辰.戌)이 일진에 임하더라도 육의(六儀)가 연명에 임하여 발용이 되면 흉(凶)은 길(吉)로 변한다.

⑤ 록(祿)

식록지신(食祿之神)이다.

일간	甲	乙	丙	丁	戊	己	庚	辛	壬	癸
록	寅	卯	巳	午	巳	午	申	酉	亥	子

★ 육임 에서의 록(祿)의 작용

- 록(祿)은 본가의 일록(日祿)을 말한다.
- 록(祿)은 왕상(旺相)해야만 한다. 휴수(休囚)하면 반감한다.
- 록(祿)의 주(主)는 식록사(食祿事)로, 주로 먹고 사는 문제이다. 관직자는 봉록이고, 서민에게는 생계(生計)를 말하고, 질병자에게는 생사(生死)를 말한다.
- 록(祿)이 임한 방위가 식록(食祿)의 방위이다.
- 록(祿)이 일간이나 일간상신에 임하면 마땅히 그 록(祿)은 지켜야 한다. 그렇지 않으면 모(謀)하고, 나아가는 방향은 마땅하지 않다.
- 록(祿)이 일지에 임한 것을 권섭부정(權攝不正)이라 한다. 이는 관직에서 잠섭(暫攝)이라 하여 분명한 관직이 아닌 임시직, 잠시 머무르는 자리를 뜻한다.
- 록(祿)이 공망(空亡) 또는 락공(落空)이 되면 이는 입전(入傳)되거나, 입전되지 않거나 논할 가치가 없다. 그러므로 록(祿)이 공망이나 락공이 되면 쓸 수가 없다. 공망이나 락공이 되면, 질병 점에서는 사망, 즉 절사(絕死)라 한다. 따라서 왕록(旺祿)이 이미 공망이 되면 쓸 수가 없으므로 다음과 같이 생각해 볼 수 있다.

모망사(謀望事)	록신(祿神).공망(空亡)	결과(結果)
구재(求財)	공망(空亡)	재(財)를 구하는 일은 멀어진다.
관직(官職)	공망(空亡)	관직(官職)을 구할 수 없다.
병송(病訟)	공망(空亡)	사망하거나 구속된다.
직업(職業)	공망(空亡)	직장을 구하기 어렵다.
사업(事業)	공망(空亡)	폐업하고 다른 일을 구해야 한다.

- 역마(驛馬)가 일간에 임하고, 록(祿)이 일지에 임하여 마(馬)와 록(祿)이 함께 있으면 부귀쌍전(富貴双傳)이라 한다.

- 일간상신에 록(祿)이 있고 현무(玄武)나 백호(白虎)가 승(乘)하면, 록현탈격(祿玄脫格)이라 하여 자신의 록(祿)을 타인에게 빼앗기는 형상이다.
- 일록폐구(日祿閉口)가 되면 질병 정단에서는 환자가 아사(餓死), 즉 못 먹어서 사망한다.
- 일간의 록(祿)과 덕(德)이 함께 해당되어 일간에 임하면 매우 길(吉)하다.

※ 모든 길신(吉神)이 마찬가지이지만, 특히 록신(祿神)은 공망을 아주 꺼린다. 록신(祿神)에서의 공망은 모든 일이 성립될 수 없다.(何事不成)

※ 송대 능복지의 저서 『필법부(畢法賦)』에서의 록신(祿神)의 정리

- 제 7 법 : 왕록임신도망작(旺祿臨身徒妄作)
- 제 8 법 : 권섭부정록임지(權攝不正祿臨支)
- 제 41법 : 부귀간지봉록마(富貴干支逢祿馬)

㉠ 제 7 법 旺祿臨身徒妄作

乙卯일 2局			
甲	○	○	
陰 戌 陰	后 酉 玄	貴 申 常	
亥	戌	酉	
己	戊	甲	○
靑 卯 合	空 寅 朱	陰 戌 陰	后 酉 玄
乙 辰	卯	亥	戌

乙卯일 2局에서 일간의 록신(祿神)인 卯가 다시 일간의 왕신(旺神)이 되어 간상에 임했다. 이는 별도의 일을 도모해서는 안 된다. 간상의 록신은 지켜야 할 것이 바람직하다. 그렇지 않으면 오히려 가만히 있는 것 보다 못하다. 이를 버리고 초전의 재를 취하면 일간의 공향(空鄕)으로 가면서 중.말전의 귀살(鬼殺)피해를 받는다. 따라서 간상의 록신은 지키지 못함만 못한 결과를 초래한다.

㉡ 제 8 법 權攝不正祿臨支

<table>
<tr><th colspan="12">乙巳일 3局</th></tr>
<tr><td colspan="4">癸</td><td colspan="4">辛</td><td colspan="4">己</td></tr>
<tr><td colspan="4">白 丑 匕</td><td colspan="4">玄 亥 后</td><td colspan="4">后 酉 玄</td></tr>
<tr><td colspan="4">卯</td><td colspan="4">丑</td><td colspan="4">亥</td></tr>
<tr><td colspan="3">○</td><td colspan="3">壬</td><td colspan="3">○</td><td colspan="3">癸</td></tr>
<tr><td colspan="3">空 寅 朱</td><td colspan="3">常 子 貴</td><td colspan="3">青 卯 合</td><td colspan="3">白 丑 匕</td></tr>
<tr><td colspan="3">乙 辰</td><td colspan="3">寅 ○</td><td colspan="3">巳</td><td colspan="3">卯 ○</td></tr>
</table>

乙巳일 3局 정단에서 일지상신 卯는 일간의 록(祿)이다. 또한 공망이 되었다. 이는 모든 정단이 스스로 존대하지 못하고 굴욕과 꺽임을 당하는 상이다. 또한 공망이 되어 모든 일이 허성(虛聲)이 된다. 일지상신의 록(祿)이 인간의 왕신(旺神)과 어울려 져 나의 위치를 불안정하게 하고, 임시직이나 안정되어 있지 않다. 또한 택(宅)에 록신(祿神)이 없으면 자기 집이 아닌 관사나 타인의 집에 기거하는 상이기도 하다.

㉢ 제 41법 富貴干支逢祿馬

<table>
<tr><th colspan="12">戊寅일 10局</th></tr>
<tr><td colspan="4">○</td><td colspan="4">乙</td><td colspan="4">戊</td></tr>
<tr><td colspan="4">青 申 匕</td><td colspan="4">朱 亥 勾</td><td colspan="4">后 寅 后</td></tr>
<tr><td colspan="4">巳</td><td colspan="4">申 ○</td><td colspan="4">亥</td></tr>
<tr><td colspan="3">○</td><td colspan="3">乙</td><td colspan="3">辛</td><td colspan="3">○</td></tr>
<tr><td colspan="3">青 申 匕</td><td colspan="3">朱 亥 勾</td><td colspan="3">常 巳 陰</td><td colspan="3">青 申 匕</td></tr>
<tr><td colspan="3">戊 巳</td><td colspan="3">申 ○</td><td colspan="3">寅</td><td colspan="3">巳</td></tr>
</table>

戊寅일 10局 정단에서 간상에 일간의 역마(驛馬)인 申이 임하고 지상에 일간 록신(祿神)인 巳가 임했다. 이를 진부귀격(眞富貴格)이라 한다. 군자가

정단하면 관직에 오르고 봉록이 올라 부귀를 누린다. 하지만 질병과 소송은 모두 흉(凶)하고, 가택을 옮기는 일과 신변의 움직임에는 좋다.

Tip : 육임 에서의 록신(祿神)은 먹고 사는 문제(食祿事)에 해당되는 길신(吉神)이다. 따라서 록신(祿神)이 온전할 때 그에 따른 길의 작용이 있는 것이다. 록신(祿神)이 다치거나 손상이 되면 일상의 삶의 방식도 많은 변화가 있다. 따라서 록신(祿神)은 아주 중요한 길신(吉神)이다. 반드시 정확히 학습하여 정단해야 바른 정단이 될 수 있다.

⑥ 마(馬)

역동(驛動)천이지의상(遷移之意象)

일지	申 . 子 . 辰	巳 . 酉 . 丑	寅 . 午 . 戌	亥 . 卯 . 未
역마	寅	亥	申	巳

월건	寅	卯	辰	巳	午	未	申	酉	戌	亥	子	丑
역마	午	申	戌	子	寅	辰	午	申	戌	子	寅	辰

★ 육임 에서의 마(馬)의 작용

- 마(馬)는 년마(年馬).월마(月馬).일마(日馬).천마(天馬)의 네 종류가 있다. 일반적으로 마(馬)라 함은 일(日)의 역마(驛馬)를 말한다.
- 관직 정단에서 마(馬)를 만나면 주(主)는 발탁(發擢).승진(升進)을 의미한다. 일반 서민이 역마를 만나면 분주하고 바쁘다. 단 역마는 공망을 절기(切忌)한다.
- 역마가 일간의 록(祿)을 만나면 더욱 길(吉)해 진다. 그러나 공망이나 낙공(落空)을 싫어한다.
- 역마가 장생(長生)에 임하고, 혹시 공망이나 낙공이 되면 행인(行人)은 반드시 돌아오지 못한다.

- 사로역마격(四路驛馬格), 즉 년.월.일.시 가 모두 역마에 해당되고(예를 들어 辰년 申월 子일 辰시 의 경우 寅이 사로역마가 된다.) 만약 6처(4과 3전)에 합(合)이 보이면 더욱 신묘(神妙)하다.
- 육로역마격(六路驛馬格)이 되면, 즉 사로역마가 되고 연명(띠와 행년)상에 사로역마와 같으면 육로역마로 더욱 길(吉)해 진다. 그러나 연명에서 역마를 충(沖)이나 파(破)가 되면 좋지 않다.

※ 『필법부(畢法賦)』 에서의 역마(驛馬)의 정리

- 제 41법 : 부귀간지봉록마(富貴干支逢祿馬)

<table>
<tr><th colspan="12">丙寅일 10局</th></tr>
<tr><td colspan="4">壬</td><td colspan="4">○</td><td colspan="4">丙</td></tr>
<tr><td colspan="4">匕 申 合</td><td colspan="4">陰 亥 貴</td><td colspan="4">白 寅 玄</td></tr>
<tr><td colspan="4">巳</td><td colspan="4">申</td><td colspan="4">亥 ○</td></tr>
<tr><td colspan="3">壬</td><td colspan="3">○</td><td colspan="3">己</td><td colspan="3">壬</td></tr>
<tr><td colspan="3">匕 申 合</td><td colspan="3">陰 亥 貴</td><td colspan="3">勾 巳 空</td><td colspan="3">匕 申 合</td></tr>
<tr><td colspan="3">丙 巳</td><td colspan="3">申</td><td colspan="3">寅</td><td colspan="3">巳</td></tr>
</table>

丙寅일 10局 정단에서 일간상신 申은 일지 寅의 역마가 되고, 일지상신 巳는 일간 丙의 록(祿)이 된다. 이를 진부귀격(眞富貴格)이라 한다. 무릇 군자는 관직이 오르고 좋으나, 서민의 정단에서는 질병.소송 모두 흉(凶)하고 가택을 이전할 움직임이 있다.

⑦ 생(生)

생기지의(生氣之意), 즉 생기활발(生氣活發)

甲乙-亥	丙丁-寅	戊己-寅	庚辛-巳

★ 육임에서의 생(生)의 작용

- 생의(生意), 즉 생부(生扶). 장생(長生). 창조성을 나타낸다.
- 삼전이 체생(遞生)을 하여 일간을 생(生)하면, 타인의 천거를 받거나 옹호를 받는다.
- 삼전이 삼합(三合)을 하여 일간을 생(生)하면, 타인의 천거를 받거나 옹호를 받는다.
- 일간상신이 지진(支辰)을 생(生)하고 일지상신이 일간을 생(生)하면, 피차 서로 돕는 상이다.
- 삼전이 합국(合局)을 이루어 부모효가 되어 일간을 생(生)하면, 자손에게 불리하다. 그러나 처재효가 하나 있으면, 부모효를 무력화시켜 자손이 무사하다.

> ※ 일간의 장생(長生)외에, 일간을 생(生)하는 인수(印綬)부모효가 있는데, 인수는 장생 다음으로 길(吉)하다. 단 일간의 묘신(墓神)에 해당하는 인수는 생(生)하지 못한다.

※ 『필법부(畢法賦)』에서의 생(生)의 정리

- 제 31법 : 삼전체생인거천(三傳遞生人擧薦)
- 제 77법 : 호생구생범사익(互生俱生凡事益)

㉠ 제 31법 三傳遞生人擧薦

<table>
<tr><th colspan="12">甲子일 9局</th></tr>
<tr><td colspan="4">戊</td><td colspan="4">壬</td><td colspan="4">甲</td></tr>
<tr><td colspan="4">玄 辰 玄</td><td colspan="4">匕 申 青</td><td colspan="4">青 子 匕</td></tr>
<tr><td colspan="4">子</td><td colspan="4">辰</td><td colspan="4">申</td></tr>
<tr><td colspan="3">庚</td><td colspan="3">○</td><td colspan="3">戊</td><td colspan="3">壬</td></tr>
<tr><td colspan="3">后 午 白</td><td colspan="3">合 戌 合</td><td colspan="3">玄 辰 玄</td><td colspan="3">匕 申 青</td></tr>
<tr><td colspan="3">甲 寅</td><td colspan="3">午</td><td colspan="3">子</td><td colspan="3">辰</td></tr>
</table>

甲子일 9局의 정단에서 삼전 중 초전 辰에서 중전 申을 생(生)하고, 중전 申은 말전 子를 생(生)하고, 말전 子는 일간 甲을 생(生)하는 체생격(遞生格)이다. 이와 같이 삼전이 체생을 하게 되면 타인들에 의해 장차 중요한 관직을 맡는 일과 추천과 문장을 요청하는 일을 모두 득(得)하게 되고, 반드시 시종여일(始終如一)하게 성취할 수 있다. 만약 전(傳)에 공망이 있으면 추천의 마음은 있지만 결국 결과가 없어진다.

㉡ 제 77법 互生俱生凡事益

辛卯일 12局			
壬		癸	○
朱 辰 朱		合 巳 匕	勾 午 貴
卯		辰	巳
丁	戊	壬	癸
玄 亥 白	陰 子 空	朱 辰 朱	合 巳 匕
辛 戌	亥	卯	辰

辛卯일 12局의 정단에서 일간상신 亥는 지진 卯를 생(生)해 준다. 일지상신 辰은 일간 辛을 생(生)해 준다. 따라서 교차생(交車生)이 되어 호생격(互生格)이 된다. 호생(互生)과 구생(俱生)은 모든 일에서 유리하다. 구생(俱生)은 인.택(人.宅) 모두 편안하고 호생(互生)은 서로 도와 화합한다. 단 생(生)하는 것이 묘(墓).패(敗).공망(空亡)이 되면 인.택이 모두 성쇠(盛衰)하고 피차 왕패(旺敗)한다.

⑧ 왕(旺)

기세정지(氣勢鼎之)의 象. 기세가 왕성하다.

甲乙-卯	丙丁-午	戊己-午	庚辛-酉	壬癸-子

★ 육임 에서의 왕(旺)의 작용

- 왕(旺)의 기(氣)를 얻는 것이다. 예를 들면 木왕이면 봄(春), 火왕이면 여름(夏), 土왕이면 계(季), 金왕이면 가을(秋), 水왕이면 겨울(冬)이 된다.
- 간지가 발용이 되고, 또 삼전에서 합국(合局)을 이루어 왕기(旺氣)가 되면 득왕(得旺)이라 하고, 모망사는 그 당시에 즉시 일어나고 형통하지 않은 것이 없다.
- 일간상신이 일간의 왕기(旺氣)이고 일지상신 역시 왕기(旺氣)이면 구왕(俱旺)이라 한다. 이는 도모하는 일은 타인과 나는 흥왕(興旺)하니 주의를 기울여 도모하면 무심 중에 타인의 도움으로 구함이 있다.
- 일간상신과 지진(支辰)이 왕기(旺氣)이고, 일지상신과 일간이 왕기(旺氣)이면 호왕(互旺)이라 하고, 주(主)는 경영상 이득을 얻는다.

※ 『필법부(畢法賦)』에서의 왕(旺)의 정리

- 제 78법 : 호왕개왕좌모의(互旺皆旺坐謀宜)

㉠ 호왕(互旺)

<table>
<tr><th colspan="12">庚寅일 6局</th></tr>
<tr><td colspan="4">丙</td><td colspan="4">癸</td><td colspan="4">戊</td></tr>
<tr><td colspan="4">合 戌 合</td><td colspan="4">匕 巳 常</td><td colspan="4">靑 子 匕</td></tr>
<tr><td colspan="4">卯</td><td colspan="4">戌</td><td colspan="4">巳</td></tr>
<tr><td colspan="3">辛</td><td colspan="3">丙</td><td colspan="3">乙</td><td colspan="3">壬</td></tr>
<tr><td colspan="3">常 卯 陰</td><td colspan="3">合 戌 合</td><td colspan="3">朱 酉 勾</td><td colspan="3">玄 辰 玄</td></tr>
<tr><td colspan="3">庚 申</td><td colspan="3">卯</td><td colspan="3">寅</td><td colspan="3">酉</td></tr>
</table>

庚寅일 6局의 정단이다. 일간상신 卯는 일지 寅의 왕지(旺地)이다. 또한 일지상신 酉는 일간 庚의 왕신(旺神)이다. 이는 서로 협력하는 상으로 (夫旺婦).부왕자(父旺子)의 식으로 피차에 이익을 주는 호왕격(互旺格)이다.

㉡ 개왕(皆旺)

壬寅일 12局		
○	○	甲
后 辰 匕	貴 巳 朱	匕 午 后
卯	辰	巳

庚	辛	癸	○
白 子 玄	常 丑 陰	陰 卯 貴	后 辰 匕
壬 亥	子	寅	卯

壬寅일 12局의 정단에서 일간상신 子는 일간 壬의 왕지(旺地)이다. 또한 일지상신 卯는 지진 寅의 왕지(旺地)이다. 일지와 일간상신에 모두 왕신(旺神)이 임하는 것으로 타인과 나, 손님과 주인, 남편과 아내 모두 흥왕하니 애써 힘들이지 않아도 스스로 만족하니, 앉아서 기다리는 것은 옳고, 도모하여 움직이면 불리하다.

Tip : 왕(旺)에서는 멀리 있는 것을 움직여 도모하면 천라지망(天羅地網)으로 변하여 나의 몸과 가택을 감아 양인살(羊刃殺)을 만드니 오히려 재앙이 된다. 따라서 앉아서 기다리면 식구는 태평.평안하고 가택 또한 흥성(興盛)해 지고 무심결에 타인의 도움으로 왕성하게 일어난다. 왕(旺)의 정단에서는 더욱 그렇다.

⑨ 귀(貴)

12천장에서 천을귀인(天乙貴人)을 뜻한다.

귀(貴)는 존귀(尊貴), 백신지주(百神之主)이다.

★ 육임 에서의 귀(貴)의 작용

- 귀인은 왕상(旺相)을 득해야만 복을 받을 수 있다. 휴수(休囚)하면 재앙이 될 수 있다.
- 귀인이 순행(順行)하여 일간을 생(生)하면 흉장(凶將)을 만나더라도 크

게 흉하지 않다.

- 단 귀인이 역행(逆行)하여 일간을 극 하면 길장(吉將)을 만나도 기쁜 일이 없다.
- 귀인은 공망됨을 싫어한다.(기쁜 일도 걱정할 일도 없다.)
- 귀인이 진.술(辰.戌)에 가임(加臨)되면 귀복라망(貴覆羅網)이라 하여, 주(主)는 귀인에게 번뇌가 있고 귀인을 알현(謁顯)하기 불리하다.
- 귀인이 극지(剋地)에 있으면 주(主)는 귀인 스스로가 돌아 볼 여유가 없다. 따라서 귀인의 도움을 받기 어렵다.
- 귀인이 천문(天門) 亥에 임하면 귀등천문(貴登天門)이라 하여, 살(殺)을 당하여도 구제(救制)할 수 있다. 또한 나아감에 이롭다.
- 귀인이 공조(功遭) 寅에 임하면 귀색귀호(貴塞鬼戶)라 하여, 모든 나쁜 귀살(鬼殺)들이 해를 가하기 어렵다.
- 귀인이 卯.酉에 임하면 귀립사문(貴立私門)이라 하여 주(主)는 귀인의 사적인 마음이 있다. 따라서 일간 귀인은 마땅치 않다. 이는 음모나 사적인 일에 유리하다.
- 귀인이 태세(太歲)가 되어 일간을 생(生)하면 귀인이 입전(入傳)되지 않아도 귀인의 도움을 받을 수 있다.
- 귀인이 입묘(入墓)가 되면 귀인 자신의 걱정과 번뇌가 있고 모든 일에 귀인의 돌봄에 여유가 없다. 따라서 반드시 일이 막히고 늦어진다.
- 4과 3전에 귀인이 너무 많으면 도리어 의지할 곳이 없어 도움 받기 힘들다.

※ 『필법부(畢法賦)』에서의 귀인(貴人)의 정리

- 제 3 법 : 염막귀인고갑제(廉幕貴人高甲第)
- 제 44법 : 과전구귀전무의(課傳俱貴轉無依)
- 제 45법 : 주야귀가구양귀(晝夜貴加求兩貴)
- 제 46법 : 귀인차질사참차(貴人差迭事參差)

- 제 47법 : 귀수재옥의임간(貴雖在獄宜臨干)
- 제 48법 : 귀승천을내신지(鬼乘天乙乃神祇)
- 제 49법 : 양귀수극난간귀(兩貴受剋難干貴)
- 제 50법 : 이귀개공허희기(二貴皆空虛喜期)

㉠ 제 3 법 염막귀인고갑제(廉幕貴人高甲第)

<table>
<tr><th colspan="12">乙酉일 9局</th></tr>
<tr><td colspan="4">甲</td><td colspan="4">戊</td><td colspan="4">壬</td></tr>
<tr><td colspan="4">貴 申 勾</td><td colspan="4">勾 子 貴</td><td colspan="4">常 辰 常</td></tr>
<tr><td colspan="4">辰</td><td colspan="4">申</td><td colspan="4">子</td></tr>
<tr><td colspan="3">甲</td><td colspan="3">戊</td><td colspan="3">己</td><td colspan="3">癸</td></tr>
<tr><td colspan="3">貴 申 勾</td><td colspan="3">勾 子 貴</td><td colspan="3">青 丑 后</td><td colspan="3">玄 巳 白</td></tr>
<tr><td colspan="3">乙 辰</td><td colspan="3">申</td><td colspan="3">酉</td><td colspan="3">酉</td></tr>
</table>

乙酉일 9局의 정단에서 乙일의 밤 귀인은 子이다. 시험 정단에서의 염막귀인(廉幕貴人)이 나타나면 높은 성적으로 합격할 수 있다. 따라서 제2과 상신 子는 일간의 염막귀인이다. 또한 간상 申은 일간의 귀인이다. 따라서 귀인과 염막귀인이 동시에 발현되고, 삼전에서도 발용 중전이 되고 있다.

㉡ 제 44법 과전구귀전무의(課傳俱貴轉無依)

<table>
<tr><th colspan="12">辛巳일 5局</th></tr>
<tr><td colspan="4">壬</td><td colspan="4">戊</td><td colspan="4">甲</td></tr>
<tr><td colspan="4">常 午 貴</td><td colspan="4">貴 寅 勾</td><td colspan="4">勾 戌 常</td></tr>
<tr><td colspan="4">戌</td><td colspan="4">午</td><td colspan="4">寅</td></tr>
<tr><td colspan="3">壬</td><td colspan="3">戊</td><td colspan="3">丁</td><td colspan="3">○</td></tr>
<tr><td colspan="3">常 午 貴</td><td colspan="3">貴 寅 勾</td><td colspan="3">匕 丑 青</td><td colspan="3">青 酉 玄</td></tr>
<tr><td colspan="3">辛 戌</td><td colspan="3">午</td><td colspan="3">巳</td><td colspan="3">丑</td></tr>
</table>

辛巳일 5局의 정단에서 제1과 상신 午는 일간 辛일의 영막귀인이고 제2과 상신 寅은 낮 귀인이다. 또한 초전 午에도 귀인이 승(乘)해있다. 이렇듯 4과 3전에 귀인이 많이 보이는 것을 편지귀인(偏地貴人)이라 한다. 이처럼 귀인이 많으면 오히려 귀하지 못하고 정단에서는 하나도 돌아오지 않고 오히려 의지할 곳이 없다. 관직 정단에서는 재임 중인 사람은 파견근무를 여러 번 가고, 소송 정단에서는 많은 관청을 경유한다. 특히 밤 귀인이면 돌목살(咄目殺)이라 하여 귀인이 눈으로 노려보며 꾸짖으니, 소송 정단에서 귀인에게 부탁하는 일은 더욱 흉(凶)하다.

㉢ 제 45법 주야귀가구양귀(晝夜貴加求兩貴)

<table>
<tr><th colspan="4">癸亥일 3局</th></tr>
<tr><td colspan="4">己 | 丁 | 乙</td></tr>
<tr><td colspan="4">陰 未 常 | 貴 巳 陰 | 朱 卯 貴</td></tr>
<tr><td colspan="4">酉 | 未 | 巳</td></tr>
<tr><td>癸</td><td>辛</td><td>辛</td><td>己</td></tr>
<tr><td>空 亥 勾</td><td>常 酉 空</td><td>常 酉 空</td><td>陰 未 常</td></tr>
<tr><td>癸 丑</td><td>亥</td><td>亥</td><td>酉</td></tr>
</table>

癸亥일 3局의 정단에서 중전 巳에 주간 귀인이 승(乘)하고 말전 卯에 야간 귀인이 승(乘)했다. 이른바 6처에 주.야 천을귀인이 서로 가(加)하면 반드시 양 귀인이 참견하여 성취한다. 또한 귀인을 알현하려 하는 정단이면 귀인을 만나지 못한다. 만약 밤 귀인이 낮 귀인의 위 이면 귀인에게 청탁하는 일은 반드시 얻는다.

㉣ 제 46법 귀인차질사참차(貴人差迭事參差)

戊子일 9局		
壬	甲	戊
玄 辰 玄	青 申 匕	匕 子 青
子	辰	申

乙	己	壬	甲
勾 酉 朱	貴 丑 空	玄 辰 玄	青 申 匕
戊 巳	酉	子	辰

戊子일 9局의 정단에서 제2과 상신 丑은 戊일의 낮 귀인이다. 현재 귀인 丑은 酉에 가(加)하여 있다. 이는 밤 시이다. 또한 천지반도상의 未는 일간 戊의 밤 귀인이다. 이 또한 卯에 가(加)해졌다. 卯는 낮 시간이다. 따라서 丑加酉.未加卯가 되어 밤낮이 바뀌어 승(乘)해 있는 것을 귀인차질(貴人差迭)이라 한다. 이는 귀인에게 모망사를 부탁하였을 때 모망은 이루어지지 않는다. 단 음모(陰謀)와 사(私)적인 기도에는 길(吉)하다.

㉤ 제 47법 귀수재옥의임간(貴雖在獄宜臨干)

丙午일 8局		
甲	己	○
白 辰 白	貴 酉 合	青 寅 玄
亥	辰	酉

庚	○	辛	甲
匕 戌 匕	空 卯 常	朱 亥 貴	白 辰 白
丙 巳	戌	午	亥

丙午일 8局의 정단에서 일간의 귀인인 酉가 중전에 임하고, 그 지반은 천강(天罡) 辰에 가(加)하고 있다. 천을귀인이 辰.戌 위에 임하면 모름지기 감옥으로 들어간다는 뜻의 입옥(入獄)이라 한다. 이는 관직자에게 아뢰면 귀인의

노여움을 사게 되므로 사(私)적으로 도모하고 음(陰)으로 비는 것이 좋다. 또한 개인의 뇌물을 받았다는 뜻으로 귀인수회(貴人收迴)를, 예를 들면 辰.戌 두 날에 정단하여 귀인이 가정으로 들어오면 감옥에 앉은 것으로 논하지 않는다.

ⓑ 제 48법 귀승천을내신지(鬼乘天乙乃神祗)

辛未일 5局		
丁	○	辛
后 卯 合	合 亥 白	白 未 后
未	卯	亥 ○

庚	丙	丁	○
常 午 貴	貴 寅 勾	后 卯 合	合 亥 白
辛戌	午	未	卯

辛未일 5局 정단에서 간상 午는 일간의 귀살이다. 이는 밤에 정단하면 일간의 귀인이기도 하다. 따라서 귀살에 귀인이 승(乘)하여 반드시 귀수로 보아야 한다. 이는 질병 정단이면 반드시 하늘의 신과 땅의 신에 해코지가 있다. 따라서 덕을 베풀어 가택(家宅)신을 편안하게 위로하면 재앙은 거의 사라진다.

ⓢ 제 49법 양귀수극난간귀(兩貴受剋難干貴)

乙丑일 11局		
壬	○	甲
貴 申 勾	陰 戌 朱	常 子 貴
午	申	戌 ○

庚	壬	丁	己
朱 午 空	貴 申 勾	靑 卯 玄	合 巳 白
乙 辰	午	丑	卯

乙丑일 11局 정단에서 申이 午에 가(加)하고 子가 戌에 가(加)한다. 따라서 주.야 양 귀인이 지반으로부터 극을 받으면 좌불안석으로 귀인에게 부탁하거나 도모하는 일은 성취하지 못한다. 이는 귀인의 노함을 사서 서서히 장애가 있게 된다.

◎ 제 50법 이귀개공허희기(二貴皆空虛喜期)

<table>
<tr><th colspan="4">丁丑일 11局</th></tr>
<tr><td>○</td><td colspan="2">乙</td><td>丁</td></tr>
<tr><td>朱 酉 貴</td><td colspan="2">貴 亥 陰</td><td>陰 丑 常</td></tr>
<tr><td>未</td><td colspan="2">酉 ○</td><td>亥</td></tr>
<tr><td>○</td><td>乙</td><td>己</td><td>辛</td></tr>
<tr><td>朱 酉 貴</td><td>貴 亥 陰</td><td>常 卯 空</td><td>空 巳 勾</td></tr>
<tr><td>丁 未</td><td>酉 ○</td><td>丑</td><td>卯</td></tr>
</table>

丁丑일 11局의 정단에서 낮 귀인 亥와 밤 귀인 酉가 모두 공망이 되어 있다. 이처럼 양 귀인이 모두 공망이 되면 헛된 기쁨을 기약한다. 이는 어리석음을 면치 못하고, 타인으로부터 기쁜 소식이 있더라도 믿지 말아야 한다. 따라서 환희도 없고, 근심도 없는 것을 말한다.

이상과 같이 구보(九寶)의 상황을 정리하면 다음과 같다.

덕(德)	복우지신(福佑之神)의 상(象)
합(合)	화순지신(和順之神).화해지신(和諧之神)의 상(象)
기(奇)	특수제우(特殊際遇)의 의(意)
의(儀)	예의지존(禮義至尊)의 상(象)
록(祿)	식록지신(食祿之神)의 상(象)
마(馬)	역동천이지의상(驛動遷移之意象)
생(生)	생기지의(生氣之意)의 상(象)
왕(旺)	기세정지(氣勢鼎之)의 상(象)
귀(貴)	존귀백신지주(尊貴百神之主)의 상(象)

2) 육임학 에서의 팔살(八殺)이란?

☞ 형(刑). 충(冲). 파(破). 해(害). 묘(墓). 귀(鬼). 패(敗). 공망(空亡)을 말한다. 이는 육임정단 중 길.흉(吉.凶)적인 요소에 중요한 요소가 된다. 정단시 반드시 잘 헤아려 써야만이 실제 사용시 정단의 어긋남이 없을 것이다. 따라서, 정확한 개념과 작용력을 잘 숙지해야 할 것이다.

① 형(刑)

선(善)한 사람은 덕(德)이 더 없이 크고, 악(惡)한 사람은 형(刑)이 더 없이 크다. 형(刑)은 상잔지상(傷殘之象)이다. 대소 불화의 상으로 손실이 크다.

㉠ 자형(自刑)

辰刑辰 . 午刑午 . 酉刑酉 . 亥刑亥

- 모든 자형(自刑)은 자신이 자잉하여 스스로 만든다. 스스로 강하다고 방종하는 의미로 쉽게 실패를 초래한다.
- 모든 일은 순조롭게 진행되지 않아 일의 완성도가 없다.

㉡ 호형(互刑)

子刑卯 . 卯刑子

- 서로 무례하고 예의가 없는 상이다.
- 윗사람과 아랫사람이 화목하지 못하다.
- 문호부정(門戶不正) 으로 집안이 바로 서지 않는다.

㉢ 붕형(朋刑)

寅巳申

- 무은(無恩)의 뜻으로 모든 정단에서 반드시 은혜를 배반하고 원수

가 된다.

- 은혜 가운데 원한이 있다.
- 위핍기릉(威逼欺凌), 위협하고 업신여기는 것이 있다.
- 재앙과 송사(訟事)가 겹친다.

丑戌未

- 형중(刑中) 귀(鬼)가 있고, 귀천(貴賤)을 서로 무시한다.
- 병옥(病獄)이 서로 교차로 범한다.
- 세력(勢力)에 의지하여 약자를 업신여긴다.
- 형제가 서로 상(傷)하는 상이다.

★ 육임에서의 형(刑)의 작용

- 발용이 되면 반드시 상(傷)함을 당한다.
- 형(刑)이 일간에 임하면 남자에게 불리하고, 일지에 임하면 여자가 불리하다.
- 점시가 형(刑)이 되면 모든 일이 우려를 낳는다.
- 일(日)이 형(刑)이 되면 주(主)는 상하관계나 내외에 우환이 있다.
- 형(刑)이 왕(旺)하면 복(福)이 넘치고, 쇠(衰)하면 화(禍)가 발생한다.
- 형(刑)이 월건이 되어 발용하면 송사가 발생한다.
- 형(刑)이 일(日)의 음신(제2과)이 되면 원행(遠行)에 불리하다.
- 형(刑)이 간지(干支)에 임하면 모든 일이 불안하다.
- 상.하가 상형이 되어 발용되고, 또 일간의 귀살(鬼殺)이면 주(主)는 반복적으로 일이 어그러지며 공(公)적인 일이나 사(私)적인 일에도 모두 우려가 있다.

※ 『필법부(畢法賦)』에서의 형(刑)의 정리

– 제 75법 : 빈주불투형재상(賓主不投刑在上)

甲辰일 6局			
丙	癸	戊	
后 午 白	空 丑 貴	匕 申 青	
亥	午	丑	
己	甲	辛	丙
朱 酉 勾	玄 辰 玄	勾 亥 朱	后 午 白
甲 寅	酉	辰	亥

甲辰일 6局에서 4개의 과(제1과.제2과.제3과.제4과) 상신에 모두 자형(自刑)을 가지고 있다. 이는 간지상신과 그 음신까지도 자형(酉.辰.亥.午)을 가지고 있으므로 주객(主客)은 서로 불화하고 쟁투를 한다. 따라서 도모하는 모든 교섭사는 각각에게 서로 이심(異心)이 있다.

※ 「賓主不投刑在上」의 유형

㉠ 一字刑(辰午酉亥)

壬午일 8局			
庚	○	戊	
后 辰 后	空 酉 勾	匕 寅 玄	
亥	辰	酉 ○	
戊	○	乙	戊
后 辰 后	空 酉 勾	勾 亥 空	后 辰 后
壬 亥	辰	午	亥

壬午일 8局의 정단에서 제1과 辰加亥. 제2과 酉加辰. 제3과 亥加午. 제4과 辰加亥 의 4개과 모두 자형(일자형)을 형성하고 있다. 이는 모든

대인관계에서 타인으로부터 해(害)를 당하는 격이 된다.

㉡ 二字刑(子卯.卯子)

丙申일 6局			
戊	○	庚	
匕 戌 后	常 巳 空	合 子 匕	
卯	戌	巳	
庚	○	癸	戊
合 子 匕	陰 未 常	空 卯 勾	匕 戌 后
丙巳	子	申	卯

丙申일 6局의 정단에서 일간상신 子와 일지상신 卯가 서로 상형(相刑)하고 있다. 간지상신이 서로 상형이 된다. 이는 아타(我他)가 서로 무례한 것이다. 따라서 子卯형(刑)을 하년 가정이 음란하고, 죽거나 패망하며, 존비가 화목하지 못하다. 또한 子卯형을 하면 밝음에서 어둠으로 들고 서로 불통하며 자식은 예의가 없다.

㉢ 三字刑(丑戌未.寅巳申)

乙未일 10局			
乙	戌	辛	
匕 未 靑	陰 戌 朱	白 丑 后	
辰	未	戌	
乙	戌	戌	辛
匕 未 靑	陰 戌 朱	陰 戌 朱	白 丑 后
乙辰	未	未	戌

乙未일 10局 정단에서 삼전(三傳)이 未戌丑의 삼형(三刑)으로 구성되어

있다. 4개과 또한 未戌.戌丑의 형으로 구성되어 있다. 붕형격(朋刑格)으로 丑戌未의 삼형이면 모든 정단에서 의지하여 약자를 업신여김이 많고 寅巳申의 형은 무은(無恩)의 뜻을 면하지 못하니, 반드시 배반.원수가 된다.

② 충(冲)

충(冲)은 동(動)이다. 반복불령(反復不寧)의 상(象)이다.

子-午 . 丑-未 . 寅-申 . 卯-酉 . 辰-戌 . 巳-亥

- 子午상충(相冲) : 모위변천(謀爲變遷) 모망사는 변천되어 잘못이 있다. 거동괴리(擧動怪異) 움직임에 있어 사리가 맞지 않다.
- 卯酉상충(相冲) : 분리실탈(分離失脫) 가족이 분리되어 가정의 이별이 있다. 경개문호(更改門戶) 가택을 고치는 일이 있을 수 있다.
- 寅申상충(相冲) : 사악작숭(邪惡作崇) 사악한 귀신이 작동하여 부부이심(夫婦異心) 부부 및 가정에 애정사 발생
- 巳亥상충(相冲) : 순거역래(順去逆來) 매사 순조로움이 사라지고 역함이 온다. 구경득(重求輕得) 거듭 구하려 하지만 작은 것만을 얻는다.
- 丑未상충(相冲) : 형제불목(兄弟不睦) 형제간에 화목하지 못하고 모망무성(謀望無成) 모망사는 불성한다.
- 辰戌)상충(相冲) : 희비불명(喜悲不明) 희비가 어려워 어려움이 있고 부속이심(部屬異心) 종업원들은 서로 다른 마음을 갖는다.

★ 육임에서의 충(冲)의 작용

- 길신(吉神)은 충(冲)이 되면 기뻐하지 않는다.
- 반복되고 안녕하지 못한 상이다.
- 충(冲)이 간(干)에 있으면 몸에 동요가 있고, 지(支)에 있으면 주택의 이

동이 있다.

- 태세(太歲)나 월건(月建)이 충(冲)이 되면 그 당해년 당월에 부족함이 있다.

③ 파(破)

파(破)는 산(散)이다. 즉, 흩어지고 핍박의 상이다.

午-卯 . 辰-丑 . 酉-子 . 戌-未 . 亥-寅 . 申-巳

- 午卯상파(相破) : 문호파패(門戶破敗) 가정이 무너진다.
- 辰丑상파(相破) : 장묘경퇴(牆墓傾頹) 담장과 산소가 무너진다.
- 酉子상파(相破) : 음소재회(陰小災晦) 음란사로 불길한 재앙이 생긴다.
- 戌未상파(相破) : 파중유형(破中有刑) 파중형이 되니 사람과 사물이 상한다.
- 亥寅상파(相破) : 파중유합(破中有合) 파중합이 되니,
- 申巳상파(相破) : 패이복성(敗而復成) 실패 후 성공에 이른다.

★ 육임 에서의 파(破)의 작용

- 파(破)가 일간이나 삼전에 임하면 주로 흩어지는 흉사(凶事)가 발생한다.
- 길사(吉事)도 성공하기 어렵다.
- 일간과 일지가 파(破)가 되어 발용하면 일이 진행되는 동안 변경되어 중단한다.
- 모망사는 어려움이 있다.
- 연명(年命)상신에 파(破)가 임하면 손상이 있다.
- 충.파(冲.破)가 되면 순리적이지 못하고, 혼인 점에서는 회로하기 힘들다. 태산(胎産) 점에서는 난산이다. 길신(吉神)이 될 경우에는 혼란스러운 후에 성취된다. 또한 공망이 되면 소리는 있지만 형체가 없다.

④ 해(害)

막히고, 싸우고, 걱정하는 파괴의 상(象)이다.

子-未 . 丑-午 . 寅-巳 . 卯-辰 . 酉-戌 . 申-亥

- 子未상해(相害) : 사무종시(事無終始) 일의 시작은 있으나 끝이 없다. 관비구설(官非口舌) 관청의 꾸지람이 있다.
- 丑午상해(相害) : 공송불리(公訟不利) 소송은 불리하다. 부부불화(夫婦不和) 부부는 화합하지 못한다.
- 寅巳상해(相害) : 출행개동(出行改動) 출행은 바꿈이 좋고, 퇴리진조(退利進阻) 후퇴하는것이 이롭고 전진은 막힌다.
- 卯辰상해(相害) : 사유허쟁(事有虛爭) 매사 허사로움과 다툼이 있다. 인정반복(人情反復) 인정은 반복이 있다.
- 酉戌상해(相害) : 문호손상(門戶損傷) 가정에는 손상이 있고, 음소재질(陰小災疾) 여인과 아이에게 질병의 재앙
- 申亥상해(相害) : 선조후득(先阻後得) 처음에는 막힘이 있고 후에는 득. 사필유종(事必有終) 일은 반드시 끝을 이룬다.

★ 육임 에서의 해(害)의 작용

- 해(害)가 일(日)에 임하거나 전(傳)에 들면, 만사(사물)가 막히고 어려움이 많다.
- 해(害)는 모든 일에 반드시 화기(和氣)가 없고, 옛 것을 지켜야 이롭고, 움직이면 잃는다.

※ 『필법부(畢法賦)』에서의 해(害)의 정리

– 제 76법 : 피차시기해상수(彼此猜忌害相隨)

㉠ 구해(俱害)

<table>
<tr><th colspan="12">乙丑일 8局</th></tr>
<tr><td colspan="4">癸</td><td colspan="4">丙</td><td colspan="4">辛</td></tr>
<tr><td colspan="4">白 巳 玄</td><td colspan="4">朱 戌 朱</td><td colspan="4">玄 卯 白</td></tr>
<tr><td colspan="4">子</td><td colspan="4">卯</td><td colspan="4">申</td></tr>
<tr><td colspan="3">戊</td><td colspan="3">癸</td><td colspan="3">○</td><td colspan="3">丁</td></tr>
<tr><td colspan="3">貴 子 勾</td><td colspan="3">白 巳 玄</td><td colspan="3">空 午 陰</td><td colspan="3">匕 亥 合</td></tr>
<tr><td colspan="3">己 未</td><td colspan="3">子</td><td colspan="3">丑</td><td colspan="3">午 ○</td></tr>
</table>

己丑일 8局 정단에서 일간상신 子는 일간기궁 未의 육해이다. 이는 간상과 지상에 서로 해(害)를 가지고 있다. 이를 구해(俱害)라 한다. 구해에 해당되면 피차 서로 시기하며, 주객은 교재를 돌아보지 않게 되므로, 서로 도모해 보지만 모두 어그러지는 상이다.

㉡ 간지상신상해격(干支上神相害格)

<table>
<tr><th colspan="12">丙子일 6局</th></tr>
<tr><td colspan="4">丙</td><td colspan="4">癸</td><td colspan="4">戊</td></tr>
<tr><td colspan="4">合 子 匕</td><td colspan="4">陰 未 常</td><td colspan="4">青 寅 合</td></tr>
<tr><td colspan="4">巳</td><td colspan="4">子</td><td colspan="4">未</td></tr>
<tr><td colspan="3">丙</td><td colspan="3">癸</td><td colspan="3">癸</td><td colspan="3">戊</td></tr>
<tr><td colspan="3">合 子 匕</td><td colspan="3">陰 未 常</td><td colspan="3">陰 未 常</td><td colspan="3">青 寅 合</td></tr>
<tr><td colspan="3">丙 巳</td><td colspan="3">子</td><td colspan="3">子</td><td colspan="3">未</td></tr>
</table>

丙子일 6局의 정단에서 일간상신 子와 일지상신 未는 서로 육해를 하고 있다. 이는 주객(主客)이 서로 시기하고 해를 입힌다. 모든 정단에서 주객이 서로 해를 당하는 상이다.

㉢ 간지상하신육해격(干支上下神六害格)

壬申일 7局			
丙	壬	丙	
后 寅 玄	青 申 合	后 寅 玄	
申	寅	申	
己	○	丙	壬
陰 巳 貴	勾 亥 空	匕 寅 玄	白 申 合
壬 亥	巳	申	寅

壬申일 7局 반음과 정단에서 일간상신 巳와 일지 申이 육해(六害)이고 일지상신 寅과 기궁 亥가 육해이다. 이는 간지 상.하신이 교차 육해를 하고 있다. 일반적으로 천.지반이 모두 육해를 하면 어그러짐과 시기함이 더욱 심하게 작용을 한다.

㉣ 삼전간지상신육해(三傳干支上神六害)

辛未일 12局			
戊	○	戊	
空 申 陰	玄 亥 白	空 申 陰	
未	戊	未	
○	甲	戊	己
玄 亥 白	陰 子 空	陰 申 空	玄 酉 勾
辛 戌	亥 ○	未	申

辛未일 12局 정단에서 일간상신 亥와 일지상신 申이 서로 상해(相害) 관계이다. 또한 삼전에서 초전 申은 간상 亥와 육해(六害)이고, 중전 亥는 지상 申과 육해이고, 말전 申 또한 간상 亥와 육해 관계이다. 따라서 삼전과 일(日)의 간지상신이 모두 육해를 하고 있다. 이 과는 전혀 화목할 기운이 없

이 살벌하다. 이는 어떤 일이든 서로 상(傷)하게 만든다.

ⓜ 교차상해(交車相害)

丁卯일 4局			
甲		癸	庚
ヒ 子 合		陰 酉 貴	白 午 玄
卯		子	酉
戊	乙	甲	癸
青 辰 白	朱 丑 勾	ヒ 子 合	陰 酉 貴
丁 未	辰	卯	子

丁卯일 4局 정단에서 일간상신 辰과 일지 卯가 상해(相害)를 하고, 일지상신 子와 기궁 未가 상해를 하여 간지상.하가 교차상해를 하고 있다. 교차해는 내가 먼저 타인을 해하려 하는 뜻을 갖지 않으면 타인이 먼저 나를 해하는 상으로 은인자중해야 한다.

⑤ 묘(墓)

혼매(昏昧) 패색(敗色)되어 불통의상(不通之象)

일간	甲	乙	丙	丁	戊	己	庚	辛	壬	癸
묘	未	未	戌	戌	戌	戌	丑	丑	辰	辰

※ 화토동궁(火土同宮)에 의한 묘신(墓神) 작성

- 辰戌묘 : 길.흉이 강하고 빠르다.
- 丑未묘 : 길.흉이 약하고 느리다.

★ 육임 에서의 묘(墓)의 작용

- 묘(墓)는 12운성의 묘지(墓地)를 말한다.

- 묘(墓)가 일간에 임하거나 입전이 되면 모든 일은 패색(敗色)되고 암매하다. 또한 막히고 가리어 불통(不通)이다.
- 묘(墓)가 발용이 되더라도 일간이 왕상(旺相)하면 질병 점에서 죽음을 막을 수 있다. 또한 관송 점에서는 굴(屈)하는 것을 막을 수 있다.
- 중전에서 묘신을 보면 진퇴함에 후회함이 없다.
- 말전에서 묘신을 보면 모든 일이 종국에는 이루어지지 않는다.
- 묘신은 충(冲)하면 길(吉)하고, 합(合)하면 흉(凶)하다.
- 연명상신에서 묘신을 극제하면 구재가 가능하다.
- 초전이 생왕(生旺)하고 말전이 묘신이면 일을 이룬 후에 실패를 한다. 또한 초전이 묘신이고 말전이 생왕하면 실패 이후에 성공을 한다.
- 장생(長生)이 묘신에 앉을 경우(예 : 甲乙일 亥加未)를 자생입묘(自生入墓)라 하고, 장생이 묘에 임하면 우물에 빠진 격이 된다. 하늘에 대고 큰소리쳐도 답이 없는 격이다.
- 묘신이 발용이나 일간에 임하면 크게 흉하다. 질병 정단에서는 반드시 사망한다. 도둑 점에서는 범인을 잡기 어렵다. 행인 점에서도 돌아오지 못한다.
- 장생이 묘신을 봉(逢)하면(예 : 甲乙일 未加亥) 새로운 일이 무산된다. 또한 구사(舊事)가 재발한다.
- 일간상신이 묘신이 되는 것을, 소위 묘신복일(墓神覆日)이라 한다. 혼인 점에서는 혼매하고 맑지 않다.
- 간지상신이 모두 묘신에 임했으면 사람과 집이 형통하지 못하다. 필법(畢法)에서 말하길, 간지승묘각혼미(干支乘墓各昏迷)라 하여 집과 사람이 모두 혼미하다 하였다.
- 간지상신이 모두 묘신을 좌(坐) 깔고 앉아 있으면 사람과 집이 화(禍)와

우환(禹患)이 있다. 이 역시 필법에서 논하길, 인택좌묘감초회(人宅坐墓甘招晦)라 하여 사람과 집이 모두 혼미한 상황을 말한다.

- 일간에 묘신이 임하고 백호가 승하면 집안에 질병이 있다.
- 일지에 묘신이 임하고 백호가 승하면 집안에 시체가 있는 형상으로 일이 막힘이 많다.
- 일간에 묘신이 임하고 백호가 승하고 월신살 사기이면 질병 정단에서 반드시 사망한다.

월건	寅	卯	辰	巳	午	未	申	酉	戌	亥	子	丑
사기	午	未	申	酉	戌	亥	子	丑	寅	卯	辰	巳
생기	子	丑	寅	卯	辰	巳	午	未	申	酉	戌	亥

※ 사기(死氣)는 월건 전(前) 5位, 생기(生氣) 후(後) 3位

- 묘(墓)가 월신살인 생기(生氣)에 해당하면 목적한 바를 이룬다.
- 묘(墓)가 공망을 만나면 묘공격(墓空格)이 되어 더욱 흉하다.
- 묘신이 묘가 되지 않는 예외가 있다. 이는 월장. 계절상 왕기. 월신살 생기는 묘신으로 보지 않는다.

※ 『필법부(畢法賦)』에서의 묘신(墓神)의 정리

- 제 53법 : 양사협묘흉난면(兩蛇夾墓凶難免)
- 제 61법 : 간승묘호무점병(干乘墓虎無占病)
- 제 62법 : 지승묘호유복시(支乘墓虎有伏尸)
- 제 65법 : 간묘병관인택폐(干墓併關人宅廢)
- 제 66법 : 지분재병여정계(支墳財併旅程稽)
- 제 81법 : 전묘입묘분증애(傳墓入墓分憎愛)

– 제 87법 : 인택좌묘감초회(人宅坐墓甘招晦)

– 제 88법 : 간지승묘각혼미(干支乘墓各昏迷)

㉠ 제 53법 양사협묘흉난면(兩蛇夾墓凶難免)

丙戌일 8局			
甲	己	○	
后 申 合	勾 丑 陰	玄 午 青	
卯	申	丑	
丙	辛	辛	甲
匕 戌 匕	空 卯 常	空 卯 常	后 申 合
丙 巳	戌	戌	卯

丙戌일 8局의 정단에서 일지인 戌이 일간상신이 되어 일간의 묘신에 복(覆)해 있다. 다시 밤과 낮의 정단은 등사가 승하였다. 이런 경우 일간상신 戌은 일간의 묘신이고 밤.낮으로 등사가 승하여 양사협묘(兩蛇夾墓)가 된다. 이는 만약 질병이면 반드시 몸 속에 적괴암으로 치료할 수 없다. 따라서 흉사를 면하기 어렵다. 이는 소송 정단이면 구금이 되고, 질병 정단이면 암으로 사망한다. 단 본명이나 연명에 亥가 되면 그 상신이 辰이 되어 묘신인 戌을 깨서 약간의 수명은 연장할 수 있다.

㉡ 제 61법 간승묘호무점병(干乘墓虎無占病)

辛未일 10局			
○	乙	乙	
青 亥 匕	后 丑 白	后 丑 白	
申	亥 ○	亥 ○	
乙	戊	○	乙
后 丑 白	朱 辰 陰	常 戌 勾	后 丑 白
辛 戌	丑	未	戌 ○

辛未일 10局 별책과의 정단이다. 일간상신 丑은 일간의 묘신이며, 밤 정단에서 백호 천장이 승해 있다. 따라서 일간에 묘신이 백호를 타고 간상에 임하면 질병 정단은 사망에 이를 수 있다. 따라서 간상에 묘신이 임하면 점자(占者) 본인은 매우 혼미(昏迷)하고 불안한 상황이 나타나는데, 여기에 공망이 되면 흉은 더욱 두렵다.

㉢ 제 62법 지승묘호유복시(支乘墓虎有伏尸)

<table>
<tr><th colspan="12">乙酉일 3局</th></tr>
<tr><td colspan="4">○</td><td colspan="4">癸</td><td colspan="4">辛</td></tr>
<tr><td colspan="4">匕 未 白</td><td colspan="4">合 巳 青</td><td colspan="4">青 卯 合</td></tr>
<tr><td colspan="4">酉</td><td colspan="4">未 ○</td><td colspan="4">巳</td></tr>
<tr><td colspan="3">庚</td><td colspan="3">戊</td><td colspan="3">○</td><td colspan="3">癸</td></tr>
<tr><td colspan="3">朱 寅 空</td><td colspan="3">常 子 貴</td><td colspan="3">匕 未 白</td><td colspan="3">合 巳 青</td></tr>
<tr><td colspan="3">乙 辰</td><td colspan="3">寅</td><td colspan="3">酉</td><td colspan="3">未 ○</td></tr>
</table>

乙酉일 3局의 밤 정단에서 일지상신 未는 일간의 묘신이며 백호가 승해 있다. 이는 주택 정단을 하면 반드시 엎드려 있는 복시귀(伏屍鬼)에 의한 화(禍)가 있거나 형체의 소리에 여운인 형향(刑響)이 있다. 만약 가택을 극 하면 그 흉은 더욱 크다.

㉣ 제 65법 간묘병관인택폐(干墓併關人宅廢)

<table>
<tr><th colspan="12">丁卯일 6局</th></tr>
<tr><td colspan="4">○</td><td colspan="4">己</td><td colspan="4">甲</td></tr>
<tr><td colspan="4">后 戌 匕</td><td colspan="4">空 巳 常</td><td colspan="4">匕 子 合</td></tr>
<tr><td colspan="4">卯</td><td colspan="4">戌 ○</td><td colspan="4">巳</td></tr>
<tr><td colspan="3">丙</td><td colspan="3">癸</td><td colspan="3">○</td><td colspan="3">己</td></tr>
<tr><td colspan="3">合 寅 青</td><td colspan="3">陰 酉 貴</td><td colspan="3">后 戌 匕</td><td colspan="3">空 巳 常</td></tr>
<tr><td colspan="3">丁 巳</td><td colspan="3">寅</td><td colspan="3">卯</td><td colspan="3">戌 ○</td></tr>
</table>

丁卯일 6局 겨울의 밤 정단에서 일지상신 戌은 일간의 묘신이 되어 등사를 승하고 있다. 또한 묘신 戌은 정단 월인 겨울철의 *관신(關神)이다 따라서 묘신과 관신이 등사를 승하고 있다. 여기에서 일간의 양과(제1과.제2과)에서 발용하면 사람이 쇠패(衰敗)해지고, 일지의 양과(제3과.제4과)에서 발용하면 가운(家運)이 닫힌다.

*관신(關神) : 봄(丑) . 여름(辰) . 가을(未) . 겨울(戌)

㉤ 제 66법 지분재병여정계(支墳財倂旅程稽)

<table>
<tr><th colspan="4">甲午일 5局</th></tr>
<tr><td colspan="2">戊</td><td>甲</td><td>壬</td></tr>
<tr><td colspan="2">合 戌 合</td><td>后 午 白</td><td>白 寅 后</td></tr>
<tr><td colspan="2">寅</td><td>戌</td><td>午</td></tr>
<tr><td>戊</td><td>甲</td><td>壬</td><td>戊</td></tr>
<tr><td>合 戌 合</td><td>后 午 白</td><td>白 寅 后</td><td>合 戌 合</td></tr>
<tr><td>甲 寅</td><td>戌</td><td>午</td><td>寅</td></tr>
</table>

甲午일 5局 정단에서 간상 戌은 일지(日支) 午의 묘신이 된다. 또한 간상 戌은 일간(日干)의 재신으로 발용하여 초전을 이루고 있다. 이른바 지지(地支)의 묘신이 일간의 재성을 만들면 반드시 장사에서 원금을 잃고, 여정에서는 도로의 장애가 있다. 모든 도모하는 일은 뜻대로 되지 않고 형통하지 못하다.

㉥ 제 81법 전묘입묘분증애(傳墓入墓分憎愛)

<table>
<tr><th colspan="12">丙子일 8局</th></tr>
<tr><td colspan="4">辛</td><td colspan="4">甲</td><td colspan="4">己</td></tr>
<tr><td colspan="4">常 巳 空</td><td colspan="4">匕 戌 匕</td><td colspan="4">空 卯 常</td></tr>
<tr><td colspan="4">子</td><td colspan="4">巳</td><td colspan="4">戌</td></tr>
<tr><td colspan="3">甲</td><td colspan="3">己</td><td colspan="3">辛</td><td colspan="3">甲</td></tr>
<tr><td colspan="3">匕 戌 匕</td><td colspan="3">空 卯 常</td><td colspan="3">常 巳 空</td><td colspan="3">匕 戌 匕</td></tr>
<tr><td colspan="3">丙 巳</td><td colspan="3">戌</td><td colspan="3">子</td><td colspan="3">巳</td></tr>
</table>

丙子일 8局 정단에서 제3과 巳加子 가 발용을 한다. 또한 용신 巳는 일간의 일덕(日德).일록(日祿)이 된다. 초전 巳가 중전 戌, 즉 일간의 묘신이 된다. 따라서 일(日)의 덕.록이 묘(중전 戌)에 들고, 말전인 卯는 지반 戌에 가하여 묘향(墓鄕)에 들어, 이 또한 덕.록이 묘에 들어간다. 일덕.일록.묘에 이어져 묘로 든다. 이 경우 덕.록이 손상되어 식록사(食祿史)에 관계된 일은 득하기 어렵다.

㉦ 제 87법 인택좌묘감초회(人宅坐墓甘招晦)

<table>
<tr><th colspan="12">丁丑일 10局</th></tr>
<tr><td colspan="4">壬</td><td colspan="4">甲</td><td colspan="4">庚</td></tr>
<tr><td colspan="4">靑 午 合</td><td colspan="4">匕 戌 后</td><td colspan="4">白 辰 靑</td></tr>
<tr><td colspan="4">卯</td><td colspan="4">未</td><td colspan="4">丑</td></tr>
<tr><td colspan="3">甲</td><td colspan="3">丁</td><td colspan="3">庚</td><td colspan="3">癸</td></tr>
<tr><td colspan="3">匕 戌 后</td><td colspan="3">陰 丑 常</td><td colspan="3">白 辰 靑</td><td colspan="3">勾 未 朱</td></tr>
<tr><td colspan="3">丁 未</td><td colspan="3">戌</td><td colspan="3">丑</td><td colspan="3">辰</td></tr>
</table>

〈水土同宮적용〉

丁丑일 10局에서 未가 丑의 묘신인 辰에 가하고 丑이 일간 丁의 묘신인

戊에 가한다. 일간이 지묘 위에 앉고, 일지가 간묘 위에 앉으면, 이는 서로 자신의 어리석음을 부른다. 이는 서로 싸우면 좋지 않은 결과를 초래한다.

◎ 제 88법 간지승묘각혼미(干支乘墓各昏迷)

<table>
<tr><th colspan="12">壬寅일 8局</th></tr>
<tr><td colspan="4">庚</td><td colspan="4">○</td><td colspan="4">戊</td></tr>
<tr><td colspan="4">合 子 白</td><td colspan="4">陰 巳 貴</td><td colspan="4">靑 戌 靑</td></tr>
<tr><td colspan="4">未</td><td colspan="4">子</td><td colspan="4">巳 ○</td></tr>
<tr><td colspan="3">○</td><td colspan="3">丁</td><td colspan="3">乙</td><td colspan="3">庚</td></tr>
<tr><td colspan="3">后 辰 后</td><td colspan="3">空 酉 勾</td><td colspan="3">常 未 朱</td><td colspan="3">合 子 白</td></tr>
<tr><td colspan="3">壬 亥</td><td colspan="3">辰 ○</td><td colspan="3">寅</td><td colspan="3">未</td></tr>
</table>

壬寅일 8局의 정단이다. 일간 壬의 기궁인 亥의 상신 辰은 일간의 묘신이다. 또한 일지 寅의 상신 未는 일지 寅의 묘신이 된다. 따라서 간지 상에 모두 묘에 임해 있다. 필법(畢法)에서 말하길, "사람은 마치 운무 속을 걷는 것과 같고, 가택은 피폐해 져 저절로 먼지와 어둠에 더럽혀 진다." 말했다. 따라서 도모하는 일은 모두 이루어지지 않는다.

⑥ 귀(鬼)

적해지신(賊害之神). 압제(壓制)고통(苦痛)의 상(象)

★ 육임 에서의 귀(鬼)의 작용

- 삼전에 귀살(鬼殺)이 많으면 모든 일에 아름답지 못하다.
- 낮의 귀(鬼)는 주로 공송(公訟). 시비(是非). 조체(阻滯). 질병의 걱정. 도적. 소인배의 음해이다.
- 밤의 귀(鬼)는 주로 귀숭(鬼崇)으로 귀신의 해(害)를 말한다.
- 귀살이 입전(入傳)하더라도, 일간이 왕상하고 삼전이나 연명상신의 자

손 효가 보이면, 이 역시 흉이 되지 않는다.

- 질병.소송 정단에서 가장 절기(切忌)하는 귀(鬼)가 삼전에 들고 일간에 임하더라도 자손효를 보면 구제의 신으로 흉이 감해진다. 연명상신에서도 마찬가지이다.
- 도적 정단에서 삼전에 귀살이 있고 충(冲)을 만나면, 또는 도신(盜神)인 현무의 음신과 상충(相冲)이 되면 도적은 스스로 잡힌다.
- 일간상신의 귀(鬼)가 발용하면 모든 일이 불미스럽다. 여기에서 덕합(德合)을 보게 되면 모망사와 구관(求官)은 직업을 구할 수 있다.
- 삼전에 귀(鬼)가 합(合)을 이끌고 일간상신을 극하면 모든 일은 반복.진퇴 이후에 성공한다.
- 귀(鬼)는 마땅히 왕상하여야 하며 쇠퇴하면 않된다.
  (※ 이 부분은 이견(異見)이 많아서 생각해 보아야 할 문제이다. 일부에서는 귀가 왕상하면 그 세기가 크다 하였으나, 귀가 휴수해야 그 세기와 피해가 크다. 예를 들면 배고픈 사자나 4강 축구신화의 배고픈 히딩크가 그 예이다. 고전에서도 이와 같이 다뤄지고 있다.)
- 귀살이 발용하여 일간을 극하고 귀향(鬼鄕)에 앉으면(庚辰일 午加巳발용), 이름하여 찬미격(贊眉格)이라 하여 양쪽으로 귀의 적(賊)을 당한다. 즉, 구신을 만나면 그 중 하나가 유일한 해구신(解求神)이 된다.
- 지상신이 귀살이 되어 발용하면 가족의 압해를 방비해야 한다.
- 귀(鬼)가 많아도 제(制)하는 신이 있으면 흉이 되지 않는다. 정단에서 비록 처음에는 놀라움과 위험이 있지만, 그 후 근심이 없어진다. 오직 백호가 귀에 승하여 발용하면 크게 우려가 되는데, 모름지기 연명상신이 백호를 제극(制剋)하는 신이 있으면 흉이 해소된다.
- 지상신이 귀살이 되어 발용하고 중.말전이 귀향(鬼鄕)으로 이끌면, 무리귀살이 있더라도, 구신이 있으면 화를 당하지 않는다.

- 일상신이 귀(鬼)가 되어 발용하더라도 일지상신이 구신이 있으면, 이는 외부에서의 일(귀살)을 가정 내에서 해결하는 사람이 있다.
- 귀살이 된 초전이 말전을 생(生)하는데, 말전이 일간의 장생(長生)이면, 이를 귀탈생격(鬼脫生格)이라 하여 선흉후길(先凶後吉)하다.
- 삼전이 합국(合局)이 되어 무리귀살이 되고 일간상신을 생(生)하면 반대로 흉(凶)이 길(吉)로 변한다.
- 귀살이 비록 입전(入傳)이 되었더라도 일간상신이 덕.귀(德貴)가 되면, 이름하여 귀덕임신(貴德臨身)이라 하여 화(禍)가 해소된다.
- 관직자는 관성(官星)이 되어 좋으나 공망을 싫어한다. 관직 점에서 귀살에 백호가 승했을 때 최관사자(崔官使者)라 하고, 이는 즉시 부임함을 알 수 있다. 그러나 질병 정단은 극히 흉하여 최관사자가 되면 반드시 사망한다.
- 천반에 귀살이 보이면 명귀(明鬼)라 하고, 둔간에 귀살이 보이면 암귀(暗鬼)라 하는데, 이는 과전에서 모두 귀살이 되어 무리귀가 되면 아주 흉하다. 그러나 자손효가 있으면 흉이 반감된다.
- 삼전의 재효(財爻)에서 귀살을 생(재생관)하면 매우 흉하다.
- 질병 정단에서 귀살을 제극(制剋)하는 천반 아래 지반의 양의(良醫)가 있는 방향이다.
- 귀살의 해(害)에서 일간은 본인 해, 일지는 가정의 우환사를 볼 수 있다.

> Tip : 귀살(鬼殺)은 육임에서 필수불가결한 신살에 해당된다. 일반적인 질병(疾病). 승진(升進). 귀숭(鬼祟). 관송(官訟) 등 많은 부분들이 귀살(鬼殺)로부터 자유롭지 못하다. 제⑤의 묘신(墓神)과 귀살(鬼殺)의 작용을 철저히 학습해야 만이 바른 정단이 될 수 있다.

※ 『필법부(畢法賦)』에서의 귀살(鬼殺)의 정리

- 제 4 법 : 최관사자부관기(崔官使者赴官期)
- 제 11법 : 중귀수창전부외(衆鬼雖彰全不畏)
- 제 13법 : 귀적당시무외기(鬼賊當時無畏忌)
- 제 27법 : 전재화귀재휴멱(傳財化鬼財休覓)
- 제 28법 : 전귀화재전험위(傳鬼化財錢險危)
- 제 48법 : 귀승천을내신지(鬼乘天乙乃神祇)
- 제 68법 : 제귀지위내양의(制鬼之位乃良醫)
- 제 69법 : 호승둔귀앙비천(虎乘遁鬼殃非淺)
- 제 70법 : 귀임삼사송재수(鬼臨三四訟災隨)
- 제 91법 : 호임간귀흉속속(虎臨干鬼凶速速)

㉠ 제 4 법 최관사자부관기(崔官使者赴官期)

<table>
<tr><th colspan="12">癸卯일 4局</th></tr>
<tr><td colspan="4">戊</td><td colspan="4">乙</td><td colspan="4">○</td></tr>
<tr><td colspan="4">青 戌 白</td><td colspan="4">陰 未 陰</td><td colspan="4">朱 辰 匕</td></tr>
<tr><td colspan="4">丑</td><td colspan="4">戌</td><td colspan="4">未</td></tr>
<tr><td colspan="3">戊</td><td colspan="3">乙</td><td colspan="3">庚</td><td colspan="3">丁</td></tr>
<tr><td colspan="3">青 戌 白</td><td colspan="3">陰 未 陰</td><td colspan="3">合 子 青</td><td colspan="3">空 酉 常</td></tr>
<tr><td colspan="3">癸 丑</td><td colspan="3">戌</td><td colspan="3">卯</td><td colspan="3">子</td></tr>
</table>

癸卯일 4局 정단에서 일간상신 戌은 일간의 귀살이 되며, 밤 정단에서 백호가 승(乘)해 있다. 또한 초전 戌도 마찬가지이다. 이는 최관사자(崔官使者)라 하여, 대개 관직자의 부임 정단에서 비록 큰 결함이 있더라도 반드시 매우 빠르게 부임한다. 만약 최관사자가 공망이 되면, 거짓 소식이 되거나 유

배를 가게 된다. 다만 질병.관송 정단에서는 크게 흉으로 작용한다.

㉡ 제 11법 중귀수창전부외(衆鬼雖彰全不畏)

丙子일 5局		
○	庚	丙
后 申 玄	常 辰 陰	ヒ 子 后
子	申 ○	辰

丁	○	○	庚
后 丑 朱	貴 酉 陰	玄 申 后	白 辰 靑
丙 巳	丑	子	申 ○

丙子일 5局의 정단에서 삼전 申子辰의 삼합을 이루어 일간의 귀살국(鬼殺局)을 형성하고 있다. 그러나 일간상신 丑이 구신(求神)으로 귀살의 공격을 막아낼 수 있다. 이는 모든 정단에서 놀라운 액(厄)을 면치 못하지만, 시간이 흐를수록 두렵지 않다. 또한 타인으로 인한 계략이 반드시 있기는 하지만, 결국 화(禍)가 되지는 않는다(일간 丙이 상신 丑에 탈기 당하여 불가능해 보이지만 실하게 되어 구신이 된다).

㉢ 제 13법 귀적당시무외기(鬼賊當時無畏忌)

戊子일 12局		
庚	辛	壬
ヒ 寅 靑	朱 卯 勾	合 辰 合
丑	寅	卯

○	○	己	庚
靑 午 ヒ	空 未 貴	貴 丑 空	ヒ 寅 靑
戊 巳	午 ○	子	丑

戊子일 12局의 정단에서 삼전이 寅卯辰의 방합을 이루어 일간의 귀살국이 된다. 여기서 만약 봄 정단이 된다면 木이 왕성하여 두렵지 않다. 이는 귀살이 득령하면 무해하고, 실령하면 유해하다. 귀살에서 극을 하더라도 왕기(旺氣)이면 재앙이 되지 않지만, 단지 그 귀가 점차 쇠해지는 때에는 화(禍)가 온다.

※ 귀극승왕표(鬼剋乘旺表)

계 절	합 국	일 간
봄(春)	木회국 또는 삼합木국 곡직격(曲直格)	삼전土귀살
여름(夏)	火회국 또는 삼합火국 염상격(炎上格)	삼전金귀살
가을(秋)	金회국 또는 삼합金국 종혁격(從革格)	삼전木귀살
겨울(冬)	水회국 또는 삼합水국 윤하격(潤下格)	삼전火귀살
사계(四季)	土회국 또는 삼합土국 가색격(稼穡格)	삼전水귀살

〈大六壬全金今〉 『春夏鬼賊當時, 名貧榮旺, 乘速了絕, 秋冬鬼必傷人』

㉣ 제 27법 전재화귀재휴멱(傳財化鬼財休覓)

<table>
<tr><th colspan="12">辛未일 5局</th></tr>
<tr><td colspan="4">辛</td><td colspan="4">丁</td><td colspan="4">○</td></tr>
<tr><td colspan="4">后 卯 合</td><td colspan="4">合 亥 白</td><td colspan="4">白 未 后</td></tr>
<tr><td colspan="4">未 ○</td><td colspan="4">卯</td><td colspan="4">亥</td></tr>
<tr><td colspan="3">○</td><td colspan="3">庚</td><td colspan="3">辛</td><td colspan="3">丁</td></tr>
<tr><td colspan="3">常 午 貴</td><td colspan="3">貴 寅 勾</td><td colspan="3">后 卯 合</td><td colspan="3">合 亥 白</td></tr>
<tr><td colspan="3">辛 戌</td><td colspan="3">午 ○</td><td colspan="3">未 ○</td><td colspan="3">卯</td></tr>
</table>

辛未일 5局 정단에서 삼전 卯亥未가 삼합국(三合局)을 이루어 일간의 재국(財局)을 형성하고 있다. 그런데 삼전의 재국이 일간 辛의 귀살인 午를 생

하여 재생관(財生官)을 하여 일간을 귀살로 극 하고 있다. 이는 반드시 재물 취득으로 인하여 화가 미친다. 재와 귀살이 교섭하여 손실시키는 것을 미연에 방지해야 한다. 이는 재물이, 마치 범(虎)의 입 속에 있는 것과 같고, 칼날에 있는 꿀과도 같으니, 어찌 칼날의 꿀을 핥을 수 있겠나? 이에 모름지기 재물취득에는 불리하지만, 자신의 재물을 가지고 귀인에게 부탁하는 일에는 좋아서 그 일이 성사된다.

㉤ 제 28법 전귀화재전험위(傳鬼化財錢險危)

<table>
<tr><th colspan="12">丙子일 5局</th></tr>
<tr><td colspan="4">○</td><td colspan="4">庚</td><td colspan="4">丙</td></tr>
<tr><td colspan="4">后 申 玄</td><td colspan="4">白 辰 靑</td><td colspan="4">合 子 匕</td></tr>
<tr><td colspan="4">子</td><td colspan="4">申 ○</td><td colspan="4">辰</td></tr>
<tr><td colspan="3">丁</td><td colspan="3">○</td><td colspan="3">○</td><td colspan="3">庚</td></tr>
<tr><td colspan="3">勾 丑 朱</td><td colspan="3">貴 酉 陰</td><td colspan="3">玄 申 后</td><td colspan="3">白 辰 靑</td></tr>
<tr><td colspan="3">丙 巳</td><td colspan="3">丑</td><td colspan="3">子</td><td colspan="3">申 ○</td></tr>
</table>

丙子일 5局의 정단에서 삼전 申辰子가 삼합을 이루어 일간의 귀살국이 되었다. 그러나 초전 申인 재신(財神)이 순공이 되어 재(財)가 공망이 되었다. 중전 또한 공향(空鄕)이 되어 있다. 그런데 말전 子가 살아 있다. 따라서 모든 귀살이 변하여 재물이 되었다. 이를 전귀변위재(傳鬼變爲財)라 하여 그 재물은 위험한 가운데서 나와서 비록 취하기는 해도 안전하지 못한 재(財)가 된다.

㉥ 제 48법 귀승천을내신지(鬼乘天乙乃神祇)

乙未일 11局			
丙		戊	庚
貴 申 勾		陰 戌 未	常 子 貴
未		申	戌
甲	丙	丁	己
朱 午 空	貴 申 勾	后 酉 合	玄 亥 匕
乙 辰	午	未	酉

乙未일 11局 정단에서, 이른바 귀살이 제3과나 제4과에 임하면 관사(官事)와 병환이 끊임없이 계속된다. 만약 모두가 공망이면, 처음에는 이를 면한다. 그러나 이를 먼저 보았다면, 더욱 면하지 못하지만 나중에는 우환이 없게 된다. 이는 오로지 덕을 닦고 복을 짓는 것이 마땅하고, 정도에 귀의하면 차츰 가벼워진다. 그러나 관사.질병만은 면하기 어렵다.

㉦ 제 68법 제귀지위내양의(制鬼之位乃良醫)

乙丑일 8局			
丙		辛	甲
空 寅 陰		后 未 青	勾 子 貴
酉		寅	朱
癸	丙	庚	○
匕 酉 合	空 寅 陰	陰 午 空	匕 亥 合
乙 辰	酉	丑	午

乙丑일 8局 정단에서 일간상신 酉가 일간의 귀살이다. 이는 일지상신 午가 제압하여 막을 수가 있다. 여기서 지상 午는 재액을 풀어주는 구재신(求財神)이 된다. 이는 곧 질병 정단에서 양의(良醫)가 된다. 그 이유는 모든 일

간의 식신(손효)이 되기 때문이다. 단 구재신은 공망을 꺼린다. 따라서 좋은 의사를 구하려면 구재신의 지반에서 찾으면 된다.

◎ 제 69법 호승둔귀앙비천(虎乘遁鬼殃非淺)

乙丑일 4局		
乙	○	辛
青 丑 匕	朱 戌 陰	后 未 白
辰	丑	戌

乙	○	○	辛
青 丑 匕	朱 戌 陰	朱 戌 陰	后 未 白
乙 辰	丑	丑	戌

乙丑일 4局 정단에서 제4과 未에 백호가 승하고 일간의 묘신이다. 이른바 백호가 순내의 천간에 가임(加臨)하고 일간의 귀살이 되면, 이는 제4과와 말전 未의 둔간에 일간의 둔귀인 辛이 임하고 있다. 이는 모든 정단에서 모두 두려운데 그 재앙은 매우 깊어서 사라지기 어렵다. 또한, 설령 공망이 되더라도 여전히 구할 수 없다. 乙丑일 4局의 정단에서는 未가 공(空)함이 되어 있고 일간 乙의 묘신이라 더욱 흉하다. 〈일간묘신 + 백호 + 둔귀〉 의 공식이 성립되기 때문이다.

㉧ 제 70법 귀임삼사송재수(鬼臨三四訟災隨)

甲戌일 2局		
丙	乙	甲
白 子 后	常 亥 陰	玄 戌 玄
丑	子	亥

丁	丙	○	○
空 丑 貴	白 子 后	陰 酉 常	后 申 白
甲 寅	丑	戌	酉

甲戌일 2局 정단에서 제3과 酉와 제4과 상신 申은 일간에 귀살이 된다. 이른바 귀살이 제3.4과에 모두 임하면 관사(官事)와 병환이 끊임없이 계속된다. 오로지 덕을 닦고 복을 짓는 것이 마땅하고, 정도에 귀의하면 차츰 가벼워지지만, 관사와 질병은 면하지 못한다. 특히 일간귀살이 일지에 임하면 가택에 관재와 질병이 생긴다.

㉧ 제 91법 호임간귀흉속속(虎臨干鬼凶速速)

己巳일 5局		
丁	○	辛
合 卯 白	后 亥 合	白 未 后
未	卯	亥 ○

丁	○	乙	癸
合 卯 白	后 亥 合	匕 丑 青	玄 酉 匕
己 未	卯	巳	丑

乙巳일 5局 정단에서 일간상신 卯는 일간의 귀살이며 백호가 승해있다. 초전 卯 또한 일간의 귀살이다. 일간의 귀살에 백호가 승하면, 무릇 정단에서 흉(凶)과 화(禍)는 신속한 가운데 더욱 신속히 이루어 진다고 하였다. 질병.관송 정단에서는 아주 흉하지만, 관직 정단에서는 최관사자(崔官使者)라 하여 신속하게 부임이 이루어 진다.

Tip : 백호가 귀살 방위에 앉으면 흉은 면한다.
백호의 음신(陰神)이 백호를 극하면 흉을 면한다.
백호와 귀살이 좌(坐)하는 방위에 좌(坐)하여도 흉을 면한다.

⑦ **패(敗)**

패(敗)는 쇠(衰). 퇴폐지상(頹廢之象). 실패(失敗)

일간	甲	乙	丙	丁	戊	己	庚	辛	壬	癸
패신	子	子	卯	卯	卯	卯	午	午	酉	酉

※ 12운성의 욕(浴)궁

★ 육임 에서의 패신(敗神)의 작용

- 패신(敗神)이 간지에 임하면 모든 일이 실패한다.
- 간지가 모두 패기(敗氣)이면 몸의 기혈(氣血)은 모두 쇠패(衰敗)하고 가정은 무너진다.
- 패(敗)와 파쇄(破碎)가 택(宅)지에 임하는 것을 꺼린다. 이는 가정에 반드시 부서지고 무너지는 형상이다.

파쇄	사맹(寅申巳亥)-酉	사중(子午卯酉)-巳	사계(辰戌丑未)-丑

- 지상에 패기가 있고 또는 일지에 파쇄가 같이 있으면 파패신(破敗神)이 택(宅)에 임한 것이다.
- 패(敗)는 함지(咸池). 도화(桃花)와 같이 색정사(色情事)에 관계가 있다. 만약 함지가 입전(入傳)하고, 천후(天后)가 승(乘)하고,
- 육합(六合). 현무(玄武). 태음(太陰)이 되면 색정지사(色情之事)임을 쉽게 알 수 있다.

※ 『필법부(畢法賦)』 에서의 패신(敗神)의 정리

- 제 36법 : 간지개패쇠경퇴(干支皆敗衰傾頹)

庚寅일 3局			
○	壬	庚	
靑 午 匕	合 辰 合	匕 寅 靑	
申	午 ○	辰	
○	壬	戊	丙
靑 午 匕	合 辰 合	后 子 白	玄 戌 玄
庚 申	午 ○	寅	子

庚寅일 3局 정단에서 일간상신 午는 일간의 패신(敗神)이고, 일지상신 子는 일지의 패신이 된다. 이렇듯 간상과 지상에 모두 패신이 임하면, 몸에 관한 정단이면 기혈이 쇠패하고, 가택 정단이면 가옥이 무너지니, 날이 갈수록 낭패이고 큰 발전이 전혀 없다. 또한 간사한 사람과 타인의 음사(陰思)를 포착하는 일도 어려워진다.

⑧ 공망(空亡)

무(無). 허이부실지상(虛而不實之象). 부실(不實)

순중	甲子	甲戌	甲申	甲午	甲辰	甲寅
공망	戌.亥	申.酉	午.未	辰.巳	寅.卯	子.丑

★ 육임 에서의 공망(空亡)의 작용

- 공망(空亡)은 천간 10位에 지지가 부족한 것을 말한다.
- 공망은 순중의 공(空)으로 모든 것이 공허(空虛)하게 된다.
- 길사(吉事)는 공망이 되면 길이 사라지게 되고, 흉사(凶事)는 공망이 되면 흉이 사라진다.
- 질병이나 관송 정단에서의 공망은, 흉(凶)은 사라진다 하지만 관직.구재.문서 등에서 공망이 되면 길(吉)은 사라진다.
- 일간상신이 공망이 되고 그 위에 천공이 승하면, 모든 정단의 점사(占事)는 모두 사라진다.
- 구재(求財) 정단에서는 공망을 절기(切忌)한다. 관직.임용직 역시 공망이 되면 이룰 수 없다.
- 일간(기궁)이 공망이면 자신이 무력해 진다. 그러나 기궁은 공망으로 보지 않는 경향이 있다.
- 유신(類神)이 삼전에 입전이 되어 공망되면, 목적하는 정단은 공허(空

虛)하고 부실(不實)하다.

- 일간과 상신이 공망이 되고, 4개과 모두 공망이 되면 모든 일은 흩어(解散)진다. 또한 모망사는 이룰 수 없다.
- 질병 정단에서 공망이 되면, 오래된 병은 사망을 하고 신병(新病)은 치료된다.
- 초전이 공망이 되고 말전은 공망이 되지 않고 길신이면, 처음에는 무력하나 후에는 성취한다.
- 점시(占時)가 공망이면 길.흉사는 모두 성립되지 않는다.
- 진여격(進茹格)에서 공망이 되면 후퇴가 옳고, 퇴여격(退茹格)에서 공망이 되면 전진함이 옳다.
- 중전에 공망이 되면 절요(折腰)로서, 허리가 잘리는 상으로 중도 포기한다.
- 말전에 공망이 되면 모든 일은 결과가 없다.
- 질병 정단에서 복덕신(福德神), 즉 손효(孫爻)나 약신이 공망이 되면 치유하기 어렵다.

※ 공망 에서의 10악대패일(十惡大敗日)

순(旬)의 록(祿)이 공망이 되는 날을 "10악대패일" 이라 하고 모든 기운의 식록사는 무력해 진다.

순	甲子	甲戌	甲申	甲午	甲辰	甲寅
록공	壬申	庚辰.辛巳	丁亥.己丑	丙申.戊戌	甲辰.乙巳	癸亥

▶ 공망(空亡) 용어(用語) 정리

공망명(空亡名)	공망위치	내 용
개공(皆空)	천반.지반	상.하 모두 기(氣)가 없다.
부천(孚天)공망 유행(遊行)공망	천반	과숙(寡宿)이라 하여 약 70%가 부족하다.
지저(地氐)공망 낙저(洛氐)공망	지반	100%가 부족하다
허성공(虛聲空)	점시	모든 일은 이루어 지지 않는다.
무의공(無依空)	일간상신	일이 이루어진다 해도 이익이 없다.
무가공(無家空)	일지상신	상대가 무력하고 가택이 무력하다.
고홍공(孤鴻空)	일간기궁	무자본에 의지처가 없다.
참수(斬首)	초전	마치 목을 베듯 시작부터 어려움이 있다.
절요(切腰)	중전	허리를 끊는 상으로 중도에 포기하게 된다.
월족(刖足)	말전	발 뒤꿈치를 자르는 상으로 종국에는 결론이 없다.

※ 공망(空亡)은 필요한 경우도 있고 그렇지 않은 경우도 있기 때문에 반드시 한 가지로 치우쳐 볼 수 없는 것이다.

※ 『필법부(畢法賦)』에서의 공망(空亡)의 정리

- 제 16법 : 공상승공사막추(空上乘空事莫追)
- 제 17법 : 진여공망의퇴보(進茹空亡宜退步)
- 제 18법 : 각답공망진용의(脚踏空亡進用宜)
- 제 50법 : 이귀개공허희기(二貴皆空虛喜期)
- 제 74법 : 공공여야사휴추(空空如也事休追)
- 제 90법 : 래거구공기동의(來去俱空豈動宜)

㉠ 제 16법 공상승공사막추(空上乘空事莫追)

戊子일 11局		
己	辛	癸
貴 丑 空	朱 卯 常	勾 巳 陰
亥	丑	卯

○	乙	庚	己
空 未 貴	常 酉 朱	陰 亥 勾	貴 丑 空
戊 巳	未 ○	子	亥

戊子일 11局 정단에서 일간상신 未는 일간의 순공이다. 또한 천공이 승해 있다. 이른바 천반에 순내 공망이 보이고 천공이 승하면, 무릇, 정단은 빈 뜻과 빈 말이 되고 전혀 실상이 없다 라고 말한다. 간상신이 공망이 앉고 다시 천공이 되니 일신(一身)에 대한 정단이면 가난하게 되고, 질병 정단이면 위급하다. 이에 실재의 뜻이 없으니 길사(吉事)는 흉(凶)하고, 우환사는 흉이 반감된다.

㉡ 제 17법 진여공망의퇴보(進茹空亡宜退步)

癸丑일 12局		
○	○	甲
玄 寅 后	陰 卯 貴	后 辰 匕
丑	寅 ○	卯 ○

○	○	○	○
玄 寅 后	陰 卯 貴	玄 寅 后	陰 卯 貴
癸 丑	寅 ○	丑	寅 ○

癸丑일 12局 정단에서 간상 寅은 순공이다. 또한 삼전이 寅卯辰 방향 木국을 형성, 일간을 탈하고 있다. 또한 4개과가 모두 공망이고 삼전 또한 공망

이다. 하늘과 땅의 도움을 받을 수 없는 상이다. 삼전은 寅卯辰으로 이어지는 진여격(進茹格)이다. 진여격에서 공망이 되면 마땅히 가던 길을 돌아 후퇴해야 하는 상이다. 모두 실의(實意)가 없고 빈 메아리 뿐이다. 후퇴가 옳고 전진은 나쁘다. 간지나 행년 본명상에 일록(日錄)이나 재신(財神)이 보여도 일사무성(一事無成).

ⓒ 제 18법 각답공망진용의(脚踏空亡進用宜)

乙巳일 2局		
○	○	癸
青 卯 合	空 寅 朱	白 丑 匕
辰	卯	寅 ○

○	○	甲	○
青 卯 合	空 寅 朱	勾 辰 勾	青 卯 合
乙 辰	卯	巳	辰

乙巳일 2局의 정단에서 삼전이 卯寅丑으로 역행하는 퇴연주격(退連株格)이다. 또한 삼전이 모두 공망에 해당된다. 말전 丑은 지반 공함이면서 차기순인 甲寅순의 순공에 해당한다. 이는 물러난 뒤 공망을 만나면 나아감이 옳고 물러섬이 옳지 않다. 여기에 질병 정단이면 형제간 질병은 사망할 수도 있고, 관송 정단에서는 관직자나 송사인(訟事人)은 내 뜻을 펼 수가 없다. 이는 나를 생(生)해 주는 오행이 공망이기 때문이다.

㉣ 제 50법 이귀개공허희기(二貴皆空虛喜期)

丙子일 10局			
○	乙	戊	
匕 申 合	陰 亥 貴	白 寅 玄	
巳	申 ○	亥	
○	乙	己	壬
匕 申 合	陰 亥 貴	空 卯 常	合 午 靑
丙 巳	申 ○	子	卯

丙子일 10局의 정단에서 낮 귀인은 酉이고, 밤 귀인은 亥이다. 丙子일 의 순공은 申酉가 된다. 따라서 과전도에 표시는 되지 않았지만 酉인 낮 귀인은 순공이 되고, 중전 亥는 지반 공함이 된다. 이로서 밤.낮 귀인이 공망이 되어 있다. 이 경우, 이미 일을 거짓으로 속여서 허락한 후, 다른 사람들이 먼저 차례를 지키지 않고 일을 본다. 무릇, 정단에서는 모든 일에서 두 귀인이 공망이 되면 결국 어리석음을 면치 못하고 타인으로부터 기쁜 소식이 있더라도 믿지 말아야 한다. 따라서 환희도 없고 근심도 없는 것이다.

㉤ 제 74법 공공여야사휴추(空空如也事休追)

戊戌일 7局			
○	己	○	
常 巳 陰	朱 亥 勾	常 巳 陰	
亥	巳 ○	亥	
己	○	○	戊
朱 亥 勾	常 巳 陰	玄 辰 玄	合 戌 合
戊 巳	亥	戌	辰 ○

戊戌일 7局의 정단에서 초전 巳는 순공이고, 중전 亥는 공함이 되고, 말전

巳 역시 순공이 된다. 이렇듯 삼전이 모두 공망이 되면, 빈 뜻과 빈 말이 되어 전혀 실의(實意)가 없고, 질병과 소송 등의 의혹사에서는 좋고, 모망사를 구하면 순이 지난 후 다시 도모해야 한다. 질병 정단에서 오래된 병은 사망하고 신병(新病)은 안전하다. 또한 삼합과 두 곳이 공망인 곳이, 홀로 한 곳이 공망이 아니더라도 천공(天空)이 승하면 모두 공망으로 본다.

ⓑ 제 90법 래거구공기동의(來去俱空豈動宜)

<table>
<tr><th colspan="4">戊戌일 7局</th></tr>
<tr><td colspan="2">○</td><td>己</td><td>○</td></tr>
<tr><td colspan="2">常 巳 陰</td><td>朱 亥 勾</td><td>常 巳 陰</td></tr>
<tr><td colspan="2">亥</td><td>巳 ○</td><td>亥</td></tr>
<tr><td>己</td><td>○</td><td>○</td><td>戊</td></tr>
<tr><td>朱 亥 勾</td><td>常 巳 陰</td><td>玄 辰 玄</td><td>合 戌 合</td></tr>
<tr><td>戊 巳</td><td>亥</td><td>戌</td><td>辰 ○</td></tr>
</table>

戊戌일 7局의 정단에서 래거(來去)란 반음과(返吟課)를 말한다. 그 이유는 초전.말전이, 그리고 초.중.말전이 교대로 왕래하기 때문이다. 따라서 반음괘를 얻으면 절대로 왕래하고 움직이면 안된다. 반음과의 본정단인 戊戌일 7局처럼 삼전이 모두 공망이면 비록 움직이려는 뜻은 있지만 실제로 움직이지 못한다. 이는 모든 정단에서 왔던 자는 가려하고, 떠난 자는 돌아온다. 그리고 득과 실이 하나로 정해지지 않고, 옛일은 회복하는데 이롭다.

8장

12천장론(十二天將論)

1) 12천장(十二天將)이란?

12천장은 천반에 포진되는 것으로 12천관(十二天官)이라고도 부른다.

천을귀인(天乙貴人)이 주(主)가 되고, 一 등사(螣蛇), 二 주작(朱雀), 三 육합(六合), 四 구진(勾陳), 五 청룡(青龍) 을 전5위(前五位)라 하고, 귀인전(貴人前)一 천후(天后), 二 태음(太陰), 三 현무(玄武), 四 태상(太常), 五 백호(白虎), 六 천공(天空) 을 후5위(後五位)라 하여 귀인후(貴人後)에 있다.

여기서 우리가 주의해야 할 것은 귀인전과 귀인후를 이야기하는 것이다. 우리 학인 들이 학습하면서 어려움을 느끼는 부분이 귀인전(貴人前)은 어느 천장이고, 귀인후(貴人後)는 무엇인가에 대한 판단이다. 이에 대해 본서에 서술하니 숙지하여 착오 없기 바란다.

貴人	순번	1	2	3	4	5	對沖天空
	전	螣蛇	朱雀	六合	勾陳	青龍	
	후	天后	太陰	玄武	太常	白虎	

따라서 모든 천장은 각기 고유의 오행이 소속되어 있다. 그러므로 천반에 승(乘)하는 천장의 오행이 주(主)가 된다. 예를 들어 귀인의 본가는 己丑土인데, 만약 申.酉에서 승(乘)하면 金의 기운에 土천장이 된다면 일간과 비추어 길.흉을 알 수 있다. 또, 亥.子에 귀인인 土가 승했을 경우 水에 대하여

논한다. 즉 土극水가 되었을 경우와 같이 모든 일간을 생(生)했을 경우 길(吉)하고, 일간을 극하면 흉(凶)하다. 따라서 천장을 가지고 논하기보다 천반의 오행이 주(主)가 되어 논한다.

기본적으로 귀인(貴人).청룡(靑龍).태상(太常).육합(六合)을 길장(吉將)으로 보고, 백호(白虎).구진(勾陳).등사(螣蛇).주작(朱雀).현무(玄武).천공(天空) 등의 귀류를 흉장(凶將)으로 본다.

길장(吉將)이 승(乘)한 신이 일간을 생(生)하면 길(吉)이 더욱 길해지고, 길장승신(吉將乘神)이 일간을 극하면 흉하다. 흉장(凶將)이 승(乘)하여 일간을 생(生)하면 길(吉)한데, 단 흉장이 승하여 일간을 극하면 흉이 가임(加臨)된다. 이는 천장이 임한 지반이 생(生)하는가, 또는 극(剋)하는 것을 참작하여 반드시 중요하게 보아야 한다.

그러므로 길하고 좋은 승신(乘神)은 마땅히 생(生)해 주고 왕상(旺相)해야 한다. 다르게 보면, 나쁘고 흉한 승신은 극하고 휴수한 것이다. 또한 승신과 천장과의 내외전(內外戰)을 세밀하게 살펴보아야 한다. 내외전을 하지 않은 신장(神將)은 화(和)하고 기쁨이 있고 걱정이 없다. 또한 신장이 내외전을 하면 불화하고 걱정이 있고 기쁨이 없다. 그러므로,

첫 번째로, 신장이 화(和)하다면 지반이 생(生)해야 하며 왕(旺)하고 길지에 임해야 한다. 또한 일간까지 생(生)한다면 모든 일이 길(吉)로 순(順)한다.

두 번째로, 신장이 불화(不和)하다면, 또 지반이 흉지에 있는데 비록 일간을 생(生)해준다 해도 이익을 구하기 힘들어 진다.

세 번째로, 신장이 화(和)하고 임(臨)한 지반이 생왕(生旺)하여 길지에 앉았으나 일간을 극한다면 압력을 받아 흉으로 가고 흉이 크다.

네 번째로, 신장이 불화(不和)하고 임(臨)한 지반 역시 흉지에 있고, 또한 일간을 극한다면 승신이 자신을 극하여 흉의 힘이 약해진다.

천장 길	임한 지반 길	일간 생	극 길
천장 흉	임한 지반 흉	일간 생	이익을 얻을 수 없다.
천장 길	임한 지반 길	일간 극	흉이 배가(가임)
천장 흉	임한 지반 흉	일간 극	흉의 힘이 약해진다.

12천장은 육임정단의 중심이 되고, 모든 영혼(靈魂)의 주축적인 역할을 한다. 그러므로 모든 학인 들은 반드시 12천장에 대한 의미를 잘 숙지해야 할 것이다.

★ 일간(日干)과 초전(初傳)의 천장길흉표(天將吉凶表)

일간 천장	배속 오행	甲乙	丙丁	戊己	庚申	壬癸
貴人	己 丑	수하존장의 재(財)를 득한다	윗사람과 불화한다	관사 또는 도난이 발생	윗사람 존장 건을 만나다	소인이나 수하인의 혜택이 있다
螣蛇	丁 巳	허(虛)의 놀람과 부실이 있다	매사 암매(暗昧) 불안하다	유아의 기쁨이 있다	문서사나 화(火)의 어려움이 있다	화재의 염려가 있다
朱雀	丙 午	타인으로부터 위해를 받는다	구설과 화상(火傷)의 염려가 있다	문서사가 불명(不明)하다	문서.관사의 불안이 발생한다	관사.소송사가 생기기 쉽다
六合	乙 卯	육친.골육의 화합사가 있다	재(財)로 인하여 근심이 생긴다	선화합(先和合)후 싸운다	구재불성(求財不成)	재(財)의 기쁨이 있다
勾陳	戊 辰	길(吉)한 중에 원망다툼 발생	토지.재(財)로 인한 쟁투 조짐 있다	외출 중에 재앙이 있다	교쟁사(交爭事) 발생한다	어떤 일이든 오래 끈다
青龍	甲 寅	재(財)를 구해서 해가 일어난다	재(財)의 기쁨이 있다	재(財)의 기쁨이 있다	재(財)의 기쁨이 있다	타인으로부터 실패를 본다

天空	戊 戌	어떤 일이든 허의(虛疑)가 생긴다	고용원 또는 수하인이 도둑질하기 쉽다	가정내 불안이 일어난다	길흉이 불성(不成)	허위부실(虛爲不實) 불성의를 만나다
白虎	庚 申	가정내에 불안이 생긴다	가업 불안정의 근심이 생긴다	구설과 재앙 발생	질병의 고통이 있다	외출하면 좋지 않다
太常	己 未	주식(酒食)의 논쟁이 있다	가정내에 기쁨이 있다	불합리한 일이 발생한다	음식에 조심해야 한다	가정불화가 있다
玄武	癸 亥	도움을 받으나 부담스럽다	도난 또는 타인으로부터 사기당하는 일이 있다	재(財)를 도적 맞는다	선손후리(先損後利)	도난.분실사 발생한다
太陰	辛 酉	도주의 일이 있다	결단하기 어려움이 있다	구하고자 하는 일은 불성한다	욕망으로 근심이 생긴다	출입 모두 부실 암매하다
天后	壬 子	음암(陰暗)으로 불명하다	여인의 정쟁(情爭)이 있다	밖에서 기쁨이 있다	도주나 구설수가 생긴다	자녀 또는 개인점에 의해 재앙을 당한다

① 귀인(貴人)

- 천을귀인(天乙貴人)이라 하고, 12천장 중 주(主)가 된다.
- 본가는 己丑 土에 배속되고, 임금.황제의 상이다.
- 주(主)는 관작(官爵). 소명(詔命). 전토(田土)의 상이다.

☞ 12천장 중 가장 으뜸으로 첫 번째의 수장이다. 귀인은 복을 내리게 하고 액운(厄運)을 해산(解散)하나, 귀인 형살이 되어 일간을 극하게 되면, 귀인의 기망과 속임수와 귀인에 의한 재앙이 있을 수 있다.

★ 귀인(貴人)의 해석(解釋)

- 귀인(貴人)이 발용되면 과체(課體)는 길(吉)하다. 주(主)는 구직(求職).승천(升遷).모의(謀議) 등 모든 일에 이롭다.
- 귀인이 일진(日辰).연명(年命) 등에 임하면 대길(大吉)하다. 만약 귀인이 일간과 생합(生合)하면 모든 일이 해결된다. 또한 귀인을 봉(逢)하면 흉(凶)이 변하여 길(吉)이 된다.
- 낮 정단에서 밤 귀인이 나타나고, 밤 정단에서 낮 귀인이 나타나면, 이를 은장귀인(隱藏貴人)이 되어 염막귀인(簾幕貴人)이라 한다. 이는 염막귀인을 일간.연명에 임한 자는 고시 정단에서 높은 점수로 합격한다.
- 관직자가, 염막귀인이 간상이나 연명에 임하면 휴관(休官)이나 퇴직(退職)의 상이다. 보통사람 들이 귀인에 임하면 관직자로 부터 도움을 받는다.
- 귀인이 일덕(日德)이 되어 일간에 임하면, 귀덕임신(貴德臨身)이라 하여 흉한 일을 만나도 화(禍)를 면할 수 있다.
- 귀인이 간지에 임하여 요극으로 발용하면 모든 점은 불길하다.
- 귀인이 묘신(墓神)이 되어 일간에 임하면 귀인의 속임이 있고, 귀인이 귀살이 되어 일간에 임하여 천을신지(天乙神祇)가 되거나, 귀인이 극을 당하거나, 귀인이 일간을 탈기하면, 반드시 귀인으로 인하여 손해를 입는다.
- 사과와 삼전에 모두 귀인이 보이면, 즉 편지귀인(遍地貴人)이라 하여 귀인에게 기댈 곳이 없어 모망사 성립이 어렵다.
- 귀인이 순포(順佈)되는 것은 길(吉)하고, 역포(逆佈)되는 것은 흉하다. 따라서 귀인이 순포하고 다시 일간과 더불어 상생하면, 비록 과전 중 흉장이 보이더라도 그 흉은 감소된다. 또한 귀인 역포하고 다시 일간을 극하면, 비록 과전에 길장이 보이더라도 기쁨 또한 감소한다.

- 귀인이 공망을 만나면 주로 우환이 줄고 기쁜 일도 기쁘지 않다.
- 귀인이 태세에 승하면 반드시 입전하지 않더라도 구조를 받을 수 있고, 모든 일에서 귀인의 조력(助力)을 받을 수 있다. 단 질병은 구할 수 없다.
- 귀인이 일진전(日辰前)에 있으면 동(動)하고, 일진후(日辰後)에 있으면 편안히 안거(安居)한다.
- 주.야 귀인이 卯나 酉에 임하면 관(關), 子나 午에 임하면 격(隔)이라 하여 모든 일이 지체되고 막힘이 많다.
- 귀인이 辰.戌 위에 임하면 귀인이 옥에 갇힌 상이 된다. 반드시 험한 장애로 귀인 스스로 번뇌하는 우환이 있다.
- 귀인이 왕상기(旺相氣)를 타서 발용과 연명상 모두 보이면 명리를 모두 갖춘다.
- 甲戊庚일에 丑.未 양 귀인이 지반 亥에 임하면 귀등천문(貴登天門)이라 하여 네 가지 살(殺)이 사라지고 여섯 흉장(凶將)이 숨으므로 모든 정단사는 길(吉)하다.(이 때 부적.기도.이사.택일을 취하면 유리하다.) 또한 공명(公明)은 가장 길하고, 관직자는 높이 승진하고, 수험생은 합격한다. 이는 비록 과전에 보이지 않아도 연명상에 보이면 같을 수 있다.

※ 귀인접지의 예

戊子일 申시 낮 정단 亥 월장

青 申 巳	勾 酉 午	合 戌 未	朱 亥 申
空 未 辰			匕 子 酉
白 午 卯			貴 丑 戌
常 巳 寅	玄 辰 丑	陰 卯 子	后 寅 亥

戊일의 낮 귀인은 丑이다. 따라서 丑加戌에 귀인이 승한다. 귀인이 음지(巳.午.未.申.酉.戌)에 해당되어 역행을 한다. 그러므로 천반표에 귀인을 배속한다. 또한 귀인 丑과 지반 戌은 동류이나 역행을 하여 귀인의 도움이 순조롭지 못하지만, 전체적인 과전도나, 왕상휴수사나 신살에 의한 세밀 정단하에 길(吉)이나 흉(凶)일 경우에 해당된다.

따라서 귀인에 대한 설명은 명대 학자 능복지에 의해 쓰여진 필법부(畢法賦)의 발취 내용을 전장 구보(九寶)에서 상세히 설명하였으니, 본 귀인편에서는 뜻만 전하는 것으로 갈음한다.

- 염막귀인고갑제(簾幕貴人高甲第)

  (해석) 낮에 정단하면 밤 귀인이 염막귀인이고, 또한 밤에 정단하면 낮귀인 염막귀인이 되는 것이다. 따라서 정단인의 행년과 본명상에 임하거나 일간에 임하면 반드시 높은 성적으로 합격한다.

- 과전구귀전무의(課傳俱貴轉無依)

  (해석) 과전이 모두 귀인이면, 도리어 의지할 곳이 없는 상황을 말한다. 재임 중인 사람은 파견근무를 가고, 소송 정단은 관청을 경유한다.

- 주야귀가구양귀(晝夜貴加求兩貴)

(해석) 주.야 귀인이 서로 가(加)하면 양 귀인에게 답을 구하면 된다. 귀인을 알현 시에는 귀인을 만나지 못한다. 만약 밤 귀인이 낮 귀인 위이면 귀인에게 청탁하는 일은 반드시 얻는다.

- 귀인차질사참차(貴人差迭事參差)

(해석) 귀인이 어긋나게 들어오는 것은 일이 가지런하지 못하다. 이른바 낮 귀인이 밤 지반에 임하고, 밤 귀인이 낮 지반에 임할 때를 말한다. 따라서 귀인에게 부탁하거나 의지하는 것은 나쁘다. 음모와 사적인 기도는 좋다.

- 귀수재옥의임간(貴雖在獄宜臨干)

(해석) 천을귀인이 지반 辰과 戌에 임하는 것을 말한다. 이는 감옥으로 들어간다는 뜻의 입옥(入獄)을 의미한다. 이를 천을입옥(天乙入獄)이라 하여 관직자에게 부탁하면 귀인의 노여움을 사게 되므로, 사적으로 도모하고 음으로 비는 것이 좋다.

- 귀승천을내신지(鬼乘天乙乃神祇)

(해석) 귀살에 천을귀인이 승하면 곧 하늘귀신과 땅귀신이다. 질병 정단이면 반드시 하늘과 땅에 해코지가 있다. 가정 내 사당의 신상에게 엄숙하지 못하여 병환이 되는 것으로, 공을 닦고 덕을 베풀어서 가택신을 편안하게 위로하면 재앙은 많이 소멸된다.

- 양귀수극난간귀(兩貴受剋難干貴)

(해석) 양 귀인이 극을 받으면 귀인에게 아뢰는 일은 어렵다. 귀인에게 부탁하는 일은 어렵고, 귀인의 노함을 사서 장애가 있게 된다.

- 이귀개공허희기(二貴皆空虛喜忌)

(해석) 양 귀인이 공망이 되면 헛된 기쁨을 기약할 수 있다. 이는 어리석은 것을 면치 못하고, 타인으로부터 기쁜 소식이 있더라도 믿지

말아야 한다. 따라서 환희도 없고 근심도 없는 것을 말한다.

> **Tip :** 이상과 같이 능복지의 필법부에서도 귀인의 존재를 크게 부각시키는 만큼 육임에서의 귀인의 역할은 중요함을 부인할 수 없다. 따라서 자세한 것은 전장에서의 구보와 팔살에서 귀인에 대한 자세한 설명을 과전도와 함께 기술한 바 있으니 참고바란다.

★ 천을귀인(天乙貴人)이 승한 12지신(十二支神) 자의(字意) 길흉

[출처 : 심인부(心印賦)의 귀인(貴人)편]

12支	상(象)	상의(象意)
子	해분(解分) 해거분군(解去分裙)	자(子)는 신후(神后)로서, 한밤중을 뜻하고 편안히 있는 상으로 소란스러움이 사라지는 동시에 모든 분쟁이 해소되고 분리된다.
丑	승당(升堂) 정대광명(正大光明)	丑은 대길(大吉)로 귀인의 본가(己丑)이므로, 항상 공명정대(公明正大)하게 치뤄져야 한다. 만약 투서가 있으면 귀인의 접수가 있다.
寅	빙기(憑幾) 이어사방(利於私訪)	인(寅)은 공조(功曹)로서, 안건은 파기되고 귀인의 허물이 있다. 개인적인 면담을 청함이 좋다.
卯	등거(登車) 정인군자(正人君子)	卯는 태충(太衝)으로, 긴급한 일이 아니니 귀인 앞에서 당돌하면 안 된다. 번조하여 불안하며 도로는 막힘이 있다. 가택이사.집안질병 우려
辰	천뢰(天牢) 투옥(投獄)	辰은 천강(天罡)으로, 번뇌가 있으며 면담은 애로가 있다. 상견해(相見解)로 서로 불이익이 된다.
巳	수상(受賞) 군희신열(君喜臣悅)	巳는 태을(太乙)로, 귀인 己丑을 생(生)하므로 길하다. 참신하지 못한 사람은 탈락하고 참신한 사람은 발탁의 기쁨이 있다.
午	수상(受賞) 군희신열(君喜臣悅)	午는 승광(勝光)으로, 귀인 己丑을 생(生)하므로 길하다. 임금과 신하가 모두 기쁘니 참신한 사람은 천거의 발탁이 있다.
未	열석(列席) 연회탁귀(宴會托貴)	未는 소길(小吉)로, 밤 귀인이다. 두 귀인이 만나서 귀인의 귀부(貴府)에 든다. 연회의 상으로 연회가 있고, 귀인에게 바치고 의뢰하는 일은 길하다.
申	이도(移途) 도로영수(道路營遂)	申은 전송(傳送)으로 도로의 신이므로, 도로에 귀인이 있다. 도중에 면담을 청함은 길하다.

酉	사실(私室) 난진이퇴(難進易退)	酉는 종괴(從魁)로서, 일월출입문(日月出入門)이다. 귀인이 사문(私門) 酉에 임하므로 공적 면담은 어려우나 사적인 면담은 이루어 진다.
戌	입옥(入獄) 지뢰(地牢)	戌은 하괴(河魁)로, 입옥(入獄)을 뜻하며 번뇌와 장애가 따르며, 상견해(相見解)하여도 불리하다.
亥	환강(還絳) 신장살몰(神藏殺沒)	亥는 천문(天門)으로, 하늘의 문이다. 귀인이 천문에 오르면 모든 흉이 사라진다. 모든 살이 제압되고 이익을 추구하면 취함이 있다.

※ 귀인(貴人)의 유신(類神)

- 사　람 - 존장. 귀인. 수상. 관청직원. 은인. 고관
- 일 - 조서의 명령장. 관작. 진급. 급여
- 일상품 - 보석. 문장. 머리장식
- 식　물 - 마(痲). 미곡(米穀)
- 동　물 - 소(牛). 자라
- 질　병 - 한열두훈(寒熱頭暈). 어시럼
- 쟁　송 - 쟁송. 재판관
- 색　상 - 황색
- 숫　자 - 8
- 사　숭 - 신불(神佛). 사당(廟宗神). 제사. 귀숭(鬼崇)

★ 귀인의 왕상휴수사(旺相休囚死)

貴人	왕지(旺地)	관작(官爵) 혹은 상사(賞賜)가 있다.
	상지(相地)	귀인이 재물(財物)을 하사한다.
	휴지(休地)	귀인의 근심이 있다.
	수지(囚地)	귀인은 당혹한다.
	사지(死地)	귀인.군자 사상사(死喪死)가 있다.

② 등사(螣蛇)

- 등사의 주(主)는 화촉(火燭). 혈광(血光). 경공(驚恐). 괴이(怪異)이다.
- 본가는 丁巳 火로 흉장(凶將)에 해당된다.

☞ 등사는 흉장이다. 주로 화광(火光)에 의한 놀라움과 의혹이 있고 근심과 두려움의 신으로 괴이사를 나타내기도 한다. 일반적으로 상생.비화하면 무재(無災)이지만, 극하거나 탈기가 되면 흉해진다. 공망 역시 그 흉을 반감하나, 사(蛇)가 형살(刑殺)이 되면 반드시 재병(災病)이 올 수가 있다.

★ 등사(螣蛇)의 해석(解釋)

- 등사(螣蛇)가 승하여, 상생하거나 비화하면 별 재앙이 없지만, 내외전(內外戰)하면 흉하고, 공망이 되면 흉이 반감하고, 형(刑)이나 살(殺)을 이끌면 재앙이나 질병에 이른다.
- 괴이점(怪異占)에서 등사가 왕신(旺神)을 승하면 살아있는 생물이고, 휴수사(休囚死)를 승하면 사물이거나 유성무형(有聲無形)체이다.
- 등사가 화신(巳.午)이나 화신 방향에 임하면, 또한 점시의 지반이 화신(巳.午)이면, 주(主)는 화재 또는 구설이나 관사이다.
- 등사가 일간의 재신(財神)이 되고, 신장(神將)이 왕상하고 상생이 되면 구재점(求財占)에서 길(吉)하다. 그러나 그 반대이면 놀라고 두려운 일이 있다.
- 등사가 일진(日辰)에 임하고, 구매(求買) 점이 되면 반드시 가격이 싼 물건이다.
- 丙日 간상신 戌(묘신)에 임하면, 양사협묘(兩蛇夾墓)라 하며, 점인의 연명상신에 천강 辰이 있어 충(冲)하면, 파묘(破墓)가 되어 흉을 면할 수 있으나, 그렇지 않으면 소송 점에서는 입옥(入獄)되고, 질병 점에서는 암으로 사망하게 된다.
- 등사가 귀살이 되어 일간에 가(加)하면 사귀(蛇鬼)라 하여, 주(主)는 경액지사(驚厄之事)이고, 만약 등사가 귀살에 승하여 일지에 가하면, 주(主)는 가택에 반드시 괴이사(怪異事)가 발생한다. 그러나 6처(4과3전)에 충극(冲剋)이 있으면 구흉(舊凶)을 구할 수 있다.

- 金日 丁神에 등사가 승하여 6처(4과3전)에 보이면, 사승둔귀(蛇乘遁鬼)라 하여 흉한 일과 놀랄 일이 이르니, 공망이 되더라도 해결되지 않는다.
- 등사가 왕상(旺相)하고 상생(相生)하면, 임신과 혼인의 기쁨이 있다.

★ 등사(螣蛇)가 승(乘)한 12지신(十二支神) 자의(字意) 길흉

[출처 : 심인부(心印賦)의 등사(螣蛇)편]

12天神	상(象)	상의(象意)
子	엄목(掩目) 무우무려(無憂無慮)	子는 신후(神后)이다. 子는 등사 丁巳를 극하고, 또한 등사가 밤에 거한다. 뱀이 눈을 감고 자는 형상으로 흉재(凶災)는 약하다. 상(傷)하지는 못한다.
丑	반구(蟠龜) 화소복래(禍消福來)	丑은 대길(大吉)이다. 또한 거북이의 뜻도 들어 있다. 부(夫)는 등사요, 처(妻)는 거북이다. 이는 흉재(凶災)가 약하여 상(傷)하지 못한다.
寅	생각(生角) 유복무해(有福無害)	寅은 공조(功曹)이다. 이는 등사(丁巳)를 생(生)한다. 영화를 담해도 해(害)가 되지 않는다. 寅이 왕상기(旺相氣)이면 교룡이 되어가나 취함이 이롭다.
卯	당문(當門) 출문방해(出門防害)	卯는 태충(太衝)이다. 이는 일.월(日.月)출입의 문이다. 등사가 문에 당도하니 예상치 못한 재난이 있다.
辰	상용(象龍) 재난전소(災難全消)	辰은 천강(天罡)으로 용이 머무는 장소이기도 하다. 뱀이 용의 굴로 들어가니 재난은 모두 소멸된다.
巳	승무(乘霧) 휴상불변(休祥不變)	巳는 태을(太乙)이다. 상서롭지 못하고 안개 때문에 분간할 수 없으니 근신하라.
午	비공(飛空) 거안사위(居安思危)	午는 승광(勝光)이다. 하늘이며 남방의 불이다. 뱀이 하늘로 올라 용으로 화하여 교룡이 되니 큰 뜻을 품는다. 상서로움을 분별할 수 없으니 근신함이 좋다.
未	입림(入林) 우유지락(優遊之樂)	未는 소길(小吉)이다. 木의 묘(墓)이나, 未의 장간에 木이 있어 숲으로 들어가는 상이다. 모든 정단사는 꺼릴 것이 없다.
申	함검(銜劍) 응생대환(應生大患)	申은 전송(傳送)이다. 도끼의 상이다. 등사인 丁巳가 金을 극하니, 그 화(禍)가 적지 않다. 음인(陰人)으로 인한 재앙.병이 생기고, 괴이 구설이 있다.
酉	노치(露齒) 위해비천(危害非淺)	酉는 종괴(從魁)이다. 또한 金의 고향이다. 등사인 火(丁巳)가 金을 극하니 화(禍)가 적지 않다. 음인(陰人)으로 인한 재앙.병이 생기고, 괴이 구설이 있다.

戌	입총(入塚) 재난전소(災難全消)	戌은 하괴(河魁)이다. 또한 火의 묘(墓)이다. 등사가 묘지에 든다. 재난은 모두 소멸된다.
亥	입수(入水) 급용문사(急用文詞)	亥는 천문(天門)으로 수지(水地)이니 등사가 물로 빠진다. 흉을 당해도 길(吉)로 화(化)한다.

※ 등사(螣蛇)의 유신(類神)

- 사 람 - 소인배. 광부(狂婦)
- 일 - 놀람. 공포. 혈광(血光). 형혹(刑酷). 괴이(怪異)
- 일상품 - 빌미(동티). 문화신(文化神)
- 식 물 - 콩. 보리. 밀
- 동 물 - 뱀류. 교룡(巧龍)
- 질 병 - 간질병. 종기. 피. 염증. 두목사지통(頭目四肢痛)
- 색 상 - 자색(紫色)
- 숫 자 - 4
- 사 숭 - 불장객귀(不葬客鬼)

★ 등사의 왕상휴수사(旺相休囚死)

螣蛇	왕지(旺地)	관리(官吏)의 다툼이 있다.
	상지(相地)	쟁송(爭訟)으로 실패한다.
	휴지(休地)	질병(疾病). 괴이(怪異)의 건이 있다.
	수지(囚地)	놀라고 두려운 일이 있다.
	사지(死地)	사상(死喪)의 놀람이 있다.

★ 필법부(畢法賦)에서의 등사(螣蛇)의 해석

- 사호둔귀격(蛇虎遁鬼格)

(해석) 육갑(六甲)일 중 둔순(遁旬) 내 庚에 백호가 승하고 六辛일의 6처의 둔순 내 丁에 등사가 승하여 6처(4과3전)에 있는 것으로 지극한 흉살이 발생한다. 이는 유일하게 공망이 되더라도 그 해(害)가 해소(解消)되지 않는다.

• 양사협묘흉난면(兩蛇夾墓凶難免)

(해석) 양쪽의 등사에서 묘신(墓神)을 끼면 흉을 면하기 어렵다. 소송 정단은 반드시 구금이 되고, 모든 정단하는 일은 흉한 화(禍)로 나타난다. 어둠 속에서 선회하니 형통하기 어려워서 질병 정단은 암으로 사망한다. 출산 정단은 흉하다. 이에 송나라 때 소언화 선생은 큰 돌을 껴안고 강에 투신하는 것에 비유하였다.

• 사묘극지격(蛇墓剋支格)

(해석) 등사나 백호가 일지를 극하는 격으로 반드시 가정에 괴이한 일을 번번히 보게 된다.

Tip : 등사(螣蛇)는 지독한 흉장이다. 좀 더 자세히 공부하려면 구보(九寶)와 팔살(八殺)의 묘(墓)와 귀(鬼)와 더불어 학습하면 흉장의 정의가 가늠될 것이다.

③ 주작(朱雀)

- 주작의 주(主)는 문서. 소식. 구설. 사송(詞訟)이다.
- 본가는 丙午 火에 배속되고 흉장(凶將)이다.

☞ 주작은 흉장으로 신장(神將)이 왕(旺)해지면 길장(吉將)으로, 주로 문장 등의 일이고, 신장이 약하여 쇠(衰)해지면 흉장으로, 주로 화재. 소송.손실.희생.재난 등으로 상(傷)하는 일이 있다. 또한 왕상(旺相)한 신(神)에 형.살(刑.殺)이 되면, 그 해(害)는 배(倍)가 된다.

★ 주작(朱雀)의 해석(解釋)

• 주작 승신이 지반으로부터 생조되고 귀인이 순포하면, 주로 문서의 기쁨이 있다. 반대로 귀인에 역포하고 형.극.휴수(刑.剋.休囚)이면, 화재.송사.재물 손실이 있다.

• 주작 승신이 왕상(旺相)하고 형살(刑殺)이 되면 그 손실이 깊다.

- 공사(公事) 정단에서 주작이 역포가 되어 일간을 극.형(剋.刑)하면, 반드시 높은 관리의 질책을 받고, 그 반대가 되면 해(害)가 없다.
- 고시 정단에서 주작이 보이고, 태세나 월건이 월장에 승하여 속하고, 혹 태세나 월.일이 상합이 되고, 록(祿)이나 마(馬)를 만나고, 일덕이 되어 생.왕.지(生.旺.地)에 임하면, 반드시 높은 점수로 합격한다.(단 형.극이 되거나 공망이 되지 않아야 한다.) 그러나 사.절(死.絕)에 향하면 시험은 반드시 불합격한다.
- 주작이 화신(火神) 巳나 午에 임하고, 火神(巳午)에 향하고, 점시 또한 火神일 경우 화재가 발생한다. 만약 복음과에 신살이 보이지 않으면 화재를 피하여 면할 수 있다.
- 주작이 일덕(日德)이 되어 관성일 때, 이를 문덕(文德)이라 하여 고시에 응시하면 합격하고, 관직에 있는 경우에는 천거 받아 승진할 수 있다.
- 午에 주작이 승한 것을 진주작(眞朱雀)이라 하여, 이는 고시 정단에서 이롭다. 만약 주작이 태세를 생하거나 또는 일간을 생하면, 반드시 높은 점수를 득할 수 있다.
- 주작이 태세를 극하고 申酉를 소송 정단에서 봉(逢)하면 반드시 국가에서 죽음에 이르는 중벌을 내린다.(申酉년 정단에서 태세 申酉를 극할 때)
- 주작 승신이 염막귀인을 극하면 고시 점에서 불합격이 된다.
- 시험 정단에서 주작에 정신(丁神)이 임하면 불합격이 된다.

★ 주작(朱雀)이 승(乘)한 12지신(十二支神) 자의(字意) 길흉

[출처 : 심인부(心印賦)의 주작(朱雀)편]

12天神	상(象)	상의(象意)
子	손우(損羽) 진퇴유상(進退有傷)	子는 신후(神后)이다. 이는 子에서 丙午火를 극하므로, 주작의 날개가 손상되어 전진하기 어렵다. 문서는 무기(無氣)하고, 고시는 불합격한다. 구설송사는 덜 흉하다.

丑	엄목(掩目) 동정구길(動靜俱吉)	丑은 대길(大吉)이다. 丑의 북방의 기운으로 주작을 극제. 동정(動靜) 모두 길(吉)하다. 고시는 불리하고, 구설의 우려는 없다.
寅	안소(安巢) 문서지체(文書遲滯)	寅은 공조(功曹)이다. 주작이 산림 寅에 날아들어 집에 안전이 깃든다. 문서는 지체되고, 구설은 없다.
卯	안소(安巢) 문서지체(文書遲滯)	卯는 태충(太衝)이다. 木이고 문(門)이다. 주작이 자기 집으로 돌아간다. 문서는 지체되고, 구설은 없다.
辰	투강(投綱) 문서유망(文書遺亡)	辰은 천강(天罡)으로 하늘의 그물이다. 주작이 날지를 못한다. 문서를 잃어 버린다.
巳	주상(晝翔) 구설사송흉 (口舌詞訟凶)	巳는 태을(太乙)이다. 火이고 대낮이므로 주작의 기운은 높다. 구설소송은 흉하고, 문서통신은 길(吉)하다.
午	함부(銜符) 고시득중(考試得中)	午는 승광(勝光)으로 주작의 본가로서 진주작(眞朱雀)이다. 고시는 길하며 득한다. 그러나 관송은 어려움을 면치 못한다.
未	임분(臨墳) 소송불단(訴訟不斷)	未는 소길(小吉)이다. 소송은 불단(不斷)이 되어 어려움을 겪고, 시비구설에 휘말린다.
申	려취(勵觜) 문고득지(文考得志)	申은 전송(傳送)이다. 丙午를 극한다. 구설이 왕성하나, 문서나 시험 운은 길(吉)하다.
酉	야조(夜躁) 관벌유재(官罰有災)	酉는 종괴(從魁)이다. 丙午를 극하여 주작이 한밤중에 급해진다. 재앙이 있고 관청으로부터 죄를 묻는다.
戌	투망(投網) 문서유망(文書遺亡)	戌은 하괴(河魁)이다. 또한 땅의 그물인 지망(地網)이 되어 새가 그물에 걸린다. 또한 午의 묘(墓)이다. 문서를 잃어 버린다.
亥	입수(入水) 불능득용(不能得用)	亥는 등명(登明)이다. 주작을 극하여 물에 빠뜨린다. 다시 사용은 불가하다. 모든 사용 점에서 불리하다.

※ 주작(朱雀)의 유신(類神)

- 사　람 - 소관리(小官吏). 용신(龍臣). 광부(狂婦)
- 　일　 - 형욕스러움. 시비. 구설. 소식. 문화. 문장. 시험
- 식　물 - 잡곡류
- 동　물 - 말. 노루
- 질　병 - 토혈(吐血). 종기. 심복상(心復傷)
- 색　상 - 적색
- 숫　자 - 9
- 사　숭 - 부엌. 조앙신

★ 주작의 왕상휴수사(旺相休囚死)

朱雀	왕지(旺地)	관사 구설이 있다.
	상지(相地)	금전 혼인이 일어난다.
	휴지(休地)	질병사 등 모든 일이 불리하다.
	수지(囚地)	모든 일이 자유스럽지 못하다.
	사지(死地)	사상(死傷)에 대한 구설이 있다.

★ 필법부(畢法賦)에서의 주작(朱雀)의 해석

- 진주작격(眞朱雀格)

(해석) 주작이 午에 승하여 6처(4과3전)에 드는 것을 말한다.

㉠ 진주작이 되어 태세를 생하면 반드시 고득점으로 합격한다.

㉡ 진주작이 되어 태세를 극하면 소송 정단은 조정(朝廷)으로 불려가 죄인은 반드시 죽음에 이른다.

㉢ 진주작이 되어 염막귀인을 극하면 시험에 불합격한다.

㉣ 진주작이 되어 정마(丁馬)를 타면 게시판이 장차 밖으로 나가는 뜻으로 이를 꺼린다.

- 작귀격(雀鬼格)

  (해석) 주작이 귀살을 만들어서 일간을 극하는 격

  ㉠ 조정의 관직에 있는 사람은 탄핵의 상소를 예방해야 한다.

  ㉡ 신하가 임금에게 간하는 글은 마땅하지 못해 쫓겨 나는 형상.

- 귀인기탄격(貴人忌憚格)

  (해석) 주작이 승한 신에서 귀인을 극하면, 귀인에게 부탁하는 일은 반드시 귀인이 어렵게 여겨 꺼린다.

④ 육합(六合)

- 육합의 주(主)는 자손. 화합. 혼인. 교역. 중매. 음사(陰私). 재물의 구설이다.
- 본가는 乙卯에 배속되고 길장(吉將)이다.

> ☞ 육합은 길장(吉將)으로 신장(神將)이 왕(旺)하면 서로 화합하고 도움을 주는 신이 되고, 주로 혼인.교역 등의 일이지만 신장이 약하여 쇠(衰)해 지면 허위나 사기 등으로 작용하고 특히 음사(陰私)나 암매(暗昧) 등의 작용을 하기도 한다.

★ 육합(六合)의 해석(解釋)

- 육합은 득지(得地)하면 화합지상(和合之象)이고, 실지(失地)하면 음사암매지상(陰私暗昧之象)이다.
- 육합이 왕기(旺氣)가 되어 발용 입전이 되면, 주(主)는 혼인.태산.재물의 기쁨이 있다. 만약 휴수(休囚)가 되어 발용하고 일간과 형.극(刑.剋)을 하면, 주(主)는 재물 구설이나 음인(陰人)의 음사이다.
- 육합에 酉나 戌이 승하면 관직자는 퇴직하고, 도적 점에서는 도망가기 어렵다. 또한 종업원은 도망간다.
- 육합이 천후와 같이 입전하면, 교동일녀(狡童泆女)라 하여, 주(主)는 간

사부정(奸邪不正)과 모든 점에서의 색정(色情)으로 인한 재앙이다.

- 육합은 혼인 경사의 신으로서 모망사.교역.태산.중매인.음사.재물계약 등의 일을 주관하다.
- 육합이 金에 승하면, 내전(內戰)이라 하여 여자형제의 구설이 있다.
- 육합이 土에 승하면, 외전(外戰)이라 하여 매사는 바깥에서 일어나고 불안하다.
- 육합이 子.午.卯.酉에 승하면 불합(不合)된다 하여 음사를 품는다.

★ 육합(六合)이 승(乘)한 12지신(十二支神) 자의(字意) 길흉
[출처 : 심인부(心印賦)의 육합(六合)편]

12天神	상(象)	상의(象意)
子	반목(反目) 무례소치(無禮所致)	子는 신후(神后)이다. 육합 乙卯와는 子卯형을 이룬다. 이는 무례지형으로 피차 무례의 소치로 일을 그르치고, 부부 사이는 반목한다.
丑	엄장(嚴妝) 사장성취(事將成就)	丑은 대길(大吉)이다. 丑은 귀인의 본가이다. 모든 일은 후에 성취된다.
寅	승헌(乘軒) 매약성환(媒約成歡)	寅은 공조(功曹)이다. 이는 수레의 상이다. 매사 기쁘고, 중매가 성취되는 경사가 있다.
卯	입실(入室) 사이성취(事已成就)	卯는 태충(太衝)이다. 또한 구진(勾陳)의 본가이기도 하다. 모망사는 성취할 수 있다.
辰	위례(違禮) 실례초화(失禮招禍)	辰은 천강(天罡)이다. 육합과 육해의 관계이다. 예를 잃어버려 화를 부른다. 범죄가 성립할 수 있다.
巳	불해(不諧) 경공불길(驚恐不吉)	巳는 태을(太乙)이다. 모든 뜻은 모아지지 못하고, 매사 놀라고 불길한 일이 생긴다.
午	승당(升堂) 사개성수(事皆成遂)	午는 승광(勝光)이다. 뜻을 향해 노력하면 현상이 나타나며, 모든 일은 성취하여 이루어 진다.
未	납채(納彩) 앙신성희(仰新成喜)	未는 소길(小吉)이다. 이는 육합의 묘(墓)이기도 하다. 일이 지연되고 막힌다. 새롭게 의지하는 일은 기쁨과 희망을 준다.
申	결발(結髮) 연합유경(聯合有慶)	申은 전송(傳送)이다. 결발은 상투를 틀거나 쪽을 지는 형상이다. 서로 연합하면 경사스러운 일이 생길 수 있다.

酉	사찬(私竄) 광명반앙(光明反殃)	酉는 종괴(從魁)이다. 또한 사문(私門)으로 육합과는 충(沖)을 하고 있다. 이는 밝은 면 뒤에는 반대로 재앙이 있다.
戌	망수(亡羞) 인화초재(引禍招災)	戌은 하괴(河魁)이다. 육합과는 육합이 된다. 이는 화(禍)를 끌어들여 재앙을 초래하는 격이나, 모든 일을 잘 관찰하여 보아야 한다.
亥	대명(待命) 필유성취(必有成就)	亥는 등명(登明)이다. 또한 천문(天門)이기도 하다. 때를 기다리면 반드시 성취할 수 있다.

※ 육합(六合)의 유신(類神)

- 사 람 - 자손. 친구. 중매인. 기술자
- 일 - 화합. 성취. 연회. 집회
- 식 물 - 대나무. 나무
- 일상품 - 목죽류(木竹類)
- 질 병 - 음양부조. 심장
- 색 상 - 푸른색
- 숫 자 - 6
- 사 숭 - 목신(木神). 조왕신

★ 육합의 왕상휴수사(旺相休囚死)

六合	왕지(旺地)	상장. 천직(遷職)의 기쁨이 있다.
	상지(相地)	결혼사. 재(財)의 기쁨이 있다.
	휴지(休地)	질병. 음사(陰私)의 일이다.
	수지(囚地)	록(祿)이 깨지고 음모사가 있다.
	사지(死地)	재(財)의 다툼이나 사상사(死喪事)가 있다.

★ 필법부(畢法賦)에서의 육합(六合)의 해석

- 우자격(憂子格)

(해석) 월건의 사기(死氣)가 육합을 극하는 것

- 출산시기에 있어 태아에게 근심과 흉이 있다.

• 후합점혼기용매(后合占婚豈用媒)

(해석) 일간과 일지 위에 천후와 육합이 승하는 것이다.

㉠ 교동격(狡童格) : 일간에 육합이 승하고 일지에 천후가 승하거나, 초전 육합 중.말전에 천후가 승한다. 이는 남자가 여자를 희롱하는 경으로 사정(私情)으로 본다.

㉡ 일녀격(泆女格) : 일간에 천후가 승하고 일지에 육합이 승하거나 하여 여자가 남자를 희롱하는 격으로 사정(私情)으로 본다.

• 육편판격(六片板格)

(해석) 육합이 申에 승하여 卯에 임하면 이격으로 입관의 뜻이 된다.

申은 곧 身이 되기 때문이다. 3월정단 〈3월의 사기(死氣)는 申〉 이면 더욱 분명하다. 또한 천반에 육합이 있고, 지반에 묘(卯)만 있으면 널(관)이 된다.

⑤ 구진(勾陣)

- 구진의 주(主)는 전투. 사송(詞訟). 쟁론(爭論). 구류(勾留). 전원(田園). 분묘(墳墓)가 된다.
- 본가는 戊辰 土에 배속되고 흉장이다.

☞ 구진은 흉장이다. 따라서 쟁송을 좋아하고 두 마음을 감추는데, 전투와 사송 등의 일이다. 일은 지체되고 머무르게 된다. 모든 일에 구진이 승하면, 지체의 신으로 보아야 할 것이다. 또한 관직 정단에서의 구진은 인수(印綬)로 보는데, 이는 기운의 세기에 따라 달라질 수 있다.

★ 구진(勾陣)의 해석(解釋)

• 구진의 주(主)는 구류.지체(遲滯)이고 장애.의외사 등에 있고, 상문이나 조객을 만나면 불효의 신이 되어 상을 치루기 쉽다.

- 관직자는 구진이 인수가 되고, 왕하면 길하고 쇠하면 흉하다.
- 구진이 형(刑)이 되거나 귀살이 되면 재앙이 온다.
- 구진에서 일간을 극하면 소송 정단에서는 내 뜻을 펴기 어렵고 억울함을 호소하기 어렵다.
- 일간에서 구진을 극하면 소송 정단에서는 내 뜻을 펼 수가 있고 억울함을 호소할 수 있다.
- 구진에서 일간을 극 하더라도, 구진의 음신이 귀인을 승하고 일간을 생하면 흉화위길(凶化爲吉)이 된다. 단 음신과 본인의 연명에 공망이나 락공이 되어서는 안 된다.
- 구진에 음신의 흉장인 주작이나 등사가 승하고, 형살을 띈 흉살이 되어 일간을 극하면 흉이 더 심해진다.
- 구진이 왕상(旺相)하고 일진에 임하면 택.묘(宅.墓) 정단에서는 편안하다. 만약 휴수(休囚)하고 일진에 형극(刑剋)을 하면 불안하다.
- 구진이 일덕(日德).천강(天罡) 辰.양인(羊刃)에 해당되어 일간상신이 되면, 도둑체포 정단에서는 도둑을 체포할 수 있다. 또한 구진 승신에서 현무 승신을 극하면 도둑을 체포할 수 있다. 이는 구진은 경찰관의 유신으로 도둑 유신인 현무를 극하기 때문이다.
- 구진에서 현무를 생하거나 또는 현무가 구진을 생하면, 도둑은 체포하지 못하거나 멀리 도망간다. 이는 경찰관이 마치 도적을 돕는 상이다.
- 구진에서 현무를 극하면 전쟁 점. 경기 점에서 승리할 수 있다.
- 구진이 입전하거나 일진에 임하고, 또한 구진 승신에서 현무 승신을 극하면 날씨가 맑다.

★ 구진(勾陳)이 승(乘)한 12지신(十二支神) 자의(字意) 길흉

[출처 : 심인부(心印賦)의 구진(勾陳)편]

12天神	상(象)	상의(象意)
子	투기(投機) 암조독수(暗遭毒手)	子는 신후(神后)이다. 구진에서 戊辰을 극한다. 투기는 망령의 기틀이 되어 암적으로 독을 도와 능욕스럽다.
丑	수월(受越) 암수기릉(暗受欺凌)	丑은 대길(大吉)이다. 귀인의 본가이다. 월건으로 인한 암적인 박해를 받는다.
寅	조수(遭囚) 게발죄행(揭發罪行)	寅은 공조(功曹)이다. 구진을 극하여 감옥에 갇힌다. 범행이 들추어 진다. 그러나 투서를 넣어 상소함이 옳다.
卯	임문(臨門) 가정불화(家庭不和)	卯는 태충(太衝)이다. 구진을 극하여 쟁투신(爭鬪神)이 문에 임하니 가정이 편안치 못하다.
辰	승당(升堂) 원굴난해(冤屈難解)	辰은 천강(天罡)이다. 구진의 본가이다. 원한짐과 굴욕을 풀 수 있는 방법이 어렵다. 소송 조심.
巳	봉인(捧印) 사인우승천 (仕人遇升遷)	巳는 태을(太乙)이다. 봉인은 월급을 받는 도장이다. 관직자는 승천을 할 수 있다.
午	반목(反目) 피타인견루치송 (彼他人牽累致訟)	午는 승광(勝光)이다. 이는 서로 반목하고 타인을 끌어들여 소송으로 연루된다.
未	인역(人驛) 행도탄도(行道坦道)	未는 소길(小吉)이다. 구진과 동질이다. 이는 판판하고 탄탄한 길을 가다. 즉 승승장구할 수 있다.
申	추호(趨戶) 재난입문(災難入門)	申은 전송(傳送)이다. 구운이 반복되고 재난이 임박해 있다.
酉	피도(披刀) 주유형책(主有刑責)	酉는 종괴(從魁)이다. 또한 숙살로 칼을 뜻하며 두 쪽으로 갈라짐을 의미한다. 형책이 있다.
戌	하옥(下獄) 입옥소송(入獄訴訟)	戌은 하괴(河魁)이다. 또한 구진과 대충(對冲)관계에 있다. 소송하여 입옥이 된다.
亥	건상(褰裳) 구운반복(勾運反復)	亥는 등명(登明)이다. 또한 천문이 된다. 구진이 亥에 이르면 흉이 반복된다.

※ 구진(勾陳)의 유신(類神)

- 사 람 - 군인. 형사. 옥리. 하급인(下級人)
- 일 - 소송. 전투
- 일상품 - 와석(瓦石). 건물. 전지(田地)
- 식 물 - 과실(果實)
- 동 물 - 물고기. 곤충
- 질 병 - 한열왕래(寒熱往來)
- 색 상 - 황색
- 숫 자 - 5
- 사 승 - 토신(吐神)

★ 구진의 왕상휴수사(旺相休囚死)

勾陳	왕지(旺地)	귀인의 쟁사(爭事)가 있다.
	상지(相地)	귀인의 쟁송사(爭訟事)가 있다.
	휴지(休地)	병인사(病人事) 또는 전택의 다툼이 있다.
	수지(囚地)	송사. 관사가 일어난다.
	사지(死地)	죽은 사람의 재물(財物)건이 있다.

⑥ 청룡(靑龍)

- 청룡의 주(主)는 승천(升遷). 희경(喜慶). 재백(財帛). 미곡(米谷). 혼인. 서계(書契). 관부(官府). 신랑 이다.
- 본가는 甲寅 木에 배속되며 길장(吉將)이다.

☞ 청룡은 길장으로 구재(求財)의 유신이 되기도 하고 결혼의 유신이 되기도 한다. 일상사의 부귀존영(富貴尊榮)의 신이기도 하다. 이는 왕상할 때와 휴수할 때가 극명히 갈리어, 휴수하거나 탈기를 당하게 되면 그 반대로 재물의 손실이 있을 수 있고, 존귀함 보다는 허접함을 엿볼 수 있다. 주로 모든 희경사(喜慶事)를 주관하기도 한다.

★ 청룡(靑龍)의 해석(解釋)

- 모든 공사(公事) 정단에서는 청룡이 희신(喜神)이다. 그러나 승신에 형.살(刑.殺)이 입전하여 일간을 극하면 그 반대이다.
- 혼인 정단에서는 남자를 나타내고, 천후는 여자 유신을 나타낸다.
- 구재(求財) 정단에서 청룡이 유신이 되고, 또한 청룡이 입전되거나 일진상신으로 왕상하고, 왕상지(旺相地)에 임하고 일진과 상생하면 크게 이익이 있다.
- 도적 정단에서는 청룡이 입전하는 것을 크게 꺼린다. 그 이유는 청룡은 머리만 보이고 그 꼬리가 보이지 않기 때문이다.
- 행인 정단에서는 청룡과 만나 입전하면 타향으로 가버린다.
- 질병 정단에서 청룡이 입전하면 필시 술로 얻은 병이거나 지나친 방사에 의해 얻어진 질병이다.
- 관직 정단에서 청룡은 문관, 태상은 무관을 나타낸다. 여기에서 일간을 생(生)하면 길(吉)하고, 그 반대이면 흉(凶)하다.
- 청룡이나 태상이 태세에 승하여 입전하면, 반드시 승천(升遷)한다.
- 청룡이 승한 승신이 흉살에 해당되어 일진과 충(冲)이 되면 길(吉)이 변하여 흉(凶)이 된다.
- 청룡이 득지(得地)하면 부귀를 누리고, 청룡이 실지(失地)하면 재물이 밖으로 나간다.
- 청룡은 문자. 서적. 재백. 배와 차(舟車). 목재. 의복. 서류. 관청. 승진. 승도. 인격자 혼인. 희경. 중매. 태산. 연회 등을 주관하는 신이다.
- 청룡과 살(殺)이 공병(共倂)하고 일진에 임하면 기쁨 중에 쟁사(爭事)가 있다.

★ 청룡(靑龍)이 승(乘)한 12지신(十二支神) 자의(字意) 길흉

[출처 : 심인부(心印賦)의 청룡(靑龍)편]

12天神	상(象)	상의(象意)
子	입해(入海) 증복해화(增福解禍)	子는 신후(神后)이다. 청룡(甲寅)을 生하고 바다로 입수한다. 복(福)은 더욱 증가하고 화(禍)와 해(害)는 자연 소멸된다.
丑	반니(蟠泥) 모사불성(謀事不成)	丑은 대길(大吉)이다. 반니는 진흙에서 뒹굼을 말한다. 모두 탁하다. 모(謀)하는 모든 일은 성사되지 않는다.
寅	승운(乘雲) 이어경영(利於經營)	寅은 공조(功曹)이다. 마치 용이 구름을 탄 듯 승운이 되어 창공을 날으니, 모(謀)하는 사업은 이롭게 경영된다.
卯	구뢰(驅雷) 시전소능(施展所能)	卯는 태충(太衝)이다. 진(震)괘로 우화를 뜻하니, 우뢰와 청운의 뜻을 펼치니 능력을 발휘하면 할수록 그 능력이 커진다.
辰	비천(飛天) 대유작위(大有作爲)	辰은 천강(天罡)이다. 하늘을 날아 노니는 상이다. 모든 일은 경사가 있다.
巳	엄목(掩目) 모구실리(謀求失利)	巳는 태을(太乙)이다. 청룡과 형(刑)을 이루고 있다. 엄목은 뱀이 자신을 숨기고 있는 모습이다. 구하고자 하는 것은 얻지 못한다.(失利가 된다.)
午	소신(燒身) 재물수손(財物受損)	午는 승광(勝光)이다. 자신의 몸을 불사하는 형상이다. 재물의 손실이 있다.
未	재릉(在陵) 모망난수(謀望難遂)	未는 소길(小吉)이다. 청룡의 묘(墓)이기도 하다. 모망사는 이루어지지 않는다.
申	상린(傷鱗) 동모수상(動謀受傷)	申은 전송(傳送)이다. 용이 비늘을 상하는 격이다. 움직여서 모(謀)하는 일은 상함이 없다. 정수(靜守)하여야 한다.
酉	최각(摧角) 불가망동(不可妄動)	酉는 종괴(從魁)이다. 음으로 청룡을 극한다. 망동하지 말고 관망해야 한다.
戌	등괴(登魁) 쟁권탈리(爭權奪利)	戌은 하괴(河魁)이다. 또한 지망(地網)으로 청룡이 나망에 든다. 소인이 재물을 가지고 다투고, 권력을 가지고 싸운다.
亥	유강(遊江) 비상길경(非常吉慶)	亥는 등명(登明)이다. 청룡을 생조한다. 길경사(吉慶事)가 있다.

※ 청룡(靑龍)의 유신(類神)

- 사 람 - 부자. 귀인. 장관. 귀족. 태산(胎産)
- 일 - 의례
- 식 물 - 곡물
- 동 물 - 용(龍). 호(虎). 표(豹). 낭(浪)
- 질 병 - 심열(心熱). 심장질환. 눈 질환
- 색 상 - 푸른색
- 숫 자 - 7

★ 청룡의 왕상휴수사(旺相休囚死)

靑 龍	왕지(旺地)	귀인이 천거(遷擧)한다.
	상지(相地)	결혼의 기쁨이 있다.
	휴지(休地)	지난 날의 주식록(酒食祿)이 있다.
	수지(囚地)	하인의 재물의 록(祿)이 있다.
	사지(死地)	죽은 이의 재물이 있다.

⑦ 천공(天空)

- 천공의 주(主)는 계약. 허사(虛詐). 주서(奏書)의 신. 종업원. 사기. 하급공무원 이다.
- 본가는 戊戌 土에 배속되는 흉장이다.

☞ 천공은 흉장으로 천지의 잡기를 얻으면, 사람 사이에 서로 속이고, 거짓을 관장하는 신이 되어 움직여도 이익이 없고, 고요해도 요망하게 해치는 기운이 있다. 천을 귀인과 대충되는 방위에 있으며, 유명무실하게 되고 공망과 비슷한 뜻의 유신이기도 하다. 주로 허위(虛爲)나 사교(詐巧) 등의 일이 12천장 유신 중 천공이 갖는 특징이기도 하다.

★ 천공(天空)의 해석(解釋)

- 천공의 주(主)는 유명무실이다. 공망과 비슷한 류(類)이다. 허위. 사기 등의 일이다.

- 천공이 승하여 일간을 탈기하면, 일명 탈상공(脫上空)이라 하여, 주(主)는 사기부실(詐欺不實)이다.
- 삼전 중 2개의 전(傳)이 공망이고 남은 하나가 천공을 승하면, 삼전은 모두 공망으로 본다. 이는 모든 일에 실제가 없다. 단, 2개의 전이공망이 아니고 천공 하나만 승하면 천공 본래의 뜻으로 본다.
- 소송 정단에서 발용 후, 말전에 천공이 승하면 송사는 사라진다.
- 구제 정단에서는 크게 흉하다.
- 혼인 정단에서 천공이 발용이 되고 일진에 임하면, 그 집에는 반드시 홀아비나 과부가 있다. 만약 그렇지 않다면 집안의 조업(祖業)을 지키지 못한다.
- 종업원 정단에서는 천공이 유신이다. 이에 천공 승신이 일간과 삼합하면 길하다. 즉 종업원이 힘을 얻는다. 그와 반대가 되면 종업원이 힘을 얻지 못해 흉하다.
- 천공 승신이 괴강(辰.戌)이면, 종업원 정단에서 종업원은 비양심적이다.
- 고시 정단에서 천공이 발용되면 길하다. 그 이유는 천공은 주서(奏書)의 신이기 때문이다.
- 천공이 사계(四季)인 辰.戌.丑.未에 승하면, 천공을 폐(閉)한다 하여 대사(大事)는 불성한다. 그러나 소사(小事)는 소성(小成)한다.
- 천공이 왕상(旺相)하고 생기(生氣)이면, 재백(財帛)의 기쁨이 있다.
- 일간상신에 임하여 왕상하면, 행상영업(行商營業)은 이익이 있다.
- 모사(謀事). 기타를 사람에게 위탁하면 허사에 봉한다.
- 제4과 상신에 천공을 승하고 묘신(墓神)이 승하면, 묘상(墓相)가상(家相)에 문제가 있다.
- 천공에 승한 둔간이 壬癸가 되면, 이를 가리켜 천공하루(天空下淚)라 해서 질병 정단에서는 주로 사망한다.

★ 천공(天空)이 승(乘)한 12지신(十二支神) 자의(字意) 길흉

[출처 : 심인부(心印賦)의 천공(天空)편]

12天神	상(象)	상의(象意)
子	방실(房室) 인여유환(因女有患)	子는 신후(神后)를 나타내며, 여인을 뜻하기도 하다. 천공(戊戌)에서 子를 극하니, 여자가 원인이 되어 걱정이 있다.
丑	시측(侍側) 사편기인(詐騙欺人)	丑은 대길(大吉)이다. 천공(戊戌)과 형(刑)으로 구성. 윗사람을 속이고 기만한다. 관직자는 발탁된다.
寅	피제(被制) 조체구설(阻滯口舌)	寅은 공조(功曹)이다. 木으로 천공(戊戌)을 극제하니, 일이 막힘이 많고 어려움을 겪으며 구설이 있다.
卯	승모(乘侮 폭객기릉(暴客欺凌)	卯는 태충(太衝)이다. 木으로 천공(戊戌)을 극제하니, 모멸과 기망을 당한다.
辰	처기(處機) 소사가성(小事加成)	辰은 천강(天罡)이다. 천강은 하늘의 지옥문이다. 천공과 충(沖)을 하여 문이 열리니, 작은 일은 성공 가능하다.
巳	수욕(受辱) 혈리지질(血痢之疾)	巳는 태을(太乙)이다. 능욕과 굴욕을 당하나, 모망사는 길하다. 이질.설사가 심해 혈변을 본다.
午	문명(文明) 독서식자(讀書識字)	午는 승광(勝光)이다. 진주작(眞朱雀)의 남방이다. 밝음을 나타내며, 글자를 알 수 있는 식견이 있다.
未	대기(待機) 기사득재(欺詐得財)	未는 소길(小吉)이다. 천공(戌)과 형(刑)을 이루어 밝지 못하다. 또한 사기와 기만으로 재(財)를 취득한다.
申	고설(鼓舌) 교언간사(巧言奸詐)	申은 전송(傳送)이다. 천공이 탈기를 당하여 힘을 잃는다. 소인배의 간사한 속임수가 있다.
酉	미닉(微匿) 간인귀계(奸人詭計)	酉는 종괴(從魁)이다. 속이고 기만한다. 천공의 탈기로 힘을 잃는다. 간사한 사람의 속임수가 있다.
戌	대발(待發) 백사구허(百事俱虛)	戌은 하괴(河魁)이다. 또한 천공의 본가이다. 이는 일이 일어날 것을 기다린다. 그러나 백 가지의 모든 일은 허사가 되고, 종업원에 의해 이루어 진다.
亥	유관(濡冠) 구설시비(口舌是非)	亥는 등명(登明)이다. 亥水의 기운으로 관(冠)을 적시니 하사불성이고, 간신배의 모략과 시비구설이 있다.

※ 천공(天空)의 유신(類神)

- 사　람 - 종업원. 사기꾼. 추한 부인. 가난뱅이. 노복
- 　일　 - 사기사. 부실
- 사　물 - 악취물. 정호(井戸)
- 식　물 - 오곡
- 동　물 - 이리. 낭(狼)
- 질　병 - 기허. 관절. 동통. 대변불통
- 색　상 - 황색
- 숫　자 - 5
- 사　숭 - 원귀

★ 천공의 왕상휴수사(旺相休囚死)

天空	왕지(旺地)	귀인의 사기를 방비하다.
	상지(相地)	재(財)의 사기를 당하다.
	휴지(休地)	사기와 거짓에 걸린다.
	수지(囚地)	형옥(刑獄)에 대한 사기를 당한다.
	사지(死地)	죽은 사람의 일로 기망을 당한다.

⑧ 백호(白虎)

- 백호의 주(主)는 도로. 살벌(殺伐). 질병(疾病). 형육(刑戮). 혈광지사(血光之事). 살상(殺傷) 이다.
- 본가는 庚申 金에 배속되고 최고의 흉장이다.

☞ 백호는 흉장으로 그 세력이 왕(旺)해지면 위엄 있고, 힘이 있고 맹렬하다. 하지만 그 세력을 잃고 쇠(衰)하면 세력이 없는 여우와 이리가 되며, 사물을 해치는 흉신이 된다. 주로 도검(刀劍)이나 혈광(血光)의 일이고 사망 등의 일이다. 형살(刑殺)이 되면 재화(災禍)를 만난다.

★ 백호(白虎)의 해석(解釋)

- 백호는 용맹하고 권위적인 신장이다. 관직 정단에서 백호가 발용하여 입전하면 길하다. 또한 형살을 동반하여 일간을 극하면 더욱 길하게 본다. 이는 무직(武職)에 가장 길하다.
- 질병 정단에서는 가장 흉하게 본다. 만약 백호의 승신이 일간을 극하거나 살(殺)이 되어 일간을 극하고, 또는 두괴(斗魁)에 승하여 일간이나 행년.백호의 음신이 일진을 극하고 본명을 극해도 모두 흉하게 본다.
- 백호가 공망이 되거나 일덕이 되면, 흉을 면할 수 있다.
- 백호에 흉살이 중중(重重)하면, 이는 구제할 수 없게 된다.
- 백호와 등사가 가장 흉한데 이는 혈광지신(血光之神)이기 때문이다.
- 소송 정단에서 백호 승신이 일간을 극하는 것을 가장 흉하게 본다.
- 묘택(墓宅) 정단에서 백호가 임한 방향에 따라 그 방향에 암석 또는 신을 모시는 사람이 있다.
- 행인(行人) 정단에서의 백호는 도로의 신이다. 백호 승신이 초전이 되면 곧 도착하고, 중전이 되면 도착하기 전 오는 중이고, 말전이 되면 약속을 잊어버리고 오지 않는다.
- 묘성과(昴星課)에서 백호가 승하면 흉화를 면하기 어렵다. 반드시 경천동지(驚天動之)의 흉화가 발생한다.
- 백호가 상문살이나 조객을 띄고 일지에 임하면, 가정 내 초상이 나거나 외부에서 상을 당해 집으로 돌아 온다.
- 천시 정단에서 백호의 주(主)는 태풍이다. 백호가 발용이 되면 태풍이 온다.
- 백호가 역마에 승하여 일간을 극하면, 이를 호귀재마(虎鬼載馬)라 하여 흉화가 빠른 속도로 온다. 또한 관직 정단에서는 호귀재마를 최관사자(催官使者)라 하여 부임이 빠르게 된다.

- 백호가 귀살이 되어 일간에 임하면 이를 호귀(虎鬼)라 한다. 이는 질병 정단에서 반드시 위험하고, 소송 정단에서는 감옥에 간다. 주로 재화난도(災禍難逃)의 상이다.

- 백호가 사기(死氣)가 되어 흉으로 바뀌어도, 과전 혹은 연명상에 백호를 극제할 수 있는 신이 있다면, 능히 그 흉을 면할 수 있다.

- 호귀(虎鬼)가 일지에 임하면 가택이 불안한 상이다.

- 백호가 둔귀(遁鬼)가 되어 일간에 임하면 혼매흉악(昏昧凶惡)의 상이다.

- 백호가 사신(死神).사기(死氣)가 되는 것을 호함시(虎銜屍)라 하여, 만약 일지에 임하면 집안에 초상이 동한다.

- 백호의 유신에서 일진.연명을 극하면 모두 흉의 작용을 한다.

★ 백호(白虎)가 승(乘)한 12지신(十二支神) 자의(字意) 길흉
[출처 : 심인부(心印賦)의 백호(白虎)편]

12天神	상(象)	상의(象意)
子	익수(溺水) 음신부지(音信不至)	子는 신후(神后)를 나타내며, 이는 백호가 물에 빠진 격이다. 기다리는 소식은 오지 않는다.
丑	재야(在野) 손상재물(損傷財物)	丑은 대길(大吉)이다. 백호에 탈기되어 소가 호랑이에게 먹히는 상이다. 재물의 손상이 있다.
寅	등산(登山) 생살지위(生殺之威)	寅은 공조(功曹)이다. 木은 산림을 뜻한다. 백호가 산림에 드는 격으로 위세가 위세가 등등하다. 생살에 대권을 쥔다. 평민은 형벌의 흉이 있다.
卯	임문(臨門) 절상인구(折傷人口)	卯는 태충(太衝)이다. 문이다. 백호가 문으로 임한다. 공포스럽고 불안하다.
辰	서인(噬人) 대흉필피(大凶必避)	辰은 천강(天罡)이다. 사람을 씹고 있다. 큰 흉이 도래하니 반드시 피해야 한다.(관재.형륙의 상)
巳	분신(焚身) 화해소제(禍害消除)	巳는 태을(太乙)이다. 능히 백호(庚申)를 극제할 수 있다. 화나 해를 소멸하여 제거할 수 있다.
午	분신(焚身) 해제재화(解除災禍)	午는 승광(勝光)이다. 능히 백호(庚申)를 제압할 수 있다. 재앙과 화는 해소되어 제거된다.

未	재야(在野) 손해재물(損害財物)	未는 소길(小吉)이다. 호랑이가 양을 씹어먹는 상으로 재물의 손해에 대비해야 한다. 흉이 크므로 방지해야 한다.
申	함첩(銜牒) 도로창통(道路暢通)	申은 전송(傳送)이다. 백호의 본가이다. 모든 길이 열리고 좋은 소리가 들린다.
酉	임문(臨門) 절상인구(折傷人口)	酉는 종괴(從魁)이다. 또한 백호의 문이다. 사람이 백호에 물려 상하는 상이다.
戌	낙정(落井) 화소평안(禍消平安)	戌은 하괴(河魁)이다. 또한 지망(地網)으로 땅의 지옥이다. 백호가 우물에 빠진 격으로, 모든 화가 소멸되고 평안하다.
亥	익수(溺水) 단무흉험(但無兇險)	亥는 등명(登明)이다. 백호가 물에 빠진 격이다. 흉이 위험하고 크다. 정세가 크게 흉하다.

※ 백호(白虎)의 유신(類神)

- 사 람 – 환자. 군자. 전사자
- 일 – 도로. 살상사
- 사 물 – 도로. 교통사고
- 식 물 – 보리
- 동 물 – 원숭이. 호랑이
- 질 병 – 종기. 눈병. 혈광(血光)
- 색 상 – 흰색
- 숫 자 – 7
- 사 승 – 병사객귀. 귀수해(鬼獸害)

★ 백호의 왕상휴수사(旺相休囚死)

白虎	왕지(旺地)	곡(哭)과 울음을 주사(主司)하고 관사가 일어난다.
	상지(相地)	원수간에 상쟁(相爭)이 일어난다.
	휴지(休地)	질병이 있다.
	수지(囚地)	혈관 쟁론 또는 관사가 발생한다.
	사지(死地)	질병으로 인한 사상(死喪)의 건이 발생한다.

★ 필법부(畢法賦)에서의 백호(白虎)의 해석

- 최관사자부관기(催官使者赴官期)

(해석) 백호 승신이 귀살이 되어 입전이 되고 일간.연명에 임하는 것. 관직자는 큰 결함이 있더라도 빨리 부임하게 된다. 단 공망이 되면 거짓 소식이 되거나 유배를 가게 된다.

- 호시봉호역난시(虎視逢虎力難施)

(해석) 酉일 호시격에서 백호가 승하는 것을 말한다. 전투에 모두 백호가 있는 격으로, 힘이 있어도 힘을 쓰기가 어렵다. 정단에서 지극히 큰 놀람과 액을 면할 수 없다.

- 간승묘호무점병(干乘墓虎無占病)

(해석) 백호 승신이 일간의 묘신이 되어 일간에 임한다. 사람은 혼매하고 곡을 하고 눈물을 흘리니 사망으로 상을 당한다. 모든 정단은 어둡고 미혹되며, 또한 흉악하다. 원수에게 원한 맺힌 해코지 당하는 것을 방지해야 한다. 만약 사기(死氣)나 사신(死神)이 되면 더욱 흉하다. 그러나 시령으로 왕한 계절이면 흉은 차츰 사라진다.

- 지승묘호유복시(支乘墓虎有伏尸)

(해석) 복시귀(伏屍鬼)에 의한 화를 당하거나 형체와 소리의 여운인 형향(形響)이 있다. 만약 일지를 극하면 그 흉은 더욱 확실하다. 그러나 지진을 극하지 않으면 그 흉은 점차 가벼워 진다.

- 수호극신위병증(受虎剋身爲病證)

(해석) 질병 정단에서 백호의 극을 받는 오행의 장부에 질병 발생. 즉 백호가 승한 오행이 질병의 치료 부위이다.

- 호승둔귀앙비천(虎乘遁鬼殃非淺)

(해석) 백호가 둔귀에 승하는 것을 말한다. 모든 정단에서 모두 두려운데, 그 재앙은 매우 깊어서 사라지기 어렵다. 설령 공망이 되더라도 여

전혀 구할 수 없다.

- 호임간귀흉속속(虎臨干鬼凶速速)

(해석) 백호 승신이 귀살이 되는 것을 말한다. 범법자는 형책을 받고, 질병자는 사망한다. 그러나 관직 정단에서는 부임이 신속하게 이루어진다.

※ 그 외 많은 부분들이 필법부에 수록되어 있으나 대표성을 띄는 것으로 마무리한다. 더 많은 공부는 필법부에서 하기로 한다.

⑨ 태상(太常)

- 태상의 주(主)는 연회(宴會). 주식(酒食). 의관(衣冠). 문물(文物). 전토(田土)이다.
- 본관은 己未 土에 배속되고 길장(吉將)이다.

☞ 태상은 사시(四時)의 희신(喜神)으로 복(福). 약(藥). 곡(穀). 백(帛)의 권리를 가지며, 사계(四季)의 각각 18일의 길장이다. 태상은 귀인(貴人). 육합(六合)을 좋아하며, 등사(螣蛇). 천공(天空)을 꺼린다. 왕상(旺相). 상생(相生)을 좋아하고, 극(剋). 형(刑). 해(害)를 싫어한다.

★ 태상(太常)의 해석(解釋)

- 관직 정단에서 태상을 가장 길신으로 본다. 초전이나 말전에 태상이 보이고, 또 천마나 역마를 만나면 원하는 것은 반드시 이룬다.
- 삼전 중 하괴(河魁) 戌과 태상이 되면, 인수가 되어 하괴 戌은 도장이고, 태상은 도장의 끈이기 때문이다.
- 장생(長生)에 태상이 승하여 일진 발용이면, 기쁜 경사가 있다.
- 태상이 왕상(旺相)하고 신장이 서로 상생하면, 무관(武官)직에 유리하다. 태상이 휴수(休囚)하고 신장이 내외전(內外戰)이 되면, 재백(財帛)은 불안하고 물품은 부족하다.

- 내전(內戰) : 12천신에서 12천장을 극하는 것.
- 외전(外戰) : 12천장에서 12천신을 극하는 것.

- 태상이 사기(死氣)가 되어 일귀(日鬼)가 되고, 일진에 임하거나 상문.조객이 되면, 효복(孝服)이라 하여 상사(喪事)가 발생한다.
- 태상이 봄에 辰이 승하고, 여름에 酉에 승하고, 가을에 卯에 승하고, 겨울에 巳에 승하면, 태상피박(太常被剝)이라 하여 모든 일에 막힘이 많다.
- 태상이 형극이 되면 모든 일에 소모 건이 많다.

★ 태상(太常)이 승(乘)한 12지신(十二支神) 자의(字意) 길흉
[출처 : 심인부(心印賦)의 태상(太常)편]

12天神	상(象)	상의(象意)
子	조가(遭枷) 주식수벌(酒食受罰)	子는 신후(神后)이다. 子와 未는 육해이다. 이는 해(害)를 구성하는 형틀을 만나는 격이다. 술과 음식으로 인한 벌을 받고 구류를 당한다.
丑	수작(受爵) 진직천관(進職遷官)	丑은 대길(大吉)이다. 또한 귀인의 본가이다. 태상과는 관직의 길상이다. 승진하거나 천거되어 영전한다.
寅	측목(側目) 도발무고(挑發誣告)	寅은 공조(功曹)이다. 태상 未를 제극한다. 고소.고발을 두려워 하라. 이는 흉을 면하기 어렵다. 이에 대비하라.
卯	유관(遺冠) 재물유실(財物遺失)	卯는 태충(太衝)이다. 태상 未를 제극한다. 관직을 잃을 수 있다. 재물을 잃는다.
辰	패인(佩印) 사관승천(仕官升遷)	辰은 천강(天罡)이다. 태상과 같이 있으면 도장을 가슴에 차는 상이다. 관직자는 승천하고 길하다.
巳	주인(鑄印) 봉관득권(封官得權)	巳는 태을(太乙)이다. 철 도장을 지니는 상이다. 관직자는 녹봉이 오르고 권력을 얻는다.
午	승헌(乘軒) 조승개직(調升改職)	午는 승광(勝光)이다. 높은 수레에 임하니, 발탁되어 진급 영전하여 개직(改職)이 된다.
未	봉상(捧觴) 정초희경(征招喜慶)	未는 소길(小吉)이다. 태상의 본궁이다. 술잔을 받드는 상으로, 기쁜 일과 경사가 있다.

申	함배(銜杯) 진직천관(進職遷官)	申은 전송(傳送)이다. 이는 술잔을 입에 무는 격으로, 관직은 영전하여 천거되어 승진한다.
酉	입권(立券) 표창저서(表彰著書)	酉는 종괴(從魁)이다. 태상은 酉에 탈기를 당한다 처음에는 길하지만, 후에는 분탈이나 탈기를 당한다.
戌	역명(逆命) 존비불화(尊卑不和)	戌은 하괴(河魁)이다. 태상과는 상형의 관계이다. 상.하가 화합하지 못하고 불화한다.
亥	징초(徵招) 상희하원(上喜下怨)	亥는 등명(登明)이다. 천문으로 관직을 얻을 상이나 태상의 극을 받는다. 윗사람은 기쁘고 아랫사람은 원망스럽다.

※ 태상(太常)의 유신(類神)

- 사　람 – 무관. 부모
- 일 – 연회
- 사　물 – 의복. 술. 음식
- 식　물 – 마(麻)
- 동　물 – 양. 기러기
- 질　병 – 머리. 팔. 다리
- 색　상 – 황색
- 숫　자 – 8

★ 태상의 왕상휴수사(旺相休囚死)

太常	왕지(旺地)	귀인의 재물. 주식(酒食). 혼례의 기쁨이 있다.
	상지(相地)	제사. 의복. 혼사 건이 발생한다.
	휴지(休地)	아픈 사람의 의복. 금전 사가 있다.
	수지(囚地)	관사(官事)에 관여하게 된다.
	사지(死地)	유산을 받을 기쁨이 있다.

⑩ 현무(玄武)

– 현무의 주(主)는 도적. 실종(失踪). 쟁투. 간사(奸詐). 겨울. 속임수. 음란. 불법 이다.

– 본가는 癸亥 水에 배속되고 흉장이다.

☞ 현무는 순음(純陰)의 水이며, 기(氣)는 육갑에서 다하고 사시(계절)에서 다하며 음극(陰極)에 자리잡고 있다. 만물종료(萬物終了)의 신이며, 총명다지(總明多知)하여 문장에 정교하며, 도적. 여자. 소인. 음화불명(陰和不明)하다.

★ 현무(玄武)의 해석(解釋)

- 도적 정단에서의 유신은 현무이다. 또한 현무의 음신을 도신(盜神)이라 한다.
- 전(傳)에서 체생(遞生)하고, 길장이 승하면 도적은 잡기 어렵다.
- 전(傳)에서 서로 상극, 혹은 흉장이 되면 도적은 드러나 잡힌다.
- 현무가 일진에 임하면, 도적과 실물을 방비해야 한다. 만약 일진을 극하면, 소인배의 흉계를 방비하여야 한다.
- 현무가 일딕(日德)이 되어 일진에 임하면, 가출인이나 실종인은 쉽게 찾거나 스스로 돌아온다.
- 분실물 정단에서 현무 유신이 봉해지면 도둑을 맞은 것이다.
- 묘성과(昴星課) 중 寅.卯에 현무가 승하면, 반드시 실탈이다. 또한 국가나 관청에서는 죄수의 탈옥을 방비해야 한다.
- 현무가 월장(月將)에 승하면, 태양조무(太陽照武)라 하여 도둑은 잡힌다. 이는 도둑은 밤에 형체를 숨기기를 좋아하는데, 태양이 도둑을 비추니, 일종의 불빛 같은 이치로 도둑을 비추고 있으므로 스스로 잡힌다.
- 구재 정단에서 재신(財神)에 현무가 승하면, 이는 록(祿)에 현무신이 승함과 같다. 따라서 재물이 분탈(分奪), 혹은 암실(暗失)이 된다.
- 잉태(孕胎) 정단에서 현무가 태신(胎神)에 승하면 사생아이다.
- 현무에서 일간을 극하면, 매사는 물거품과 같이 성취하기 어렵다.
- 현무가 왕상하고 상생이 되면, 교역하여 재(財)를 득할 수 있다.

- 일간의 록(祿)에 현무가 승하면 록현탈격(祿玄脫格)이라 하여 나의 록을 타인에게 빼앗기거나 나의 일을 빼앗긴다.

★ 현무(玄武)가 승(乘)한 12지신(十二支神) 자의(字意) 길흉

[출처 : 심인부(心印賦)의 현무(玄武)편]

12天神	상(象)	상의(象意)
子	산발(散髮) 외포황장(畏捕慌張)	子는 신후(神后)이다. 현무와 동류이다. 헛되이 놀라움이 있고, 의심스러워 불안하다. 재물을 잃을 수 있다.
丑	승당(升堂) 사편재물(詐騙財物)	丑은 대길(大吉)이다. 귀인의 본가이면서 현무 亥를 극한다. 일을 구하려 귀인의 알현이 이루어 진다. 재물은 사기.편취당한다.
寅	입림(入林) 난어멱구(難於覓求)	寅은 공조(功曹)이다. 숲에 들어가는 격이니, 소인은 입지하고 도적은 잡기 어렵다.
卯	규호(窺戶) 도적입문(盜賊入門)	卯는 태충(太衝)이다.문호(門戶)이다. 도적이 문으로 들어오는 상이다. 도적을 방비해야 한다.
辰	실로(失路) 금적추물(擒賊追物)	辰은 천강(天罡)이다. 현무를 제극한다. 또한 辰은 현무의 묘(墓)이다. 도적이 묘에 드니, 도적은 쉽게 잡힌다.
巳	반고(反顧) 허경불이(虛驚不已)	巳는 태을(太乙)이다. 헛된 것에 놀라는 상이다. 이는 도적을 쉽게 잡는다.
午	절로(截路) 구급도장(拘急跳牆)	午는 승광(勝光)이다. 개가 급히 담장으로 뛰어드는 상으로 악의를 품는다.
未	불성(不成) 탐재필실(貪財必失)	未는 소길(小吉)이다. 현무를 제극한다. 재(財)를 탐하다 반드시 잃는다.
申	절족(折足) 적인실세(賊人失勢)	申은 전송(傳送)이다. 발목이 잘리는 상으로, 도적은 기운을 잃어 스스로 잡힌다.
酉	발검(拔劍) 적회악의(賊懷惡意)	酉는 종괴(從魁)이다. 음금으로 칼(刀)이다. 도적이 칼을 뽑고 악의를 품으니, 잡으면 안 된다.
戌	조수(遭囚) 실세피금(失勢被擒)	戌은 하괴(河魁)이다. 땅의 지옥(天綱)으로, 도적이 힘을 잃어 잡힌다.(玄을 제극한다.)
亥	복장(伏藏) 함장잠복(陷藏潛伏)	亥는 등명(登明)이다. 천문이기도 하다. 또한 현무의 본가이기도 하다. 깊이 숨어 음복하고 있어, 도적은 잡기 어렵다.

※ 현무(玄武)의 유신(類神)

- 사　람 - 도적. 소인. 간자
- 　일　 - 실재(失財)
- 사　물 - 변소(便所). 여자물(女子物). 차마(車馬)
- 식　물 - 콩류
- 동　물 - 돼지류. 곤충
- 질　병 - 허리병. 신장
- 색　상 - 검정색
- 숫　자 - 4

★ 현무의 왕상휴수사(旺相休囚死)

玄武	왕지(旺地)	귀인의 재물을 망실(亡失)한다.
	상지(相地)	관(官)에 관계되어 실재(失財)한다.
	휴지(休地)	아픈 사람으로 하여금 실재(失財)한다.
	수지(囚地)	도적. 형사 문제가 발생한다.
	사지(死地)	도난과 사망사가 발생한다.

⑪ 태음(太陰)

- 태음의 주(主)는 부녀(婦女). 정부(情婦). 음사(陰私). 암매(暗昧). 여종업. 음화(陰和). 혼인 이다.
- 본가는 辛酉 金에 배속되고 길장이다.

☞ 태음은 서방 백백(白帛)의 소녀로서, 숙살(肅殺)의 권한을 가지고 있는 상설동빙(相雪凍氷)의 신이며, 금왕(金旺)에 속한 길장이다.

★ 태음(太陰)의 해석(解釋)

- 도적 정단에서 태음이 만나 입전 하거나, 혹 일진에 임하면 도둑은 잡기 어렵다.
- 묘택(墓宅) 정단에서 태음이 만나 입전하면, 임한 지반의 방위에 사찰

이 있거나 기미경물(奇美景物)이 있다.(기묘하게 아름다운 물건)

- 혼인 정단에서 태음이 卯.酉.亥.未에 승하여 발용 하거나, 혹 일진에 임하면 부정한 여인이다.
- 형사(刑事) 정단에서 태음이 입전하여 일간을 생하면, 범인은 자수한다.
- 태음은 주(主)가 음사의 신이다. 숨겨지지 않으면 음모나 개인적 바램은 유리하다.
- 지리(地理)를 얻으면 바르고 곧으며 사사로움이 없다. 그러나 실지(失地)하면 음란하여 수치스러움을 모른다. 주로 음사를 덮고 감추며 간사와 암매 등의 일이다.
- 태음이 장생(長生)에 승하여 일간을 극하면, 주로 음란하다.

★ 태음(太陰)이 승(乘)한 12지신(十二支神) 자의(字意) 길흉
[출처 : 심인부(心印賦)의 태음(太陰)편]

12天神	상(象)	상의(象意)
子	수렴(垂簾) 음인모욕(陰人侮辱)	子는 신후(神后)이다. 밤의 어둠에 볼 수 없다. 음인이 모욕을 당한다.
丑	입내(入內) 존비몽폐(尊卑蒙蔽)	丑은 대길(大吉)이다. 귀인의 본가이다. 존비가 서로 몽폐해 진다.
寅	질족(跌足) 재물암동(財物暗動)	寅은 공조(功曹)이다. 태음에서 寅을 극하니 재물이 암동한다.
卯	징행(微行) 사행부정(私行不正)	卯는 태충(太衝)이다. 사문(私門)으로 사행(私行)이 부정하다.
辰	조정(造庭) 시방괴변(是防乖變)	辰은 천강(天罡)이다. 태음과 합이 된다. 총애를 다투다 어그러 진다.
巳	복침(伏枕) 구설경우(口舌驚憂)	巳는 태을(太乙)이다. 태음 酉를 극하고 있다. 구설로 인한 놀라움과 근심이 있다.
午	탈건(脫巾) 문서암동(文書暗動)	午는 승광(勝光)이다. 태음 酉를 극한다. 문서의 암동(暗動)이 있다.
未	관서(觀書)	未는 소길(小吉)이다. 태음 酉를 생하여 여유롭다.

	문아휴양(文雅休養)	바른 글과 휴양을 한다. 문화가 풍부하다.
申	집정(執政) 병덕집정(秉德執政)	申은 전송(傳送)이다. 뜻을 얻어 권력을 행하니, 집정(執政)의 상이다.
酉	폐호(閉戶) 정양이안녕 (靜養而安寧)	酉는 종괴(從魁)이다. 태음의 본가이다. 정(靜)하여 휴식을 취하니 두루 평안하다.
戌	피찰(被察) 괴이우의(怪異憂疑)	戌은 하괴(河魁)이다. 또한 땅 지옥(地綱)이다. 태음과 육해 관계이다. 음인에 의한 암손(暗損)과 괴이하고 의심스러운 일로 걱정이 있다.
亥	나형(裸形) 도적우의(盜賊憂疑)	亥는 등명(登明)이다. 천문(天門)이다. 도적의 엿봄이 두렵고 도난의 근심이 있다.

※ 태음(太陰)의 유신(類神)

- 사 람 - 형제. 자매. 천녀(賤女). 소첩(小妾)
- 일 - 혼례
- 사 물 - 금침류. 금속류. 음익물(陰익물)
- 식 물 - 밀
- 동 물 - 조류. 닭
- 질 병 - 족(足). 허리. 심장
- 색 상 - 흰색
- 숫 자 - 6
- 사 승 - 전사자. 조앙신

★ 태음의 왕상휴수사(旺相休囚死)

太陰	왕지(旺地)	결혼 또는 은밀한 일에 유리하다.
	상지(相地)	재물의 은닉사가 있다.
	휴지(休地)	무녀(巫女)의 사교(邪敎)이다.
	수지(囚地)	음사와 배반사가 있다.
	사지(死地)	음사 또는 사상사(死喪事)가 있다.

⑫ 천후(天后)

- 천후의 주(主)는 은택(恩澤). 부녀(婦女). 음사(陰私). 암매(暗昧). 고귀존숭(高貴尊崇). 태산(胎産) 이다.
- 본가는 壬子 水에 배속되고 길장이다.

> ☞ 천후는 천을귀인의 후비(后妃)이고, 천지(天地)의 정위자모(正位慈母)로서 고귀존숭(高貴尊崇)한 신이며, 壬子의 수왕(水旺)에 속하는 길장이다. 그러나 실지하면 간사음란하다.

★ 천후(天后)의 해석(解釋)

- 천후가 태세에 승하여 일간에 임하면 주(主)는 은사(恩赦)의 상이다. 과체가 삼광격이나 삼양격일 경우, 더욱 그렇다.
- 천후 승신이 하적상 하면, 소인배로부터 능욕의 상이다.
- 혼인 정단에서 천후는 부녀(婦女)의 유신이다.
- 천후가 역마를 만나거나, 본명 상신에서 해신(解神)을 볼 경우에는, 이혼의 상이다.

월건	寅	卯	辰	巳	午	未	申	酉	戌	亥	子	丑
해신	申	申	戌	戌	子	子	寅	寅	辰	辰	午	午

- 천후 음신에 현무가 승하면, 암매불명(暗昧不明)의 상이다.
- 천후 음신에 백호가 승하면, 처첩이 질병으로 위태롭다.
- 천후의 승신 辰(천강)이 행년에 임하면, 낙태의 상이다.
- 천후가 음일날 申이 승하거나, 양일날 酉가 승하면 음란의 상이다.
- 천후와 육합이 동시에 입전하면, 일명 교동일녀(狡童泆女)라 하여 가정이 음란하다.

- 천후에서 일간을 극하면, 여자는 남자를 배신한다.
- 일간에서 천후를 극하면, 남자는 여자를 배신한다.

★ 천후(天后)가 승(乘)한 12지신(十二支神) 자의(字意) 길흉
[출처 : 심인부(心印賦)의 천후(天后)편]

12天神	상(象)	상의(象意)
子	수규(守閨) 정수가원(靜守家園)	子는 신후(神后)이다. 천후의 본가이기도 하다. 가정을 지키고, 자기 분수를 지키고, 정(靜)함이 옳다.
丑	투규(偷窺) 암사음닉(暗私淫匿)	丑은 대길(大吉)이다. 천후 子와 합이 된다. 야합의 두려움이 있다. 암사음닉한다.
寅	이발(理髮) 우유간가(優遊間暇)	寅은 공조(功曹)이다. 천후 子의 생조를 받는다. 편안히 유유자적하게 지낸다.
卯	임문(臨門) 간음무도(姦淫無度)	卯는 태충(太衝)이다. 천후와 형(刑)이 된다. 사문(私門)에 무례지형으로 간음 무도하다.
辰	훼장(毁妝) 비곡수욕(悲哭羞辱)	辰은 천강(天罡)이다. 천후의 묘(墓)이나. 화장이 망가지니, 수치스럽게 능욕당하여 운다.
巳	나체(裸體) 수욕주검(羞辱丟瞼)	巳는 태을(太乙)이다. 천후 壬子가 극한다. 규방이 드러나는 상이다. 수치스럽고 부끄러움에 곡을 한다.
午	복침(伏枕) 탄식신음(歎息呻吟	午는 승광(勝光)이다. 천후 壬子와 충(沖)을 한다. 또한 수극을 당하고 있다. 탄식하여 신음한다.
未	목욕(沐浴) 암실나체(暗室裸體)	未는 소길(小吉)이다. 천후가 목욕하는 상이다. 어두움이 벗겨져 있는 상이다.
申	수용(修容) 무우무려(無憂無慮)	申은 전송(傳送)이다. 천후 壬子와 삼합을 한다. 걱정이 없어 편하다.
酉	의호(倚戶) 음사간음(陰私姦淫)	酉는 종괴(從魁)이다. 음사 간음한다.
戌	건유(搴帷) 탄식신음(歎息呻吟)	戌은 하괴(河魁)이다. 천후 壬子를 극한다. 휘장을 걷는 상으로, 탄식하고 신음한다.
亥	치사(治事) 판사유방(辦事有方)	亥는 등명(登明)이다. 정지한 가운데 일을 치른다. 움직임을 줄이고 힘을 충전함이 좋다.

※ 천후(天后)의 유신(類神)

- 사　람 - 귀부인 . 처. 빈객(賓客)
- 일 - 부녀사. 혼사. 음사(陰邪)
- 사　물 - 음사물(淫私物). 여인 물품
- 식　물 - 콩. 벼
- 동　물 - 설치류
- 질　병 - 대.소변(방광병). 요통
- 색　상 - 흑색
- 숫　자 - 9

★ 천후의 왕상휴수사(旺相休囚死)

天 后	왕지(旺地)	주식사(酒食事)나 결혼이 있다.
	상지(相地)	여인의 음사(陰私)가 있다.
	휴지(休地)	음사. 질병이 생긴다.
	수지(囚地)	간사(奸邪) 건이 있다.
	사지(死地)	사상(死喪) 혹은 재산(財産)사 가 발생한다.

★ 12천장 유신요약(十二天將類神要約)

천장(天將)	본가(本家)	천장의 주사(主事)	귀숭(鬼祟)
귀　인 (貴　人)	己　丑 (土)	관귀(官鬼). 수상(手上). 존장(尊長). 신불(神佛). 관록(官祿). 군자. 영전(榮轉). 문장(文章)	신불정귀 (神不正鬼)
등　사 (螣　蛇)	丁　巳 (火)	경사(驚事). 괴이사(怪異事). 광부(狂婦). 화재(火災). 문화(文化)	도로. 사망귀(死亡鬼)
주　작 (朱　雀)	丙　午 (火)	문서. 음신사(音信事). 관소(官訴). 구설(口舌). 저주(咀呪). 화상(火傷)	변사 객사귀
육　합 (六　合)	乙　卯 (木)	혼인. 화합. 길사(吉事). 승천(升遷). 태산(胎産). 교역. 음사. 암매(暗昧)	자살귀
구　진 (勾　陳)	戊　辰 (土)	소송. 형사. 지체(遲滯). 소인(小人). 관공리(官公吏). 전답(田畓)	전사귀
청　룡 (青　龍)	甲　寅 (木)	길상(吉祥). 기쁨. 부귀. 영전(榮轉). 재물. 남편. 사통(私通). 문관	가택귀

천　공 (天　空)	戊 戌 (土)	허위(虛威). 부실. 가난한 사람. 사기꾼. 입시 합격. 군자천전(君子遷轉). 면접	처녀 총각귀
백　호 (白　虎)	庚 申 (金)	질병. 근심. 재난. 사망. 살상. 상복(喪服). 곡(哭). 수옥(囚獄)	전사 흉사귀
태　상 (太　常)	己 未 (土)	주식(酒食). 의관(衣冠). 관직. 전원(田園). 문장. 무관	상사귀
현　무 (玄　武)	癸 亥 (水)	도적. 간사소인. 음란. 불법. 도난. 옥송(獄訟). 실주(失走)	수귀
태　음 (太　陰)	辛 酉 (金)	간부녀(奸夫女). 애매(曖昧). 불명(不明). 모략. 음사. 자매. 천녀(賤女). 애인	낙태령
천　후 (天　后)	壬 子 (水)	부녀사(婦女事). 태산(胎産). 귀녀(貴女). 귀부인. 희경(喜慶). 혼인	여귀

★ 12천신(十二天神)의 유신(類神)

천신(天神)	월장명(月將名)	천신(天神)	월장명(月將名)
了	신후(神后)	午	승광(勝光)
丑	대길(大吉)	未	소길(小吉)
寅	공조(功曹)	申	전송(傳送)
卯	태충(太衝)	酉	종괴(從魁)
辰	천강(天罡)	戌	하괴(河魁)
巳	태을(太乙)	亥	등명(登明)

천신	종류	내　　용
子 神 后	월장적용	丑월의 중기인 대한 ~ 우수 전까지 적용
	사 람	부녀자. 과부. 자식. 처. 며느리. 어부. 음녀. 스님. 비구니. 의사. 꼽추
	사 물	중매쟁이(육합이 승할 때). 음사. 암매. 구름. 우수(雨水)
	신 체	신장. 방광. 혈병(血病). 소변계통. 자궁
	기 타	음(音)-궁성(宮聲). 모양-연미(姸媚). 색-검정. 맛-짠맛. 숫자-9. 방위-북쪽. 성궁(星宮)- 여(女). 허(虛). 위(危)

丑 大吉	월장적용	子월의 중기인 동지 ~ 대한 전까지 적용
	사 람	복부류임신(복부류임신). 키 작고 못생긴 사람
	사 물	전택. 원포(園圃). 쟁투. 재백. 연회. 우사(雨師). 풍백(風伯). 뽕밭. 조경식물원. 거북이. 자라
	신 체	복부. 비장. 소장. 설사. 근육. 대머리
	기 타	음(音)-치성(徵聲). 색-황색. 모양-단신. 맛-단맛. 숫자-8 방위-동북. 성궁(星宮)-두(斗). 우(牛)
寅 功曹	월장적용	亥월의 중기인 소설 ~ 동지 전까지 적용
	사 람	수재(秀財). 도사. 의사
	사 물	목신이다. 목기. 문서. 혼인. 재백. 관사(官使). 보검(寶劍) 관. 향로. 교량. 풍백(風伯)
	신 체	모발. 맥(脈). 담. 간담. 수염. 입. 눈. 인대
	기 타	음(音)-치성(徵聲). 방위-동북. 성궁-미(尾).기(箕) 모양-둥글고 몸이 크다. 색-청록. 맛-신맛. 숫자-7
卯 太衝	월장적용	戌월의 중기인 상강 ~ 소서 전까지 적용
	사 람	도적. 장자(長子). 경영인. 술사. 장인(匠人). 형제. 후계자. 경비. 운전기사
	사 물	파발. 배(舟). 차(車). 목재. 뢰진(雷震). 노새. 관(棺). 침대. 옷걸이
	신 체	간. 손. 가슴. 인대. 팔. 눈의 질병
	기 타	음(音)-우성(羽聲). 성궁-저(氐).방(房). 색-청색. 맛-신맛. 숫자-6. 방위-동쪽
辰 天罡	월장적용	酉월의 중기인 추분 ~ 상강 전까지 적용
	사 람	군인. 흉도. 노예. 어부. 시체. 강도(현무 승). 살상자(백호승)
	사 물	숙살이며 토신. 쟁투. 사송. 사상(死喪). 전택. 안개. 오곡. 쌀. 밀. 무덤. 언덕. 바닷물. 모피
	신 체	피부. 목. 어깨. 장(腸). 사팔뜨기
	기 타	음(音)-상성(商聲). 모양-둥글고 귀밑털이 있다. 성궁(星宮)-각(角). 항(亢). 색-황색. 맛-단맛. 숫자-5. 방위-동서
巳	월장적용	申월의 중기인 처서 ~ 추분 전까지 적용

太乙	사 람	장녀. 붕우. 주부. 술사. 화가. 요리사. 기능공. 기마병. 죄수
	사 물	쟁투. 구설. 경공. 괴이. 무지개. 촛불. 난로. 아궁이. 악기 가스렌지. 꽃과 과일. 진주. 옥(玉). 뱀. 날벌레. 새
	신 체	얼굴. 인후. 인두. 목. 치아
	기 타	음(音)-각성(角聲). 모양-이마 높고 입이 크다. 맛-쓴맛 색-붉은색. 숫자-4. 방위-동남. 성궁-익(翼).진(軫)
午 勝光	월장적용	未월의 중기인 대서 ~ 처서 전까지 적용
	사 람	누에 치는 여자. 무녀. 기병. 군관. 궁녀. 사관(청룡 승) 선인(귀인 승). 부녀. 임신
	사 물	여객(旅客). 노을. 문서. 관사. TV. 냉장고. 전등 . 누에. 책. 불빛. 깃발. 그림. 말(馬). 팥. 실크
	신 체	심장. 마음. 눈. 입. 정신. 혀
	기 타	음(音)-궁성(宮聲). 모양-눈은 작고 얼굴이 크다. 색-붉다 맛-쓴맛. 숫자-9. 방위-정남. 성궁-류(柳).성(星).장(長)
未 小吉	월장적용	午월의 중기인 대서 ~ 처서 전까지 적용
	사 람	부모. 누이. 과부. 도사. 빈객(賓客). 지식인. 계모. 이모. 주류제조상. 모자제작자. 가족
	사 물	옷. 주점. 약국. 앞마당. 미용실. 술집. 노래방. 관광지 해산물. 의약. 양고기. 우물. 정원. 담장. 무덤
	신 체	위. 복부. 대장. 입. 치아
	기 타	음(音)-치성(徵聲). 모양-광택이 있다. 색-황색. 맛-단맛 숫자-8. 방위-남서. 성궁-정(井).귀(鬼)
申 傳送	월장적용	巳월의 중기인 소만 ~ 하지 전까지 적용
	사 람	행인. 백정. 병졸. 의사. 무당. 사냥꾼. 공인(公人)
	사 물	도로. 질병. 음모. 사당. 양자. 관(棺). 연못. 면. 깃털. 약물 종교서적. 칼. 보리. 우체국. 교통. 무기
	신 체	폐. 대장. 근골. 경락. 음성
	기 타	음(音)-치성(徵聲). 모양-목덜미가 짧다. 색-백색. 숫자-7. 방위-서남. 성궁-자(紫).삼(參)
酉 從	월장적용	辰월의 중기인 곡우 ~ 소만 전까지 적용

魁	사 람	여자종업원. 첩. 소녀. 비구니. 기생. 여자. 유흥업소 종업원. 애인. 매춘부. 노비
	사 물	주로 음사(陰私). 해산(解散). 패물. 진주. 전화기. 예술. 칼 칼날. 음율. 핸드폰. 입구. 출구. 문호(門戶)
	신 체	입. 코. 혈액. 정액. 입술. 혀. 음성
	기 타	음(音)-우성(羽聲). 모양-단정하다. 색-회색. 숫자-6 방위-정서. 성궁-위(胃).묘(昴).필(畢)
戌 河魁	월장적용	卯월의 중기인 춘분 ~ 곡우 전까지 적용
	사 람	노비. 강도. 스님. 백정. 장남. 노인. 남자 종업원. 악인 어린아이
	사 물	관복. 질그릇. 칼. 병장기. 인터넷. 졸업장. 신발. 신분. 면허증. 지옥. 언덕
	신 체	팔. 다리. 무릎. 가슴. 갈비뼈. 명운
	기 타	음(音)-상성(商聲). 모양-흉하다. 색-황색. 숫자-5 방위-서북. 성궁-규(奎). 루(婁)
亥 登明	월장적용	寅월의 중기인 우수 ~ 춘분 전까지 적용
	사 람	어린아이. 거지. 술 취한 사람. 장군. 부인. 도둑. 살신(殺神). 간신(奸神)
	사 물	제사장. 중앙. 수도. 관중. 절도. 간음. 건물. 머리. 대변 화장실. 뱃사공. 식모. 궁전. 누각. 정원. 감옥
	신 체	신장. 머리. 골수. 음낭
	기 타	음(音)-각성(角聲). 모양-길죽하다. 색-검은 주황. 숫자-4 성궁-실(室).벽(壁)

9장

사과삼전 운용법칙(四課三傳運用法則)

☞ 사과삼전(四課三傳)

사과(四課)는, 즉 사상(四象)이다. 그 이유는 일진(日辰)이 사상(四象)에서 나온 것이다. 즉 일간(日干)과 일지(日支) 두 개의 뜻을 갖는다. 이는 사상(四象)에서 나온 것이다. 사상(四象)은 다시 팔괘(八卦)로 나누어 진다. 즉 제4과 상.하가 여덟 개의 글자로 되어 있다. 따라서, 사과삼전(四課三傳)의 과식이 완전하게 갖추어진 것이 육임과식인 것이다. 이로서 일간이 주체(主體)가 되고, 지진(支辰)이 객체(客體)가 된다. 따라서, 사과삼전이 일(日)의 좌표가 되어, 그날 그날의 과전이 서로 응하여 나타나니, 일간의 상.하와 일지신의 상.하가 생극제화(生剋制化). 형(刑).충(冲).합(合).해(害).묘(墓).공(空) 등의 긍정적 관계와 부정적 관계를 서로 보아서 연명과 종합 판단하는 것이다. 따라서, 사안과 과체의 길흉을 보아 응(應)하는 것이다.

1) 일진(日辰)과 사과(四課)의 운용법칙

① 일진의 음양(陰陽)

일간상신, 즉 일간의 양신을 태양(太陽), 일간양신의 음신을 소양(小陽)이라 하고, 지진의 상신, 즉 일지상신을 태음(太陰)이라 하고, 일지양신의 음신을 소음(小陰)이라 한다. 따라서 일간의 음.양신과 일지의 음.양신을 합하여 이루어진 것이 사과(四課), 즉 사상(四象)이다.

② 일진의 주객(主客)관계

모든 정단에서 양성(陽性)적인 사람.사건.사물은 일간이 대표가 되고, 음성(陰性)적인 사람.사건.사물은 일지가 대표가 된다.

따라서, 표로 작성하면 다음과 같다.

사 안	일간(주체)	일지(객체)
천시지리	천(天)	지(地)
산 과 물	산(山)	물(水)
안 과 밖	외(外)	내(內)
좌 . 우	좌(左)	우(右)
전 . 후	전(前)	후(後)
임 산	아기(子)	산모(母)
가 택	사람(人)	집(宅)
혼 인	신랑(男)	신부(女)
매 매	팔다(賣)	사다(買)
화 물	화(貨)	물(物)
관 송	원고(原告)	피고(被告)
질 병	병인(病人)	병증(病症)
고 시	고시생	고시장
실 물	잃은 사람(失)	물건(物)
경 기	객방(客方)	주방(主方)
귀 천	귀(貴)	천(賤)

2) 일진의 음양신(陰陽神)적 상호관계

☞ 일진의 음양신적 상호관계는 육임 정단에서 중요한 연결고리가 되어 있다.

☞ 간지의 양신 관계는 대체로 3가지로 구성되어 있다.

① 상.하 관계에서, 즉 일간상신과 일지상신적 관계이다.

일간을 말하기를 일(日)의 체(體)라 하고, 일간의 상신을 용(用)이라 한다. 이 용과체는 일의 가장 중요한 부분이다. 또한 일상신은 외부에 나타나는 표시이기도 하다. 따라서 일(日)의 본체(本體)이기도 하고, 나를 나타내는 상황으로 보아야 할 것이다. 그러므로 일간 상황을 모두 구체적으로 드러내는 것이다. 따라서 지진의 상황을 나타내는 것은 지진의 상신이 구체적으로 드러내는 것이다.

② 일간상신과 일지상신과의 관계

지반상신인 간지상신에 천반이 있다. 따라서 지반도 내적 천반은 외적인 것을 나타낸다. 간.지간적 관계는 피차 내재의 관계이다.

③ 간지상신의 관계는 교차의 관계로서, 서로 교역의 정황을 보여준다.

☞ 간지음신(干支陰神)의 관계는 대체로 2가지로 구분할 수 있다.

① 일간의 음신은 일간양신의 본체 내부의 하나이다. 이는 간양신의 배후에 숨겨져 있는 상황을 나타내고, 지음신 역시 지양신의 본체 내부의 하나인 것이다. 이것 역시 지상신의 배후에 숨겨져 있는 상황을 나타내고 있다. 이는 사물의 발전 변화 후 나타내는 피차 상호관계이다.

② 일진에 대한 설명은 다음과 같다.

- 일간을 내몸 인(人)으로 하고, 일지를 택(宅)으로 한다. 일간상신에서 일간을 생하거나 합을 해주면 길하고, 극을 하면 흉하다.
- 음신상신에서 양신을 생합(生合)하면 양신은 길하다. 제2과 상신에서 제1과 상신을 생하는 것이다. 반대로 음신에서 양신을 극제하면 생왕(生旺)할 수 없다.
- 양신에서 음신을 극하면 길하다 볼 수 없다. 양신은 일간의 길.흉을 주관하므로, 음신은 양신의 길.흉을 지배한다. 음.양 두 신이 반드시

상생(相生).상비(相比)되는 것이 좋다. 양신이 음신을 극할 때에는 일간의 길.

흉을 나타내는데, 길은 변하여 흉이 되고, 흉은 변하여 길할 수 있다.

- 제3과는 인택(人宅)이라 한다. 인(人)이란 타인(他人)이고, 택(宅)이란 나의 거소(居所)이다. 지상의 양신은 타인 및 가택의 길.흉을 주관한다.
- 일간상신에서 일간을 생하면 만사가 길하다. 귀인이 승하면 타인의 도움이 있고 공망(空亡)을 싫어한다. 일간상신에서 일간을 극하면 모든 일이 불리하고, 일간에서 일간상신을 생하면 허실과 소모가 있다.
- 일간상신에서 지진을 생하고, 진상에서 일간을 생하여 일진상이 서로 생을 받으면, 교차상합(交車相合)이라 하여 서로 형통하고 생의(生意)가 있다.
- 일간상신에서 지진을 극하고, 진상에서 일간을 극하면 모두 흩어지는 상이고 서로 상한다.(교차극)
- 일상신에서 지진을 탈기(脫氣)하고, 진상신에서 일간을 탈기할 때, 교차탈(交車脫)이라 하여 서로 낭비 소모되는 것이다. 이는 교역에 있어서 동업 시 모두 소모되고 망할 수 있다.
- 일간상신에 록(祿).마(馬)가 임하면, 천동(遷動)이라 하여 번영하게 된다.
- 일진이 서로 탈을 받을 때는 구탈(俱脫)이라 하여 피차가 서로 손모(損耗)가 된다.
- 일진상신에 덕신(德神)을 보면 만사에 나아감에 길하며, 길장이 승하면 더욱 이롭다.
- 일진상에 육합(六合)을 보거나 서로 상합하면, 교역은 성취된다.
- 일진상에 모두 묘신(墓神)을 보면, 암매(暗昧)하여 어두워진다. 인택

이 모두 형통하지 못하다.

- 일진상에, 일귀(日鬼)에 묘신이 가해질 때는 해(害)나 재앙이 있다.
- 일진상에 형.해(刑.害)를 보면, 아.타(我.他) 모두 의리를 서로 배반하거나 질시한다.
- 일진상에 서로 패신(敗神)을 만나면, 신.택(身.宅)이 모두 패쇠된다.
- 일진상에 공망을 만나면, 실(實)이 없으며 모든 일이 공허해져 유명무실해 진다.
- 일진이 불비(不比)가 되면, 가택이 불안하고 부족함이 있다.
- 일(日)이 진(辰)에 임하여 극이 되면, 스스로 아랫사람에게 모욕을 당하는 상이다.
- 진(辰)이 일(日)에 임하여 일을 탈하는 것은, 사람이 쇠(衰)하게 되고 가택은 왕(旺)하게 된다.
- 진(辰)이 일(日)에 임하여 일을 생하면 구함이 있다.
- 일(日)이 진(辰)에 임하여 진을 생하면, 사람은 쇠(衰)하고 가택은 왕(旺)하게 된다
- 일(日)이 진(辰)에 임하여 진(辰)을 극하면, 대개는 사물의 소비가 있고, 뒤에는 도리어 재(財)를 얻을 수 있다. 또 진(辰)이 일(日)에 임하여 극을 받으면, 윗사람은 이롭지 않다.
- 기궁의 지(支)가 진상에 임하여 일간의 상신을 생하면, 아랫사람의 도움이 있다.
- 일지가 일상에 임하여 일간을 생할 때는, 타인으로 인해 이익을 얻게 된다.
- 기궁이 지상으로 와서 일지를 생하면, 가택은 왕(旺)하고 사람은 쇠(衰)하여 허모(虛耗)가 빈번하다.

☞ 다음은 필법부(畢法賦)에서 나타낸 사과(四課)의 조합 중 일부 발췌하여 나타낸 글이다. 그 뜻과 해석을 공부하기로 한다.

★ 필법부(畢法賦)의 사과(四課)에 대한 이해

① 교차상합교관리(交車相合交關利)

- 일간상신과 일지상신에서 교차로 상합하는 것을 말한다.
- 이는 교역 정단에서 서로 이득을 볼 수 있다.

庚寅일 10局			
亥	寅	巳	申
庚(申)	亥	寅	巳

- 간상 亥와 지진 寅과 육합(六合)이 되고, 기궁 申과 지상 巳와 육합이 되어 교차상합(交車相合)을 하고 있다.

② 상하개합양심제(上下皆合兩心齊)

- 이른바 지상신이 육합하고, 간지의 지반이 다시 육합하는 것을 말한다.

乙酉일 1局			
辰	辰	酉	酉
乙(辰)	辰	酉	酉

- 한마음으로 내외가 협력한다. 실탈과 도망, 은닉사는 나쁘다.
- 본 예는 복음과에서 적합
- 일상 辰과 지상 酉가 육합

- 기궁 辰과 일지 酉가 육합

③ 인택수탈구초도(人宅受脫俱招盜)

- 첫째 : 간상과 지상 모두에게 간지가 탈기 당하는 것 - (俱脫)
- 둘째 : 간상을 지진이 탈하고 지상을 일간이 탈하는 것 – 교차탈(交車脫)
- 모든 정단에서 타인에 의해 속임수로 손실을 입게 되고, 가택은 반드시 도적에게 재물의 손실을 당한다.

壬申일 10局			
寅 ↑	巳	亥 ↑	寅
壬	寅	申	亥

- 일간 壬은 간상 寅에 탈기하고, 일지 申은 지상 亥에 탈기 – 구탈(俱脫)

壬午일 5局			
未	卯	寅	戌
壬	未	午	寅

- 일간 壬은 지상 寅에 탈기하고, 일지 午는 간상 未에 탈기 – 교차탈

④ 간지개패쇠경퇴(干支皆敗衰傾頹)

- 간상과 지상에 모두 패신(敗神)을 만나는 것이다.
- 몸에 관한 정단이면 기혈이 쇠패(衰敗)하고, 가택 정단이면 가옥이 무너진다. 또한 타인의 간사한 음사를 포착하기 어렵다.

甲申일 3局			
子敗	戌	午敗	辰
甲	子	申	午

일간	甲乙	丙丁	戊己	庚辛	壬癸
패신	子	卯	卯	午	酉

(※ 지지는 천간으로 변환하여 패신(敗神)을 살핀다. 예 : 子-壬으로 변환 →酉가 패신이 된다.)

- 甲일의 패신은 子이다. 간상이 子이다. 申일의 패신은 午이다. 지상이 申이다.
- 일간과 지진이 모두 패신을 봉하고 있다.

⑤ 부귀간지봉록마(富貴干支逢祿馬)

- 간상에 일지의 역마가 있고, 지상에 일간의 록신이 있으면, 이를 진부귀격(眞富貴格)이라 하고, 군자가 정단하면 관직에 오르고, 일반인이 정단하면 소송과 질병은 모두 흉하고, 가택을 옮기고 신상에 움직임이 있다. 그러나 재물과 이익을 도모하는 것은 길하다.

丙寅일 10局			
申馬	亥	巳祿	申
丙	申	寅	巳

- 간상 申은 일지 寅의 역마이다. 지상 巳는 일간 丙의 록신이다.
- 따라서, 간상에 역마, 지상에 록신이 봉한다.

⑥ 부부무음각유사(夫婦蕪淫各有私)

- 일간은 지상신에 극을 당하고, 일지는 간상신에 극을 당한다. 이를 무음괘(蕪淫卦)라 한다. 이는 부부가 서로 화합하는 점이 없으며, 반드시 사적으로 간통하여 부부불화의 상이다. 또한 가정이 바르지 못하고 음란한 일이 많다.

甲子일 5局			
戌	午	申	辰
甲	戌	子	申

- 일간 甲은 지상신 申에 극 당하고, 일지 子는 간상신 戌에 극을 당한다.

⑦ 빈주불투형재상(賓主不投刑在上)

- 일지와 일간에 형(刑)이 타서 서로 형(刑)하는 뜻을 면하지 못한다. 도모하는 교섭사는 반드시 각자에게 다른 마음이 있다.

甲辰일 6局			
酉	辰	亥	午
甲	酉	辰	亥

- 사과상신이 모두 자형(自刑)으로 구성되어 있다.
- 酉-酉. 辰-辰. 亥-亥. 午-午 이외 子卯형. 삼형살이 있다.

⑧ 피차시기해상수(彼此猜忌害相隨)

- 간지 상·하가 모두 각각 육해. 지간 상신이 육해. 간지의 천반은 천반과, 지반은 지반과 모두 육해. 간지와 삼전이 육해. 교차육해되는 것

• 간지에 가하여 발용이고, 흉장이 승하면 일에는 침해와 시기가 많고, 가족 헤어진다. 여기서 육해살은 침손하여 해를 범하는 침해(侵害)라 한다.

乙未일 5局			
子	申	(大害) 卯	亥
乙(辰)	子	未	卯

• 일간상신 子는 일지 未의 육해이고, 일지상신 卯는 일간의 기궁 辰과 육해이다. 이는 교차해가 성립된다.

⑨ 호생구생범사익(互生俱生凡事益)

• 간상에서 일지를 생하고, 지상에서 일간을 생하는 것을 호생(互生)이라 하고, 간상에서 일간을 생하고 지상에서 일지를 생하는 것을 구생(俱生)이라 한다. 모두 형통태평의 상으로 형통과이다.

辛卯일 12局			
亥	子	辰	巳
辛	亥	卯	辰

• 간상 亥는 일지 卯를 생하고, 지상 辰은 일간 辛을 생한다. 이를 호생이라 하고 교차생 이라고도 한다.

丙寅일 4局			
寅	亥	亥	申
丙	寅	寅	亥

• 간상 寅이 일간의 장생으로 일간 丙을 생한다. 지상 亥는 일지 寅의 장생으로 일지를 생한다. 간지가 각각 하신을 생하는 것을 구생(俱生)이라 한다.

⑩ 호왕개왕좌모의(互旺皆旺坐謀宜)

• 간상이 일지의 왕신이고 지상이 일간의 왕지일 때, 간상이 일간의 왕신이고 지상이 일지의 왕신이 될 때, 서로 투자하여 흥왕하고 피차 모두에게 흥왕하다. 단 함부로 경거망동하지 말라.

甲申일 6局			
酉 旺地	辰	卯 旺地	戌
甲	酉	申	卯

• 간상 酉가 일지 申의 왕지이고, 지상 卯가 일간 甲의 왕지이다. 이를 호왕(互旺)이라 한다.

⑪ 간지치절범모결(干支値絕凡謀決)

• 간지가 절신이 되면 모든 모망사는 끊긴다.

• 모든 결절사(結絕事)는 해결된다.

• 흉사에서는 길하다. 질병 정단은 낫고, 소송 정단은 풀린다.

甲申일 7局			
申 絕	寅	寅 絕	申
甲	申	申	寅

• 간상 申은 일간 甲의 절신(絕神)이다. 지상 寅은 지진 申의 절신이다.

• 간지상신 모두 절지(絕地)에 앉았다.

⑫ 인택개사각쇠리(人宅皆死各衰羸)

- 간지상신이 모두 사신(死神)에 임하거나 교차하여 사신이 되면, 하려는 일은 모두 불리하고, 질병 정단은 사망하고, 병 문안과 상가 집 방문은 나쁘다.

寅월 癸丑일 9局			
巳 死神	酉	巳 死神	酉
癸	巳	丑	巳

- 寅월 사신은 巳이다. 일간상신 巳와 일지상신 巳 모두 寅월이다.

월건	寅	卯	辰	巳	午	未	申	酉	戌	亥	子	丑
사신	巳	午	未	申	酉	戌	亥	子	丑	寅	卯	辰
사기	午	未	申	酉	戌	亥	子	丑	寅	卯	辰	巳

⑬ 인택좌묘감초회(人宅坐墓甘招晦)

- 천반.지반 모두 지반의 묘신 위에 앉는 것이다.
- 남 때문에 재난을 당함에 이르는 말. 간묘(干墓).지묘(支墓)는 어둠에 빠지는 격이다.

<table>
<tr><td>子
巳</td><td>丑
午</td><td>寅
未(墓)</td><td>卯
申</td></tr>
<tr><td>亥
辰(墓)</td><td colspan="2" rowspan="2">壬寅일 6局</td><td>辰
酉</td></tr>
<tr><td>戌
卯</td><td>巳
戌</td></tr>
<tr><td>酉
寅</td><td>申
丑</td><td>未
子</td><td>午
亥</td></tr>
</table>

- 壬寅일 6局에서 壬의 기궁 亥가 辰에 임하여 水의 묘가 된다. 寅 또한 묘신인 未에 임한다. 일간 기궁 亥와 일지 寅 모두 묘신에 앉아 있다(※ 과전도에 없더라도 천지반도 상 나타나면 적용이 된다).

⑭ 간지승묘각혼미(干支乘墓各昏迷)

- 간상에 간묘가 임하고 지상에 지묘가 임한 것.
- 정단에서는 형쾌하지 못하고, 묘신이 일진을 덮으면, 사람과 가택은 혼미해 진다.

壬申일 8局			
辰 ▲	酉	丑 ▲	午
壬	辰	申	丑

- 일간상신 辰은 기궁 亥의 묘신이다. 또한 일지상신 丑도 일지 申의 묘신이다. 따라서 간상 辰과 지상 丑 모두 묘신을 봉하고 있다.

3) 삼전의 운용법칙(三傳의 運用法則)

☞ 삼전(三傳)이란, 즉, 초(初), 중(中), 말(末)을 삼전이라 한다. 초전(初傳)은 다른 이름으로 발용(發用)이라 하고, 용신(用神)이라고도 한다. 모든 일의 길.흉과 성패를 주관하고 일의 시작이기도 하다. 중전(中傳)은 일의 발전과 중간과정을 나타내고, 말전(末傳)은 일의 길.흉의 발전적 최종 결과를 나타낸다. 따라서 삼전(三傳)은 일과 사물의 순서, 위치, 원근(遠近), 주객(主客)의 구분에 대한 해답을 구할 수 있다. 그 이유는, 삼전은 사(事).물(物)의 발전 변화적인 운동에너지의 규율인 것이다.

★ 사과삼전(四課三傳)의 형태

초전(初傳)	중전(中傳)	말전(末傳)
일의 시작 (발용.용신)	일의 과정	일의 발전적 최종결과
발단문 (發端門)	이역문 (移易門)	귀계문 (歸計門)

제 1 과	제 2 과	제 3 과	제 4 과
태양(太陽) 외사문(外事門)	소양(小陽)	태음(太陰) 내사문(內事門)	소음(小陰)
인(人) 아(我)	양음신(陽陰神)	택(宅) 타(他)	음음신(陰陰神)

4) 삼전(三傳)의 길.흉(吉.凶) 해석(解釋)

- 초전은 일의 발단(發端) 과정이다. 초전이 흉하고 중전이 길하면, 흉이 변하여 길(吉)로 된다.
- 초전이 길하고 중전이 흉하면, 길이 변하여 흉이 된다.
- 초.중전이 흉하고 말전이 길하면, 이 역시 흉이 변하여 길이 된다.
- 초전이 흉하고 말전이 길하면, 마땅히 일의 시작에 난관이 있으나, 그 끝은 이루어진다.
- 초전이 길하고 말전이 흉하면, 일의 시작은 용이하고 길하나, 그 끝에 가서는 불길하다.
- 초.말전이 모두 길하면, 일의 시작과 끝은 길하다. 또한 초.말전이 모두 흉하면, 모든 일에 난관이 있고 처음과 끝이 흉하다.
- 초.말전이 길하고 중전이 흉하면, 일의 막힘이 많으나, 결국 그 일은 성공을 이룬다.
- 초.말전이 흉하고 중전이 길하면, 일의 시작은 흉하고 중도에 호전이 될 수 있으나, 최종적으로 그 일의 성과가 없다.

- 초전이 길한데, 말전의 생조(生助)를 받으면 길하다.
- 초전이 흉한데, 말전이 초전을 생(生).극(剋)하면, 흉이 변하여 길이 될 수 있다.
- 길(吉)한 말전이 초전을 생조(生助)해 주면, 마침내 그 말전은 길해진다.
- 흉한 말전이 초전을 도우면, 이 역시 흉하다.
- 말전이 길한데, 초전으로부터 극을 받으면, 길한 것이 흉해진다.

5) 삼전(三傳)의 응사길.흉(應事吉.凶)

- 초전이 일간의 묘고(墓庫)이고, 말전이 일간의 장생(長生)이면, 이름하여 자묘전생(自墓傳生)이라 하여, 모든 일은 처음에는 어려우나 후에는 쉽고, 처음에는 흉하나 나중에는 길하다.
- 초전이 일간의 장생(長生)이고, 말전이 일간의 묘고(墓庫)이면, 이름하여 자생전묘(自生傳墓)라 하여, 모든 일이 유시무종(有始無終)이다.
- 두 개의 전(傳)이 공망이고, 나머지 하나의 전(傳)에 천공(天空)이 승하면, 삼전을 모두 공망으로 본다.
- 초.중전이 공망이면 말전 위주로 해석하고, 중.말전이 공망이면 초전 위주로 해석한다.
- 삼전이 스스로 간상에 발용이 되어 지상으로 돌아오면, 이름하여 조지격(朝支格)이라 하여 자신이 타인에게 일을 구하는 격이 되고, 지상에서 발용이 되어 간상으로 돌아오면, 조간격(朝干格)이라 하여 타인이 가지고 있는 일을 반드시 나에게 구하게 된다.
- 삼전과 간지가 같은 지를 가졌으면, 구재 정단에서 재물을 득하고, 모망 정단에서는 모망은 성립되고, 행인 정단에서 행인은 돌아오고, 도적 정단에서 도적은 그 동네 밖을 나가지 못한다. 이와 같이 삼전불리(三傳不離)의 4과를, 이름하여 회환(廻還)이라 하여 모망사(謀望事)는 길

중길(吉中吉)로 보기도 하고 흉중흉(凶中凶)으로 보게 되는데, 유일하게 해산사(解散事)는 마땅치 않고, 또한 질병 정단, 관송 정단, 우려하는 일, 태산(胎産) 정단에는 모두 좋지 않다.

- 삼전에서 일간을 생하면, 백사(百事)가 길하다. 따라서 관송 정단은 가벼워 모름지기 송사가 생길 일이 없어지고, 큰 흉도 그 흉을 이겨낼 수 있다.
- 삼전에서 일간을 극하면, 큰 흉이 된다. 만약 일진 연명(年命)상에 제극하는 신이 있고, 삼전의 승신 중 해구(解救)할 수 있으면, 흉으로 보지 않는다.
- 삼전이 탈기를 당하면, 재물의 손실과 손모를 방비해야 한다.
- 일간에서 삼전의 초전을 극하고, 초전에서 중전을 극하고, 중전에서 말전을 극하면, 일명 구재대획격(求財大獲格)이라 하여 큰 재물을 구할 수 있다.
- 삼전에서 일진을 공협(共夾)하면, 만약 흉장이 승해도 흉이 될 수 없고, 길장이 승하면 길이 가중된다. 모든 일이 합하여 이루어진다. 그러나 우환사.질병사.관송사.태산사.행인사 는 모두 불리하다.
- 삼전이 체생(遞生)이 되면, 즉 초전이 중전을 생하고, 중전이 말전을 생하고, 말전이 일간을 생하면, 다수의 천거에 의해 영화롭다.
- 초전이 공망 됨을 단두(斷頭)라 하며, 이는 일의 시작이 모두 허실이고, 중전이 공망이면, 절요(絕腰)라 하여 일의 중간에 막힘이 많고 성과가 없으며, 말전이 공망이 되면, 절족(折足)이라 하여 일의 결과가 없다.

※ 여기서 송나라 능복지의 『필법부(畢法賦)』에서 삼전의 견해를 차분히 설명하려 하니 잘 숙지하여 삼전의 관계를 이해하기 바란다.

★ 『필법부(畢法賦)』에서의 삼전론(三傳論)

① 피구아사지전간(彼求我事支傳干)

<table>
<tr><th colspan="12">癸酉일 5局</th></tr>
<tr><td colspan="4">己</td><td colspan="4">乙</td><td colspan="4">癸</td></tr>
<tr><td colspan="4">貴 巳 陰</td><td colspan="4">勾 丑 未</td><td colspan="4">常 酉 空</td></tr>
<tr><td colspan="4">酉</td><td colspan="4">巳</td><td colspan="4">丑</td></tr>
<tr><td colspan="3">癸</td><td colspan="3">己</td><td colspan="3">己</td><td colspan="3">乙</td></tr>
<tr><td colspan="3">常 酉 空</td><td colspan="3">貴 巳 陰</td><td colspan="3">貴 巳 陰</td><td colspan="3">勾 丑 未</td></tr>
<tr><td colspan="3">癸</td><td colspan="3">酉</td><td colspan="3">酉</td><td colspan="3">巳</td></tr>
</table>

(해석) 초전 巳가 지상에서 발용하여 말전 酉가 간상으로 돌아오는 것을 말한다. 모든 정단은 반드시 타인이 주요 모망사를 나에게 위임 부탁하게 되고, 길.흉은 모두 성립된다. 따라서 길사 정단은 길하고, 흉사 정단은 흉하다.

② 아구피사간전지(我求彼事干傳支)

<table>
<tr><th colspan="12">丁亥일 11局</th></tr>
<tr><td colspan="4">乙</td><td colspan="4">丁</td><td colspan="4">己</td></tr>
<tr><td colspan="4">朱 酉 貴</td><td colspan="4">貴 亥 陰</td><td colspan="4">陰 丑 常</td></tr>
<tr><td colspan="4">未</td><td colspan="4">酉</td><td colspan="4">亥</td></tr>
<tr><td colspan="3">乙</td><td colspan="3">丁</td><td colspan="3">己</td><td colspan="3">辛</td></tr>
<tr><td colspan="3">朱 酉 貴</td><td colspan="3">貴 亥 陰</td><td colspan="3">陰 丑 常</td><td colspan="3">常 卯 空</td></tr>
<tr><td colspan="3">丁</td><td colspan="3">酉</td><td colspan="3">亥</td><td colspan="3">丑</td></tr>
</table>

(해석) 초전 酉가 간상에서 발용하여 말전인 丑이 지상으로 돌아오는 것을 말한다. 모든 일은 타인에게 고개 숙여서 구함을 면치 못하고, 타인의 압력에 굴하여 스스로 구하기 어렵고, 시령이 왕하면 길하고, 휴수하면 흉하다.

③ 삼전체생인거천(三傳遞生人擧遷)

<table>
<tr><th colspan="12">辛酉일 9局</th></tr>
<tr><td colspan="4">甲</td><td colspan="4">戊</td><td colspan="4">壬</td></tr>
<tr><td colspan="4">貴 寅 常</td><td colspan="4">常 午 貴</td><td colspan="4">勾 戌 勾</td></tr>
<tr><td colspan="4">戊</td><td colspan="4">寅</td><td colspan="4">午</td></tr>
<tr><td colspan="3">甲</td><td colspan="3">戊</td><td colspan="3">○</td><td colspan="3">丁</td></tr>
<tr><td colspan="3">貴 寅 常</td><td colspan="3">常 午 貴</td><td colspan="3">匕 丑 白</td><td colspan="3">玄 巳 后</td></tr>
<tr><td colspan="3">辛</td><td colspan="3">寅</td><td colspan="3">酉</td><td colspan="3">丑 ○</td></tr>
</table>

(해석) 초전 寅은 중전 午를 생하고, 중전 午는 말전 戌을 생하고, 말전 戌은 일간 辛을 생한다. 이는 여러 사람에 의해 장차 주요 관직을 맡는 일과, 추천과 문장을 요청하는 일은 모두 득하게 되고, 시종여일 일이 성취된다. 또 초전과 말전의 공망을 자세히 살피어 공망이 되면, 비록 추천이 있지만 빈말이 되어 성취되지 않는다.

④ 삼전호극중인기(三傳互剋衆人期)

<table>
<tr><th colspan="12">己巳일 1局</th></tr>
<tr><td colspan="4">己</td><td colspan="4">壬</td><td colspan="4">丙</td></tr>
<tr><td colspan="4">靑 巳 合</td><td colspan="4">常 申 貴</td><td colspan="4">朱 寅 空</td></tr>
<tr><td colspan="4">巳</td><td colspan="4">申</td><td colspan="4">寅</td></tr>
<tr><td colspan="3">辛</td><td colspan="3">辛</td><td colspan="3">己</td><td colspan="3">己</td></tr>
<tr><td colspan="3">白 未 匕</td><td colspan="3">白 未 匕</td><td colspan="3">靑 巳 合</td><td colspan="3">靑 巳 合</td></tr>
<tr><td colspan="3">己</td><td colspan="3">未</td><td colspan="3">巳</td><td colspan="3">巳</td></tr>
</table>

(해석) 초전 巳는 중전 申을 극하고, 중전 申은 말전 寅을 극하고, 말전 寅은 일간 己를 극하고 있다. 일반인은 갑작스럽게 흉이 발생하거나 타인으로부터 다짐을 당하고, 관직자는 대각에 상소할 근심이 닥치는 것이 두렵다. 계속하여 거듭 흉함을 나타내며, 탄핵을 받는 것에 의미가 있다.

⑤ 말조초혜삼등론(末助初兮三等論)

<table>
<tr><th colspan="12">甲辰일 9局</th></tr>
<tr><td colspan="4">戊</td><td colspan="4">壬</td><td colspan="4">甲</td></tr>
<tr><td colspan="4">匕 申 青</td><td colspan="4">青 子 匕</td><td colspan="4">玄 辰 玄</td></tr>
<tr><td colspan="4">辰</td><td colspan="4">申</td><td colspan="4">子</td></tr>
<tr><td colspan="3">丙</td><td colspan="3">庚</td><td colspan="3">戊</td><td colspan="3">壬</td></tr>
<tr><td colspan="3">后 午 白</td><td colspan="3">合 戌 合</td><td colspan="3">匕 申 青</td><td colspan="3">青 子 匕</td></tr>
<tr><td colspan="3">甲</td><td colspan="3">午</td><td colspan="3">辰</td><td colspan="3">申</td></tr>
</table>

(해석) 말전 辰이 초전 申을 돕는 것을 말한다. 이 과전에서는 초전신이 일간 甲을 극한다. 따라서 관직 정단에서는 길하나, 일반 질병.관송 정단에서는, 귀살의 申이 말전 辰의 생조를 받아 힘이 더욱 강해진다. 이에 피해가 더욱 크다. 단 초전이 공망이 되면 본래의 일간을 극할 뜻이 없다.

⑥ 용파신심무소귀(用破身心無所歸)

<table>
<tr><th colspan="12">戊申일 11局</th></tr>
<tr><td colspan="4">壬</td><td colspan="4">○</td><td colspan="4">甲</td></tr>
<tr><td colspan="4">后 子 白</td><td colspan="4">匕 寅 青</td><td colspan="4">合 辰 合</td></tr>
<tr><td colspan="4">戌</td><td colspan="4">子</td><td colspan="4">寅 ○</td></tr>
<tr><td colspan="3">丁</td><td colspan="3">己</td><td colspan="3">庚</td><td colspan="3">壬</td></tr>
<tr><td colspan="3">空 未 貴</td><td colspan="3">常 酉 陰</td><td colspan="3">玄 戌 玄</td><td colspan="3">后 子 白</td></tr>
<tr><td colspan="3">戊</td><td colspan="3">未</td><td colspan="3">申</td><td colspan="3">戌</td></tr>
</table>

(해석) 초전의 길신이 파손 됨을 말한다. 초전 子는 지반 戌로부터 극을 당한다. 또한 백호가 승하여 놀랍고 재앙이 되는 상이다. 그리고 중.말전을 귀향(鬼向)으로 끌고 가니 더욱 어려워지고 있으나, 다행인 것은, 귀살인 寅이 공망이 되는 것이다. 이는 기뻐하며 웃는 것도 없고, 근심도 없는 경우이다.

⑦ 공공여야사휴추(空空如也事休追)

戊辰일 7局		
○	己	○
常 巳 陰	朱 亥 勾	常 巳 陰
亥	巳 ○	亥

己	○	戊	○
朱 亥 勾	常 巳 陰	合 戌 合	玄 辰 玄
戊	亥	辰 ○	戌

(해석) 초전 巳는 순공이 되고, 중전 亥는 함공이 되며, 말전 巳 역시 순공이 된다. 삼전이 모두 공망이 되면 전혀 실의(實意)가 없다. 또한 질병.소송.근심.의혹사 는 좋고, 구병인(舊病人)은 사망하고, 신병인(新病人)은 안전하다. 삼전 두 곳이 공망이고, 남은 한 개도 천공이 승하면, 모두 삼전의 공망으로 본다. 단 삼전의 공망이 아닌 경우에는 무조건 공망시 하지 않는다.

⑧ 전묘입묘분증애(傳墓入墓分憎愛)

辛未일 8局		
己	○	丁
玄 巳 后	勾 戌 勾	后 卯 玄
子	巳	戌 ○

丁	壬	甲	己
后 卯 玄	空 申 未	朱 子 空	玄 巳 后
辛	卯	未	子

(해석) 초전이 길신일 때, 중.말전이 묘신으로 초길후흉(初吉後凶)하고, 초전이 흉신일 때, 중.말전이 묘신으로 초흉후길(初凶後吉)하다. 따라

서 초전의 巳는 일간의 귀살로 현무가 승해 있다. 이는 흉신.흉장으로 중전 戌의 묘향으로 가고 있고, 말전 지반 戌의 묘향으로 향한다. 이는 흉신이므로 초에 흉하고 후에 길하다. 관직 정단에서는 크게 흉하고 후에 길하다. 생계 정단이나 질병 정단에서는 후에 길하다.

⑨ 불행전자고초시(不行傳者考初時)

戊子일 10局		
辛	○	乙
陰 卯 常	白 午 后	勾 酉 朱
子	卯	午 ○

甲	丁	辛	○
青 申 匕	朱 亥 勾	陰 卯 常	白 午 后
戊	申	子	卯

(해석) 중.말전이 공망이 되거나 함공이 되면, 초전으로만 길.흉을 판단한다. 중전 午는 순공이고, 말전 酉는 함공이다. 따라서 초전인 卯로 길.흉을 판단해야 한다. 길.흉사에 있어서 순이 바뀐 뒤가 가능하지만, 원사(遠事)는 결국 이루지 못한다. 행인은 근처에서 찾는 것이 마땅하다.

⑩ 초조협극불유기(初遭夾剋不由己)

甲辰일 12局		
甲	乙	丙
合 辰 合	朱 巳 勾	匕 午 青
卯	辰	巳

○	甲	乙	丙
勾 卯 朱	合 辰 合	朱 巳 勾	匕 午 青
甲	卯 ○	辰	巳

(해석) 초전이 협극을 당함을 말한다. 초전 辰은 지반 卯와 천장 육합(乙卯)에 동시에 극을 당하고 있다. 이를 협극(夾剋)이라 한다. 이는 동류(同類)를 피하지 못하고 다른 이에게 축출을 당하는데, 본 과전도의 초전 辰은 일간의 재신이다. 따라서 재물을 구함은 어려워진다.

⑪ 장봉내전소모위(將逢內戰所謀危)

丁丑일 6局		
己	甲	辛
勾 卯 空	后 戌 匕	空 巳 常
申	卯	戌

戊	○	○	己
合 寅 青	陰 酉 貴	玄 申 后	勾 卯 空
丁	寅	丑	申 ○

(해석) 내전이 되면 도모하는 것은 재앙이 된다. 초전 卯는 지반 申에 내전을 당하고 천장 구진을 다시 내전을 하고 있다. 이는 모망사는 불리하다. 그러나 천장의 승신을 따라 잘 구분해야 한다.

※ 내전 : 지반에서 천반을 극, 천반에서 천장을 극

※ 외전 : 천반에서 지반을 극, 천장에서 천반을 극

6) 초전발용법(初傳發用法)의 이해(理解)

육임에서의 초전은 사물의 발단의 의미로 발용(發用)이라 하고, 용신(用神)이라고 한다. 초전은 발단문(發端門)이라 하여, 정단의 발현(發顯)된 현상을 의미하고, 발단의 시초가 된다.

- 일간 상의 양과(1, 2과)에서 발용이 되면, 외사문(外事門)이라 하여, 주된 사안은 밖에서의 일이다.

- 일지 상의 양과(3, 4과)에서 발용이 되면, 내사문(內事門)이라 하여, 주된 사안은 안에서의 일이다.
- 발용이 상극하 이면, 남자, 어른, 존귀자(尊貴者)가 유리하고, 발용이 하적상 이면, 여자, 아이, 존비자(尊卑者)가 유리하다.
- 발용이 협극(夾剋)으로 내외전이 되면, 부자유스럽고 모망사를 이루기 어렵다.
- 발용이 장생이면 모망하는 바가 이루어지고, 또한 발용에 묘신(墓神)이 임하면, 오래된 일이 다시 재발한다.
- 발용이 패(敗)나 사(死)가 되면, 모망사는 이지러지고 망가지게 된다.
- 발용이 묘(墓)가 되면, 일이 암매(暗昧)해 지고, 환자는 치유가 곤란하다.
- 발용이 절(絕)이 되면, 결절사(結絕事)는 이루어지고, 모망사(謀望事)는 어렵다.
- 발용이 형(刑).충(冲).파(破).해(害)가 되어 온전하지 못하면, 일이 막히고 어려움이 많다.
- 발용이 공망(空亡)이 되면, 희경사(喜慶事)는 모두 사라진다.
- 발용이 사기(死氣)가 되면, 흉한 일이 발생한다.
- 발용이 생기(生氣)가 되면, 흉한 일은 반감되어 어려움을 극복하는데 도움이 된다.

※ 발용의 12운성과 생기(生氣).사기(死氣)표

일간 / 12운성	甲乙	丙丁	戊己	庚申	壬癸
장생(長生)	亥	寅	寅	巳	申
패(敗)	子	卯	卯	午	酉
묘(墓)	未	戌	戌	丑	辰
사(死)	午	酉	酉	子	卯
절(絶)	申	亥	亥	寅	辰

	寅	卯	辰	巳	午	未	申	酉	戌	亥	子	丑
생기	子	丑	寅	卯	辰	巳	午	未	申	酉	戌	亥
사기	午	未	申	酉	戌	亥	子	丑	寅	卯	辰	巳

※ 생기.사기는 대충(對沖)관계이다.

- 발용에서 태세신을 극하면, 그 당해에 재화(財禍)가 있다.
- 발용에서 월건신을 충극하면, 그 월 중 화(禍)가 발생한다.
- 발용에서 귀인이나 주작이 승해 일간을 극하면, 관재가 발생한다.
- 발용에서 지진을 극하면, 아랫사람이나 부인(尊卑者)에게 근심이 있고, 가택(家宅) 안이 불안하다.
- 발용에서 점시(선봉문)을 극하면, 마음의 동요가 있고, 일의 막힘이 있다.
- 발용에서 행년상신을 극하면, 모망사는 이루기 어렵다. 그러나 모든 정단은 4과3전의 유동성을 보고 판단한다.
- 발용에서 본명상신을 극하면, 명운(命運)이 좋지 않으나, 왕상(旺相)관계나 휴수(休囚)관계를 잘 보아 판단하여야 한다.
- 발용이 왕상(旺相)하면, 명리(名利)가 향상한다. 단 휴수(休囚)하면, 재앙을 방지하여야 한다.
- 초전이 일간 상의 양과(1, 2과)에서 발용이 되고, 귀인이 순치하여 발용전이면, 길.흉이 빠르게 전개된다.
- 초전이 일지 상의 양과(3, 4과)에서 발용이 되고, 귀인이 역치하여 발용후이면, 길.흉이 지체된다.
- 초전이 일지 상의 음과(4과)에서 발용이 되면, 맥월(驀越)이라 하여 급작스레 일이 발생하거나 즉흉적인 사안이 많고, 늦어지거나 홀연히 해결된다.

- 발용이 승한 천장으로부터 생조(生助)가 되면, 득도(得道)라 하여 일의 진행에 도움이 있다. 단 발용이 승한 천장으로부터 탈기를 당하면, 실도(失道)라 하여 어긋남이 많고 막힘이 많다.
- 발용이 길신(일덕.일록.귀인)이면, 하사 모두 이롭고 흉사는 사라진다. 대표적으로 관사.질병.구설 등은 소멸된다.
- 발용이 태세신이고 중전.말전이 월건.월장에 임하면, 원대한 일을 크게 빠르게 취하는 상으로, 빠르게 진행함이 좋다. 이를 이름하여 반주격(盤珠格)이라 하여 길사 정단은 길하고, 흉사 정단은 흉하다.

7) 중전(中傳)의 이해(理解)

> 중전은 이역문(移易門)이라 하여 일의 중간을 주관한다. 초전에서 중전을 생하면, 모(母)가 자(子)에 전한다 하여 순(順)으로 본다.

- 중전의 귀살은 일의 파괴를 주관한다.
- 중전이 묘신이 되면, 일이 중지된다.
- 중전이 육해(六害)가 되면, 좌절 또는 일의 막힘이 많다.
- 중전이 파(破)가 되면, 일의 끝을 못보고 중도 하차한다.
- 중전이 공망이 되면, 단교절요(斷橋折腰)라 하여 일이 성사되기 어렵다.

8) 말전(末傳)의 이해(理解)

> 귀계문(歸計門)이라 하여, 일의 결과를 보는 것으로 초전과 중전이 흉하다 하더라도, 말전이 길하면 마지막이 길하다. 그 반대로 초전.중전이 길하다 하더라도, 말전이 흉하면 결과가 어려워질 수 있다. 그러므로 삼전이 모두 길해야 한다. 따라서 말전은 사물의 결과이므로, 말전을 가장 긴요한 것으로 인정하는 것이다.

9) 점단팔문(占斷八門)의 이해(理解)

① 선봉문(先鋒門)

선봉은 점시를 말한다. 과식(課式)을 기다리지 않고 정단의 중요한 일을 먼저 알 수 있다. 불시에 서로 만나는 것을 기(機)라 하고, 자연히 부합되는 것을 신(神)이라 한다.

★ 점시와 일간과의 관계

㉠ 점시와 육친관계

육친	오효	사 안
인성	부효(父)	부모. 사업후원사 등으로 타인으로부터 은혜를 입는다.
관성	관효(官)	직업. 남편사. 관재. 질병. 실탈. 침범사
재성	재효(財)	구재사. 처첩. 사업사
식상	손효(孫)	자손사. 실직사. 박관(剝官)
비겁	형효(兄)	손재수. 실탈. 극처사(剋妻事)

㉡ 점시와 신살관계

신 살	사 안
일 덕	윗사람의 은혜나 상을 받거나, 타인으로부터 도움을 받는다.
일 록	직위나 복록을 구하는 일이거나, 입신 출세에 관한 일이다.
역 마	여행. 천거. 원행 이동. 가택변동사. 대인(待人)
천을귀인	귀인사에 관한 일. 은상(恩賞). 관직박탈
합	내외 화합사. 여행. 통신의 일
겁 살	도난이나 상해사. 급작스런 일 발생
일 묘	모든 일의 암매지체의 상. 전답. 불사
도 화	색정사
형	관송사. 출입에 대한 일의 진행이 빠르다.
충	재병사. 금전의 손해. 이동사. 다툼. 이산사(離散事)

파	분산. 파재. 실주. 도망사
해	손실. 실재. 다툼의 일
공 망	모망사 불성. 실탈사기사. 수도자. 종교인

★ 선봉문의 길.흉 판단

- 점시에서 일간을 생하면 길하고, 극하면 관직 정단 외 모두 흉하다. 또한 모망사는 난관을 겪는다.
- 점시가 공망이면, 모든 일은 뜻을 이루기 어렵다.

② 직사문(直事門)

월장(月將)을 말한다. 월장은 태양의 신이므로, 정단에서 점시(占時)에 월장을 가하여 천지반이 만들어지고, 사과(四課)의 음양이 나누어지고, 삼전(三傳)이 만들어진다. 월장은 신이 아니면 쉽게 결정하지 못하는 화복(禍福)의 일과, 신장(神將)이 아니면 알 수 없는 길.흉의 신을 알 수 있으므로 직사문(直事門)이라 한다.

③ 외사문(外事門)

일간(日干)을 말하며, 이는 일간상신을 포함한 일간의 음신(陰神)인 제2과를 포함한다. 정단에서의 일간은 사람으로서 움직임과 꾀하는 것 등 주(主)된 것을 말한다. 생극제화가 모두 일간에서 응(應)하므로 외사(外事)라 한다.

④ 내사문(內事門)

지진(支辰) 즉 일지를 말하며, 정단에서의 지진은 택(宅) 가정을 뜻하므로, 자택의 성쇠를 알기 위해서는, 지진의 왕쇠(旺衰)를 살펴야 한다. 따라서 지진 제3과와 일지의 음신인 제4과를 포함한다.

★ 내사문과 외사문의 비교

사 안	외사문(일간)	내사문(일지)
양 택	사 람	집
결 혼	신 랑	신 부
소 송	원 고	피 고
태 산	태 아	산 모
관 록	점 인	직 위
질 병	사 람	질 병
시 험	사 람	고사장 . 답안지
교 역	사 람	물 품
여 행	여 행 자	여 행 지

⑤ 발단문(發端門)

초전을 가리키는 것으로, 발용(發用) 또는 용신(用神)이라 부른다. 정단에서의 초전으로 일의 시작이니, 과전의 길(吉)이 사건의 길(吉)이고, 과전의 흉(凶) 또한 사건의 흉(凶)이다. 따라서 길흉화복의 실마리이다. 이는 일의 시초를 나타내는 발단(發端)이 되는 것이다.

⑥ 이역문(移易門)

중전을 가리키는 것으로, 일의 중간 단계를 나타낸다. 초전의 길.흉의 변화에 따라 이역(移易)이라 한다.

⑦ 귀계문(歸計門)

말전을 가리키는 것으로, 일의 마지막 결과를 나타낸다. 모든 일의 길.흉이 귀결되는 대단히 중요한 위치이다. 따라서 일의 결과를 알기 위해서는 말전을 잘 살펴보아야 한다.

⑧ 변체문(變體門)

연명(年命)을 이르는 것으로, 점인의 본명(本命)과 행년(行年)을 뜻한다. 따라서 연명은 정단의 마지막 변화를 보고 최종적으로 길.흉을 판단한다. 본명은 용사지조(用事之助)이고, 행년은 일년지좌(一年之座)로서 과전의 길.흉에 일정한 영향을 미친다. 그러므로 변화하는 변체(變體)라 한다.

★ 변체문(變體門)의 길.흉

- 연명상신이 생왕(生旺)하여, 연명과 상생 삼합하면 길하다.
- 발용이 길하더라도, 연명상신에서 길(吉)을 형(刑).해(害)하면 반대로 흉해진다.
- 발용이 흉하더라도, 연명상신에서 흉을 극제(剋制)하면, 반대로 길해진다.
- 연명상에 월장을 만나면 최고로 길하며, 일체 재화(財禍)가 소멸된다.
- 연명상에 천마나 역마를 보면, 직업의 승진.이동에 이롭다.
- 연명상에 백호가 사기가 되어 일간을 극하면, 살아남지 못하고 필사(必死)한다.

※ 점단팔문(占斷八門)의 의의(意義)

점단팔문(占斷八門)은 정단의 기초가 되는 순서인 것이다. 정단에서 점단팔문의 순서가 잘 이루어져야 만이 바른 정단이 될 수 있는 식(式)이 된다. 선봉문(先鋒門)은 정단을 기다리지 않고 나타낼 수 있는 요소가 되고, 직사문(直事門)은 그대로 월장의 중요성을 나타내 천지반도를 작성할 수 있고, 과전을 완성할 수 있다. 외사문(外事門)은 일의 핵심이 되는 주(主)가 될 것이고, 내사문(內事門)은 가택의 역할과 타(他)의 관계와의 중요함을 나타내고, 발단문(發端門)은 일의 기미와 일의 시작을 나타내는 용신(用神)으로서의 중요함이 있다. 또한 이역문(移易門)은 일의 중심과정에서 변화하는 역할을 수행하며, 귀계문(歸計門)은 일의 결과에 대한 중요성을 나타내는 중요한 결말인 것이다. 변체문(變體門) 또한 일의 마지막 성패를 좌우하는 중요한 요소이다. 그러나 경험상 많은 학현 들께서는 변체문에 대한 인식이 부족하여 과전도에만 의존하여 변체문을 적용하지 않고 해단하는 경향이 있다. 이는 숲만 보고 나무를 알아보지 못하는 누를 범하는 경우이다. 따라서 본 서적을 학습한 후 각 항마다의 중요성을 인식하여 정단에 임하기를 바라며 육임 정단의 원칙은 점단팔문(占斷八門) 뿐 만 아니라 세밀 정단에 의한 그 묘미를 발한다 할 것이다.

10) 오요권형(五要權衡)

☞ 오요권형(五要權衡)은 청대의 김정음(金正音) 소집(所輯), 『진본묘공귀촬각전권(珍本苗公鬼撮脚全卷)』 중, 권 14편에 실려있으며, 명대의 주항(朱恒)에 의해 완전하게 편집.저술되었다.

초보자도 육임의 주요사항을 쉽게 이해할 수 있도록, 특수요결로 33항목을 묶어서 만들었다.

★ 오요권형(五要權衡) 33항목(三十三項目)

항 목	제 목	내 용
제1항목	피아(彼我)	주.객(主.客)관계를 말한다. 일간은 주체이고, 일지는 객체인 타인. 3전은 벌어진 일의 진전되는 과정이다.
제2항목	내외(內外)	內는 지진의 음신과 양신(제3, 4과)이고, 外는 일간의 양신과 음신(제1, 2과)를 나타낸다. 따라서 內는 일이 안에서 발생되고, 外는 일이 밖에서 발생되는 상황이다.
제3항목	주객(主客)	먼저 움직이는 자가 객(客)이고, 나중에 움직이는 자가 주(主)가 된다. 정단 상황에서의 간지의 구분이 된다.
제4항목	존비(尊卑)	일간은 존(尊), 일지는 비(卑)이다. 일간과 일지의 생극제화 관계를 살핌이 마땅하다.
제5항목	천시(天時)	기운의 왕쇠를 말한다. 즉 사계절의 기운을 얻은 것을 왕(旺), 얻지 못한 것을 쇠(衰)라 한다. 정단에서의 왕상휴수사 관계를 잘 보아야 할 것이다. 이에 득(得)과 실(失)을 알 수 있다.
제6항목	지리(地理)	천반신(天盤神)에 대한 지반에서의 생극제화와 구보.팔살관계에서의 영향을 말한다. 온전한 천반신의 역할이다.
제7항목	희기(喜忌)	즉, 희신(喜神)과 기신(忌神)과의 관계를 말한다. 신살과 12운성, 육친, 구제신(救制神)의 관계정리이다. 예를 들어, 덕.록을 얻으면 기쁠 것이고, 묘.형.충을 얻으면 멀리한 것이다. 정단에서의 희신과 기신의 구별을 하여 정단에 임하여야 할 것이다.
제8항목	허실(虛實)	허(虛)는 과전에 순중 공망(고진.과숙), 겁재, 탈 등 실질적으로 얻어지는 것이 없이 손해 보는 사항을 잘 보아야 하고, 실(實)이란 공망 등 여타 허류(虛類)가 아닌 생조(生助)가 되고 동류(同類)가 되며, 화합을 이루는 것을 말한다.

항목	제목	내용
제9항목	취산(聚散)	중황경(中黃經)에서 나온 글 중, 동방목기(東方木氣)가 강한 것은, 봄의 기운에 이상이 없고 여름은 火, 가을은 金, 겨울은 水 등이다. 취산은 초전을 세운 뒤 일간과 비화되는 것이 많으면 취(聚)이고, 적으면 산(散)이다.
제10항목	진퇴(進退)	삼전이 앞으로 나아가는 것은 진(進), 뒤로 물러서는 것을 퇴(退)라 한다. 전(傳)의 진퇴상황을 잘 살펴 정단해야 하며, 특히 진퇴 시 공망에 유의해야 한다.
제11항목	동정(動靜)	일간과 일지는 주로 정(靜)하고, 삼전은 주로 동(動)한다. 또 지반은 정(靜)하고, 천반은 동(動)한다. 일간의 길(吉)이 상생.길신이면 주로 동(動)하고, 극하거나 충하면 정(靜)하는 것이 이치이다.
제12항목	시종(始終)	일의 시작과 끝맺음이다. 초전이 일의 시작이고, 말전이 일의 끝맺음이다. 따라서 삼전의 관계를 살펴보면 일의 시작과 맺음 그 안에서 모두 이루어진다.
제13항목	발용(發用)	일의 시작을 말하고 삼전의 초전을 말한다. 또한 용신(用神)올 니다내기도 힌다. 일의 기미와 사태를 나타내고 있다.
제14항목	지속(遲速)	일의 늦고 빠름을 말한다. 즉 일이 늦어질 경우에는 음일복음과, 섭해과, 귀인의 역행 등의 요인이 있고, 일이 빠르게 진행되는 경우는 참관격이나 점시가 발용을 한다거나 등의 일 등이 있다.
제15항목	존망(存亡)	산다는 것이나 죽는다는 것을 일컫는 것으로 생왕(生旺)하면 살 것이고, 귀묘(鬼墓).공망이면 죽는다. 따라서 행년에 寅.申.巳.亥인 사맹(四孟)이 임하면 존(存)할 것이고, 辰.戌.丑.未인 사계(四季)가 임하면 망(亡)이 된다.
제16항목	승부(勝負)	일진이 서로 극하는 것을 부(負)라 하고, 부(負)하는 것을 생하는 것이 승(勝)이다. 일간을 극하는 귀살이 부(負)이고, 이를 구제할 수 있는 손효가 승(勝)이다.
제17항목	귀신(鬼神)	왕하면 신(神)이고, 쇠하면 귀(鬼)이다. 金은 형살로 죽었고, 水는 수귀가 되고, 土는 토양귀가 되고, 火는 화귀가 되고, 木은 목귀가 된다. 낮에는 鬼이고, 밤에는 귀신(鬼神)으로 보아야 할 것이다.
제18항목	유명(幽明)	유(幽)는 귀신이고, 명(明)은 사람이며 물상이다. 밤은 유(幽)가 되어 음(陰)이고, 낮은 명(明)이 되어 양(陽)이다.
제19항목	인물(人物)	일간은 사람(人)이 되고, 일지는 사물(物)이 된다.

<table>
<tr><th>항 목</th><th>제 목</th><th>내 용</th></tr>
<tr><td rowspan="2"></td><td></td><td>※ 사람의 유신은 다음과 같다.

• 子 : 자식. 도살자. 염색업자
• 丑 : 장자(長者). 구승니(舊僧尼)
• 寅 : 선비. 관리. 도사. 무속인. 사관(史官)
• 卯 : 역술가. 장자(長子)
• 辰 : 대장(우두머리). 승려. 기마병
• 巳 : 손님. 친구. 장인(匠人)
• 午 : 부인. 돌아가신 어머니
• 未 : 시어머니. 누이. 이모. 술도가 장인(匠人)
• 申 : 의사. 도사. 사냥꾼. 시장상인
• 酉 : 보석장인. 여자노비. 여자아이
• 戌 : 군인. 남자노비
• 亥 : 어린아이</td></tr>
<tr><td>동물(動物)</td><td>• 子 : 쥐. 쪽제비
• 丑 : 소. 게. 거북이 .금계
• 寅 : 호랑이. 표범. 고양이. 너구리
• 卯 : 토끼. 나귀. 노새. 여우
• 辰 : 자라. 용. 어물
• 巳 : 뱀. 지렁이. 매미
• 午 : 말. 누에. 사슴. 노루. 참새
• 未 : 양. 기러기. 비둘기
• 申 : 원숭이. 거위. 새무리
• 酉 : 닭. 오리. 새. 꿩
• 戌 : 개. 승냥이. 이리
• 亥 : 돼지. 곰</td></tr>
<tr><td>제20항목</td><td>정상(情狀)</td><td>일종의 상황, 생김새를 나타낸다. 일간은 꾸밈새, 천장은 머리, 신(神)은 체형을 나타낸다.

<table>
<tr><td>子</td><td>쥐의 형상으로 날렵하다.</td><td>貴</td><td>가늘고 작다.</td></tr>
<tr><td>丑</td><td>소의 형상. 머리가 크다.</td><td>匕</td><td>눈이 작고, 이마 뾰족</td></tr>
<tr><td>寅</td><td>왜소하다. 아름다운 머리를 가졌다.</td><td>朱</td><td>얼굴이 붉다.</td></tr>
<tr><td>卯</td><td>말랐다.</td><td>合</td><td>노래를 잘한다.</td></tr>
<tr><td>辰</td><td>얼굴이 길다</td><td>勾</td><td>비만이다.</td></tr>
</table></td></tr>
</table>

<table>
<tr><th>항 목</th><th>제 목</th><th>내 용</th></tr>
<tr><td></td><td></td><td>
<table>
<tr><td>巳</td><td>마르고 키가 크다.</td><td>靑</td><td>수염, 구렛나루가 있다.</td></tr>
<tr><td>午</td><td>사시이며 길다.</td><td>空</td><td>얼굴이 하얗고 싸늘하다.</td></tr>
<tr><td>未</td><td>단소하다</td><td>白</td><td>살기 있고 얼굴이 희다.</td></tr>
<tr><td>申</td><td>피부가 하얗다.</td><td>常</td><td>이마가 넓다.</td></tr>
<tr><td>酉</td><td>노랑머리를 가졌다</td><td>玄</td><td>추하다.</td></tr>
<tr><td>戌</td><td>개의 형이다. 얼굴이 뾰족</td><td>陰</td><td>예쁘다.</td></tr>
<tr><td>亥</td><td>살이 찌며 눈이 작고 추하다.</td><td>后</td><td>후덕하다.</td></tr>
</table>
</td></tr>
<tr><td>제21항목</td><td>성정(性情)</td><td>12천장에 나타난 일반적인 성격과의 관계이다.</td></tr>
<tr><td>제22항목</td><td>남녀(男女)</td><td>남자는 순양이 되고, 여자는 순음이 된다. 예를 들어 1음 2양이면 남자이고, 1양 2음이면 여자이다. 또한 양신에 양이 승하면 남자이고, 음신에 음이 승하면 여자이다.</td></tr>
<tr><td>제23항목</td><td>귀천(貴賤)</td><td>왕기(旺氣)가 되면 귀(貴)하고, 쇠기(衰氣)가 되면 천(賤)하다. 길신을 만나면 귀해지고, 흉신을 만나면 천해진다.</td></tr>
<tr><td>제24항목</td><td>친소(親疎)</td><td>상합(相合)이 되면 친(親)하고, 불합(不合)이 되면 소(疎)하다. 또한 상생하는 것은 친(親)이고, 상생하지 못하는 것은 소(疎)이다.</td></tr>
<tr><td>제25항목</td><td>노소(老少)</td><td>젊음은 사맹(四孟)이고, 늙음은 사계(四季)이며, 청년은 사중(四仲)이다. 지상에 임한 신을 보고 유기(有氣)하면 젊음이고, 유기하지 못하면 늙음이다. 따라서 발용에 임한 지반 도 이것에 해당된다.</td></tr>
<tr><td>제26항목</td><td>신구(新舊)</td><td>새로운 것은 기운이 왕(旺)한 것이고, 구(舊)는 이미 지나간 기운, 쇠(衰)한 것을 나타낸다. 따라서 왕상하면 신(新)하고, 휴수(休囚)하면 구(舊)한 것이다. 이에 따라 구(舊)가 신(新)에 임하여 발용하면 옛일이 다시 새롭게 일어나는 것이고, 신이 구에 임하여 발용하면 새로운 일이 옛것을 대하는 것이다.</td></tr>
<tr><td>제27항목</td><td>다과(多寡)</td><td>12천신과 12천장에서의 선천대연수의 왕상.휴수에 따른 수의 배가와 절감을 말한다.</td></tr>
</table>

<table>
<tr><th>항 목</th><th>제 목</th><th>내 용</th></tr>
<tr><td>제28항목</td><td>방소(方所)</td><td>12천신의 유신과 결합된 장소 및 사물과 주거지
<table>
<tr><th>천신</th><th>사 물</th><th>주 거 지</th></tr>
<tr><td>子</td><td>강. 호수</td><td>방</td></tr>
<tr><td>丑</td><td>산. 밭. 분묘</td><td>담장</td></tr>
<tr><td>寅</td><td>산림. 숲</td><td>도로</td></tr>
<tr><td>卯</td><td>숲. 산림</td><td>대문</td></tr>
<tr><td>辰</td><td>고개. 담장. 마을</td><td>창고</td></tr>
<tr><td>巳</td><td>기와. 가마. 부엌</td><td>부엌. 주방</td></tr>
<tr><td>午</td><td>저자거리. 시장. 도로</td><td>관청</td></tr>
<tr><td>未</td><td>밭. 우물</td><td>우물</td></tr>
<tr><td>申</td><td>동산. 정원. 도로</td><td>정원</td></tr>
<tr><td>酉</td><td>성(城)</td><td>후문</td></tr>
<tr><td>戌</td><td>경작지</td><td>욕실</td></tr>
<tr><td>亥</td><td>물가주변. 다락</td><td>화장실. 하수구</td></tr>
</table></td></tr>
<tr><td>제29항목</td><td>원근(遠近)</td><td>주로 행인 정단에서의 거리를 측정하거나, 지일과에서의 선택을 취할 때 쓰인다. 따라서 숫자를 추지(推知)해 보면, 삼합(三合)은 주로 3일, 백리(百里) 밖이고, 육합(六合)은 5리,50리, 木은 3리,30리, 양상(梁上) 土는 5리, 火는 2리,20리, 또한 삼합에서의 윤하는 300리, 염상.곡직.가색.종혁은 250리, 유자과는 천리이다.</td></tr>
<tr><td>제30항목</td><td>전후(前後)</td><td>일지의 앞은 전(前)이고, 일지의 뒤는 후(後)이다. 초전은 전(前)이고, 말전은 후(後)이다.</td></tr>
<tr><td>제31항목</td><td>좌우(左右)</td><td>기준의 좌우에 따른 향(向)을 정하여 그 방향에 따른 길.흉 관계를 파악해야 한다. 가령 집이 午가 되면 巳는 우측 집이 되고, 未는 좌측 집이 되고, 子는 마주보는 집이 된다. 이에 따른 신살과 천장과 함께 정단하면 된다.</td></tr>
<tr><td>제32항목</td><td>고저(高低)</td><td>일간상신이 발용이 되면 고(高), 일지상신이 발용이 되면 저(低)로서 증권의 등락, 유실물의 고.저, 가격의 고.저로 활용된다.</td></tr>
<tr><td>제33항목</td><td>은현(隱顯)</td><td>유신이 과전 안에 있으면 현(顯)이고, 과전 밖이면 은(隱)이 된다. 연명에도 해당된다.</td></tr>
</table>

※ **절기(節氣)에 대한 이해와 해석**

① 24절기의 뜻

태양의 황경(黃經)에 맞추어 1년을 15일 간격으로 24등분해서 계절을 구분한 것.

② 24절기의 유래

24절기는 중국으로부터 유래 되었고 옛날부터 전해 오는 거라서 음력을 사용한다고 착각하기 쉽지만 양력을 사용한다. 24절기를 나누는 기준 자체가 달이 아닌 태양을 기준으로 나누고 있기 때문이다.

인간이 월력(月曆)을 만든 가장 큰 이유는 계절의 변화를 기록하기 위해서이다. 농경사회에서는 계절의 변화에 민감할 수 밖에 없는데 농사를 짓기 위해 씨를 뿌리고 추수를 하기에 가장 좋은 날씨를 알아야 했기 때문이다.

음력의 24절기도 이런 바탕에 근거하고 있다. 24절기는 봄·여름·가을·겨울 4계절에 각각 여섯 개 씩 자리잡고 있으며, 각각의 절기는 앞뒤 절기와 유기적 인 연관성을 가지며 1년을 이룬다.

24절기는 태양의 운동에 근거한 것으로 춘분점(春分點, 태양이 남쪽에서 북쪽으로 향해 적도를 통과하는 점)으로부터 태양이 움직이는 길인 황도를 따라 동쪽으로 15° 간격으로 나누어 24점을 정하였을 때, 태양이 각 점을 지나는 시기를 말한다. 정확히 말하면 천구상에서 태양의 위치와 황도가 0° 일 때 춘분, 15° 일 때 청명, ..., 300° 일 때 대한으로 정한 것이다.(24 × 15 = 360)

[조선 시대의 천문도 황도남북항성도(黃道南北恒星圖)]

절기는 음력을 쓰는 농경사회에서 양력과 관계없이 만들었지만, 태양의 운동을 바탕으로 한 탓에 결과적으로 양력의 날짜와 일치하게 된다. 달력을 보면 24절기는 양력으로 매월 4~8일 사이와 19~23일 사이에 온다. 이처럼 절기와 절기 사이는 대부분 15일이며, 경우에 따라 14일이나 16일이 되기도 한다. 그 이유는 지구의 공전 궤도가 타원형이어서 태양을 15° 도는데 걸리는 시간이 똑같지 않기 때문이다.

우리나라에서 사용하던 달력은 삼국시대(三國時代)에 백제(百濟)가 중국의 송(宋)나라에서 들여온 원가력(元嘉曆)을 사용했던 기록이 있으며, 그 후 조선 세종 때에는 일종의 태음력인 칠정산 내편(七政算內篇)과 외편(外篇)의 역법을 만들었는데, 칠정(七政)이란 역목(曆目)·태양(太陽)·태음(太陰)·중성(中星)·교식(交食)·오성(五星)·사여성(四餘星)의 7개 천문을 일컫는다.

실제의 달력을 사용한 것은 조선조 효종(孝宗) 4년(1653년)에 청(淸)나라에서 수입된 서양천문학에 영향 받은 시헌력(時憲曆)을 채용한 때이고, 현재 사용되는 태양력(太陽曆: 양력)은 고종(高宗)32년(1895년)이 처음이라고 한다.

③ 24절기의 종류

– 봄 –

- 입춘(立春, 양력2월4.5일)

입춘은 정월에 첫 번째로 드는 절기로 대한과 우수 사이에 오며 봄의 시작을 의미한다. 대궐(大闕)에서는 설날에 문신(文臣)들이 지어 올린 연상시(延祥詩: 신년축시) 중에서 잘된 것을 선정하여 대궐의 기둥과 난간에다 입춘첩(立春帖)을 써 붙였는데, 일반 민가와 상점에서도 모두 입춘첩을 붙이고 한 해의 복(福)을 기원했다. 입춘 음식은 햇나물 무침을 주로하여 탕평채,승검초(당귀의어린싹) 산적, 죽순 나물, 죽순찜, 달래 나물, 달래장, 냉이 나물, 산갓 김치 등이다. 햇나물 무침을 먹는 이유는 겨우내 결핍된 신선한 야채를 보충하기 위한 것이다.

우수(雨水, 양력 2월19.20일)

24절기의 두번째 절기. 입춘과 경칩 사이에 있으며, 양력 3월에 꽃샘추위라 하여 매서운 추위가 잠시 기승을 부리지만, 우수에는 날씨가 많이 풀리고 봄기운이 돋고 초목이 싹튼다. '우수, 경칩에 대동강 물이 풀린다.'라는 말이 있다.

- 경칩(驚蟄 ,양력 3월5.6일)

우수와 춘분 사이에 들어 있으며 날씨가 따뜻해져 초목(草木)의 싹이 돋고 동면(冬眠)하던 동물이 깨어 나며, 개구리들은 번식기인 봄을 맞아 물이 괸 곳에 알을 까놓는데, 그 알을 먹으면 허리 아픈 데 좋을 뿐 아니라 몸을 보한다고 해서 경칩일에 개구리알을 먹는 풍속이 전해 오고 있다.또한 단풍 나무를 베어 나오는 물을 마시면 위병이 낫는다고 해서 약으로 먹기도 한다. 경칩에는 흙일을 하면 탈이 없다고 해서 벽을 바르거나 담을 쌓기도 한다. 또한 경칩날에 보리싹의 성장을 보아 그해 농사의 풍흉을 점쳤다.

- 춘분(春分)

양력 3월 21일경. 겨울에 짧았던 낮이 길어져서 밤낮의 길이가 똑같아지는 날이다. 음력으로는 2월인데 바람이 많이 불어서 "2월 바람에 김치독 깨진다.", "꽃샘에 설늙은이 얼어 죽는다."는 속담이 있을 정도이다. '꽃샘 추위'는 바람신이 꽃이 피는 걸 샘낸다 해서 붙은 이름이다.

- 청명(淸明)

양력 4월 5일경. 한식의 하루 전날이거나 한식과 같은 날이 된다. 오늘날의 식목일과도 대개 겹친다. 대부분의 농가에서는 논농사 준비작업으로 논밭둑 가래질을 시작한다.

- 곡우(穀雨)

양력 4월 20일경. 봄비가 잘 내리고 온갖 곡식이 윤택해지는 때이다. 그래서 "곡우에 가물면 땅이 석자가 마른다." 즉 그 해 농사를 망친다는 말이 있다.

옛날에는 이 무렵에 못자리에 쓸 볍씨를 담갔는데, 밖에서 부정한 일을 당하거나 본 사람은 집 앞에 와서 불을 놓아 나쁜 귀신을 몰아낸 다음에 집 안에 들어오고 들어와서도 볍씨를 보지 않을 정도로 소중히 여겼다.

– 여름 –

• 입하(立夏)

양력 5월 6일경. 여름이 다가온 것을 알리는 절기이다. 곡우 무렵에 마련한 못자리가 자리를 잡아 농사일이 더욱 바빠지는 때이다. 농작물도 잘 자라지만 해충이 많아지고 잡초까지 자라서 이것들을 없애는 일도 많아진다.

• 소만(小滿)

양력 5월 21일경. 여름 기분이 나기 시작하면서 식물이 성장하는 때이다. 농가에서는 모내기 준비, 가을 보리 먼저 베기, 여러 가지 밭농사의 김매기들이 줄을 이어 제일 바쁜 계절로 접어들 때이다. 지금은 농사 기술이 발달해서 이때쯤 모내기가 시작된다. 봄철 입맛을 돋우는 냉잇국은 이때 즐겨 먹는 음식으로 유명하다.

• 망종(芒種)

양력 6월 6일경. 망종은 벼, 보리 등 수염이 있는 곡식의 씨앗을 뿌리기에 적당한 때라는 뜻으로 "보리는 익어서 먹게되고, 볏모는 자라서 심게 되니 망종이요.", "햇보리를 먹게 될 수 있다는 망종" 이라는 말이 있었다. 모내기와 보리베기가 겹쳐서 1년 중 제일 바쁜 때였기 때문에 특히 보리 농사가 많았던 남쪽 농촌에는 "발등에 오줌싼다."는 말이 전해 온다.

• 하지(夏至)

양력 6월 21일경. 일년 중 낮이 가장 긴 절기이다. 옛어른들은 모내기를 모두 끝내고 이 때 까지도 비가 오지 않으면 기우제를 지냈다. 예를 들어 충청북도 단양군의 한 마을은 제물로 개나 돼지, 소를 잡아 그 머리만 용소(폭포수가 떨어지는 바로 밑에 있는 웅덩이)에 넣는다. 그러면 용신이 그 부정함에 노해 비를 내려 씻어 버린다고 한다.

• 소서(小暑)

양력 7월 7일경. 소서는 작은 더위라는 뜻으로 본격적인 더위가 시작되는 때이다. 그래서 온갖 과일과 채소가 풍성해지고 밀과 보리도 먹게 된다. 특히 단오를 전후해서 즐기는 밀가루 음식은 이때가 가장 맛이 난다고 한다.

• 대서(大暑)

양력 7월 23일경. 대서는 큰 더위라는 뜻으로 몹시 덥고 큰 장마가 지는 경우가 많은 절기이다. 소서와 대서 무렵에는 논밭의 잡초를 뽑고 풀, 짚 등을 섞어 거름을 만들어 두었다. 이 때가 과일 맛이 가장 좋은데 비가 적게 와야 더욱 제맛이 난다고 한다.

– 가을 –

• 입추(立秋)

양력 8월 8일경. 여름이 지나고 가을에 접어들었다는 뜻을 가진 절기이다. 따라서 이 때부터는 가을 채비를 시작해야 하는데 특히 무, 배추를 심고 서리가 내리기 전에 거두어서 겨울김장에 대비하게 된다. 김매기도 끝나고 농촌이 한가해지기 시작해서 "어정 7월, 건들 8월." 이라는 말이 전해진다.

• 처서(處暑)

양력 8월 23일경. 처서는 여름이 지나 더위가 가신다는 뜻을 가지고 있다. 이 때는 따가운 햇볕이 누그러져서 풀이 더 자라지 않기 때문에 논두렁이나 산소의 풀을 깎고, 날씨가 선선해 져서 "처서가 지나면 모기도 입이 비뚤어진다."고 한다.

● 백로(白露)

양력 9월 8일경. 백로는 '이슬 로(露)'자를 써서, 밤에 기온이 내려가고 풀잎에 이슬이 맺히는 등 가을 기운이 완전히 나타난다는 뜻을 가지고 있다. 고된 여름 농사를 다 짓고 추수까지 잠시 일손을 쉬는 때라 여자들은 친정으로 부모님을 뵈러 갔다고 전해진다.

● 추분(秋分)

양력 9월 23일경. 하지 이후로 낮이 조금씩 짧아져서 밤과 낮의 길이가 같아지는 때이다. 추분이 지나면 점차 밤이 길어지므로 여름이 가고 가을이 왔다는 것을 확실히 느끼게 된다. 이 무렵에는 논밭의 곡식을 거두어들이고 목화와 고추고 따서 말리는 등 잡다한 가을걷이 일이 있다.

● 한로(寒露)

양력 10월 8일경. 한로는 찬 이슬이 맺힌다는 뜻이다. 기온이 더욱 내려가기 전에 추수를 끝내야 하므로 농촌은 타작이 한창인 때이다. 대개 중앙절과 비슷한 때로 국화전과 국화술을 즐기고 모임과 놀이가 많았다.

● 상강(霜降)

양력 10월 23일경. 상강은 서리가 내란다는 뜻으로, 이 무렵은 쾌청한 날씨가 계속되면서 밤에는 온도가 매우 낮아져서 서리가 맺히는 늦가을이다. 옛날 중국 사람들은 상강이 지난 다음 입동이 들기 5일 전에는 벌레들이 겨울잠에
들어간다고 했다.

– 겨울 –

- 입동(立冬)

양력 11월 7일경. 겨울로 접어든다는 뜻을 가진 절기로 입동에 날씨가 따뜻하지 않으면 그 해 바람이 독하다고 한다. 더 지나면 배추가 얼어붙고 일하기가 어려워지기 때문에 입동을 전후해서 김장을 담는다. 그래서 옛날에는 이 무렵이면 여자들이 냇가에서 무, 배추를 씻는 모습이 장관을 이루었다고 한다.

- 소설(小雪)

양력 11월 22일경. 소설부터는 살얼음이 잡히고 땅이 얼기 시작해서 점차 겨울 기분이 든다. 이 무렵인 음력 10월 20일에는 바람이 심하게 불고 날씨가 추워서 외출을 삼가고 특히 뱃길을 조심해야 한다.

- 대설(大雪)

양력 12월 7일경. 대설은 눈이 많이 내린다는 뜻을 가진 절기이다. 우리나라에서는 반드시 눈이 많이 오지는 않지만, 이 날 눈이 많이 오면 다음 해 풍년이 들고 푸근한 겨울을 난다고 한다.

- 동지(冬至)

양력 12월 22일경. 일년 중 밤이 가장 긴 날이다. 동지 다음 날부터는 낮이 다시 길어지기 때문에 고대 사람들은 이 날을 태양이 죽음으로부터 되살아나는 날이라 생각하고 태양신에게 제사를 올렸다고 한다. 동짓날을 '작은 설'이라 하고 "동지팥죽을 먹어야 진짜 나이를 한 살 더 먹는다."는 속담이 있을 정도이다.

- 소한(小寒)

양력 1월 6일경. 소한은 '작은 추위'라는 뜻이다. 이름으로 보면'큰 추위'라는 뜻의 대한 때가 더 추운 것 같지만 우리나라에서는 소한 때가 가장 추워서 "대한이 소한 집에 놀러 갔다가 얼어 죽었다."는 속담이 있을 정도이다.

- 대한(大寒)

양력 1월 21일경. 중국에서는 겨울 추위는 입동에서 시작해서 소한으로 갈수록 추워지고 대한에 이르러서는 최고에 이른다고 한다. 그러나 우리나라에서는 소한 때가 더 추워서 "춥지 않은 소한 없고 포근하지 않은 대한 없다.", "소한의 얼음 대한에 녹는다."는 속담도 있다.

저자소개

일목 **이필문** (一目 李弼文)

- 공주대학교 대학원 동양학 석사
- 공주대학교 대학원 동양학 박사
- 능인불교대학원 대학교 불교학과 수학중
- 전) 원광디지털대 평생교육원 필법부 강사
- 전) 동방문화대학원 대학교 평생교육원 육임학 강사
- 주) 대통인 육임, 성명학 강사
- 핵심 육임정석 84강 완강
- 81수리 성명학 24강 완강

– 저서 –

- 일목 육임정단사례
- 핵심 육임정석
- 육임역지 평주
- 현대육임 정단사례

핵심 육임정석 기초육임의 완전정복

2021년 3월 1일 1판 1쇄 인쇄
2025년 3월 5일 1판 2쇄 발행

지은이 • 이필문
발행자 • 이영애
발행처 • 공감북스
주　소 • 02011 서울시 중랑구 중랑천로 256
전　화 • 02-971-9683
팩　스 • 02-972-9683
등　록 • 제 25100-2015-18호
등록일 • 2015년 7월 15일
e-mail • sympathybook@naver.com

ISBN 979-11-86898-31-4 (93550)
정　가 28,000원